健康ビジネスで成功を手にする方法

How to Make a Fortune in the Next Trillion Dollar Industry

ポール・ゼイン・ピルツァー／著
白幡憲之／訳

The Wellness Revolution

英治出版

THE WELLNESS REVOLUTION

How to Make a Fortune in the Next Trillion Dollar Industry

by Paul Zane Pilzer

This translation published under license
with the original publisher John Wiley & Sons, Inc.
through Tuttle-Mori Agency, Inc., Tokyo.

健康ビジネスで成功を手にする方法

訳者まえがき

本書『健康ビジネスで成功を手にする方法』の原著タイトルは、「ウェルネス革命」です。「ウェルネス」という言葉は、この本ではおもに、「前向きに取り組む健康増進」といった意味合いで使われています。

本書は、健康増進を支援し促進するビジネスが、これからの社会や経済に根本的な変化、すなわち〝革命〟を起こすと、予言しています。そうした変化は、食品、医療、健康保険、流通など、さまざまな分野で、すでに起きつつあります。そして、健康増進はほとんどすべての人々にかかわる事柄ですから、〝ウェルネス革命〟は、ほどなく私たちの生活全般に影響をおよぼすことになるでしょう。

著者のポール・ゼイン・ピルツァーは、CNNなどでコメンテーターを務めたこともある、世界的に著名なエコノミストです。これまでに、〝SUV（スポーツタイプ多目的車）の世界的流行〟、〝パーソナル・コンピュータの普及〟、〝インターネット利用の拡大〟などを予測し、見事に的中させてきました。ピルツァー氏自身も、ソフトウェア業界の起業家として億万長者になっています。

そのかれが、アメリカ経済における新たな一兆ドル（約一二〇兆円）産業として注目するのが、〝ウェルネス産業〟なのです。著者は、食品、医療、生命保険、流通などの問題点を明らかにしながら、ウェルネスの視点から見たビジネス・チャンスを具体的に述べています。

本書は、アメリカでのウェルネス・ビジネスの有望性を取り上げていますが、食に対する関心の高まり、医療制度や流通の問題は、日本でも同様に見られる事柄です。また、ビジネスの動向については、アメリカで起きたことが日本でも起きるという現象がこれまでにも数多くありました。ですから、本書には、ウェルネスの視点からビジネスを捉えようとされる日本の方々にとっても、貴重なアイデアがちりばめられていると言えるでしょう。

なお、日米では税制や保険制度が大きく異なるため、第六章「アメリカの健康保険制度」と第七章「ウェルネス保険」を訳書では省く案も、当初ありました。しかし、これらの章でも、ウェルネスについての著者の発想と視点が明確に示されており、日本の読者にとっても日米の事情の違いを超えてヒントになる部分が少なくないと考え、あえて残すことにしました。

社会と生活のあらゆる面におけるウェルネスの重要性を提唱する本書が、読者の皆様の生活とビジネスにプラスとなる〝革命〟をもたらす一助となれば幸いです。

二〇〇三年一月

白幡憲之

プロローグ～健康ビジネスに革命が起こる～

二〇世紀、私たちの生活は、自動車、飛行機旅行、パソコン、家族計画といったものによって、劇的に変化した。いずれの場合にも、最初の発見が、巨大企業を誕生させ、一番乗りした起業家や投資家に未曾有《みぞう》の個人資産をもたらした。二一世紀のつぎの一大ニーズはまだ到来したばかりだ。それは間違いなく今後一〇年で、私たちの生活を大きく変え、巨万の富を築くチャンスをあたえてくれる。

その一大ニーズこそ、「ウェルネス（健康増進）革命」だ。

本書が取り上げるのは、一時の流行やトレンドではなく、計り知れないほど大きな新しいニーズについてである。そのニーズは、いかに食べるか、運動するか、眠るか、働くか、貯蓄するか、年を取るかを含め、私たちの生活の全ての面にかかわるニーズである。

病気を予防し、より健康になりたい、というウェルネスへの欲求は、すでに私たちの生活における選択を、大きく左右している。朝どんな歯みがきやシャンプーを使うかにはじまり、一日を通じて何を食べるか、夜どんな寝具や化粧品を使うかということにいたるまで、私たちは、製品にさらなる安全性とさらなる予防効果も求めている。とはいえ、世間では、この高まるニーズを自覚しはじめたばかりだ。たいていの人は、なにげない選択が、いかに自分達のウェルネスに影響をおよぼしているかにまだ気付いていない。また、ウェルネスの製品・サービスの多くは、いまだ市場に行き渡っていないのが現状だ。

本書で説明する、新しく興りつつあるウェルネス産業についての情報を身につければ、経済的にも、個人の生活面でも、この分野で利益を得られるようになるだろう。

この途方もなく大きなチャンスの中で、自分の取り分を確保するにはどうすればよいか。あなたに富だけでなく、社会全体にすばらしい恩恵をもたらす、この新しい生活総合産業。そこで、いかにして自分の居場所を見つけたらよいかを、みなさんに示していくことにしよう。

■つぎなる一大ニーズ

ヘンリー・フォードが、はじめて一般大衆にも手が届く大量生産車をつくったとき、それが売れるという考えを多くの人々があざ笑った。旅行しようにも舗装道路はほとんどない。ガソリン・スタンドも存在しない。その上、たいていの人は職場まで歩いていける場所に住んでいたからだ。ところが、車の需要は、車が急増するとともに、いっそう増大した。人々は郊外に移り住み、車が手放せなくなった。同じころ、ガソリン・スタンドが出現。すぐに車は、通勤や日用品の買い物にも欠かせなくなった。

もしそのころ、ヘンリー・フォードのT型車は単なる新製品ではなく、世界経済における、一兆ドル（約一二〇兆円）規模のまったく新しい経済部門の萌芽であると言われたら、あなたはどうしただろう？　一〇〇年後には五億台の車が道路を行き交い、必然的に、ガソリン・スタンド、道路建設、交換用タイヤ、郊外住宅、ファーストフード・レストランといった分野で、一兆ドル（約一二〇兆円）の関連産業が生じる。そう言われたら？

その見解を受け入れただろうか？　当時は、道路もガソリン・スタンドもなく、職場は都合よく近くにあった。多くの人はわずかな給料で週六日働き、日曜の休みには田舎へドライブする暇すらなかった。先に述べた見解を受け入れるには、将来、週五日、四〇時間労働の時代が到来し、生活必需費の支出後に使える裁量所得が増大することをも見越しておかなければならなかっただろう。

しかし、あなたが疑念を打ち払い、ヘンリー・フォードや他社の新しい自動車を、一兆ドル（約一二〇兆円）産業のはじまりと見たとしよう。起業家または投資家として、あなたはどこに資金を投じただろうか？　道路建設か、タイヤのような交換部品か、あるいは宅地開発か？　同様に重要なことだが、ひとたび投資する分野を選んだとしたら、自分の取り分を確保するために具体的に何をしただろう？

近年では、一九八一年[★1]に新しくつくられたパソコン「ＩＢＭ・ＰＣ」が、アップル・コンピュータやラジオシャックの競合製品とともに、驚くべき巨大産業を生み出した。パソコンが、単なる新製品ではなく、世界経済の新しい一兆ドル（約一二〇兆円）産業の萌芽であるとは、多くの人がやはり予想できなかったはずだ。しかも、わずか一〇年後の一九九一年にはアメリカ国内の車の売り上げを抜くほど急成長する産業になるとは夢にも思わなかっただろう。

現代経済では、かつて一〇〇年以上かかって起きた変化が、いまや一〇年以下で起こる。もしあなたが、ビル・ゲイツ（マイクロソフト、ソフトウエア）、マイケル・デル（デル・コンピュータ★2、ハードウエア）、ジェフ・ベソス（アマゾン・コム★3、流通）をはじめとする多くの人々のように、一兆ドル（約一二〇兆円）のパソコン業界の台頭を見越せていたら、どの分野に資金を投じていただろうか？

登場した当時、自動車やパソコンは、時代の状況にそぐわないものだった。つまるところ、馬車の時代に、一般の人々は自動の乗り物をなかなか受け入れられなかった。同じく、メインフレーム・コンピュータが一部屋を占めるほど大きかったころ、誰が「個人的《パーソナル》な」コンピュータなど想像できただろう？

歴史上、画期的な新製品が一般の人々に行き渡るには、その製品の発明とそれを手ごろな費用で生産することを可能にする、科学上の一大発見があ

★1　1899年設立。米国最大手の消費者用電子・電気製品の小売業者。

★2　1987年設立。IBM標準互換パソコンの直接販売を行う世界第2位のパソコンメーカー。マイケル・デルは現会長。

★3　1995年7月創業。書籍、音楽CD・DVD・ビデオなどのオンライン販売の世界的大手。ジェフ・ベソスは現会長。

った。

車やパソコンが現われる以前、人々はそれらを求めていなかった。今日の私たちが宇宙旅行を必要としないのと同じだ。ところが、車やパソコンは、売り出されたとたん、たちまち単なる新製品から、仕事や日常生活の必需品になった。

車やパソコンなどの製品を、これほど瞬く間に成功させたものは何だったのか？　私たちの生活のほぼすべての面にこれほど普及することを事前に示すような点が何かなかったのか？　そうした特徴がわかれば、ほかのどんな新産業で利益が出るかを予測するのに役立つのではないだろうか。

事実、普及する新興産業には目だった特徴が五つある。すぐにそれをお教えするつもりだが、まずは、ウェルネスに関する重要な考え方をお話しし、この分野が必然的に成長するわけを理解していただきたい。

■ウェルネスとは、健康に対する、「前向き」なビジネスだ

私たちは今、つぎの一兆ドル（約一二〇兆円）産業のまさに入り口にいる。その産業は私たちの生活のあらゆる面に影響をおよぼしている。そして、一〇年以内にアメリカだけで、一兆ドル（約一二〇兆円）の売り上げを達成すると思われるが、一九〇八年当時の自動車産業や一九八一年当時のパソコン産業と同様、今はあまり知られていない。

自動車産業は、化学、冶金、力学における科学上の一大発見によって生まれた。パソコン産業は、物理学と二進法における科学上の一大発見により生まれた。

つぎの一兆ドル（約一二〇兆円）産業は、生物学と細胞生化学における科学上の一大発見によって生まれる。

ウェルネス産業は、生命の最も深遠な問題の一つと取り組んでいる。老化と活力の解明に立ち向かっているのだ。それは、テクノロジーがいまだ解決できていない、人の生存にかかわる残り少ない謎である。

ウェルネス産業とは何かを定義し、その可能性を明らかにするには、まず、同様な技術に基づいた関連産業との違いをはっきりさせなくてはならない。その関連産業とは、現在アメリカで一兆五〇〇〇億ドル（約一八〇兆円）の市場を持つヘルスケア産業である。

アメリカ経済のおよそ七分の一、約一兆五〇〇〇億ドル（約一八〇兆円）が、この、間違って「ヘルスケア」と呼ばれる産業に注ぎ込まれている。「ヘルスケア」という名称は正しくない。アメリカ経済の七分の一は、本当のところ〝疾病〟ビジネスに注ぎ込まれているのだ。辞書によれば、疾病は、「不健康、病気、調子の悪い、弱った、あるいは健全でない状態、特定の病気」と説明されている。★1

★1・2 Merriam-Webster'sCollegiate Dictionary Springfield, MA: Zane Publishing, Inc., and Merriam-Webster, Inc., 1996.『メリアム・ウェブスター・カレッジ英英辞典』丸善

疾病ビジネスは「受身」である。市場はとてつもなく大きいが、人々がこのビジネスの顧客になるのは、特定の症状や疾患に見舞われたり、身体に何らかの反応が現れたときに限られる。誰も顧客になどなりたがらない。

今後一〇年もすれば、アメリカ経済のさらなる一兆ドル（約一二〇兆円）が、今はまだ名もない「ウェルネス（健康増進）」のビジネスに注ぎ込まれるだろう。「ウェルネス（健康増進）」とは、辞書によれば「とくに積極的に追求される目標としての、良好な健康の質あるいは状態」である。★2（前頁）

ウェルネスは「前向きな」ビジネスである。人々は「自らすすんで」顧客になる。疾病ビジネスの顧客になりたくない人々は、より健康であると感じ、老化の影響を減らすために、この健康に対する早期的アプローチの顧客になろうとするだろう。

ここから先、本書では、つぎの定義を用いることにする。

・疾病産業：一般的な風邪から悪性腫瘍にいたるまで、病気を持っている人に対し、「受身的」に提供される製品・サービス。これらの製品・サービスは、病気の症状を治療したり、病気を退治したりしようとする。

・ウェルネス（健康増進）産業：健康な人（病気にかかっていない人）が、より健康で生き生きとするため、また老化の影響を遅らせたり、そもそも病気にかかるのを防いだりするために、「積極的」に提供される製品・サービス。

■本書の読みかた

本書は、読者がこの新産業の重要性を、家族、知人、得意先、顧客、投資家、共同経営者《パートナー》などに説明するさい、知っておくべき事柄に重点を置いている。

また、本書には、読者が起業、投資、販売を行うためのヒント、あるいは現在たずさわっているビジネスを変革するためのヒントも書かれている。加えて、自分が参入する分野を決定し、成功を手にしようとするさい、助けとなる不可欠なポイントも詳述してある。

第一章では、この先一〇年のウェルネス産業に対する、私の予測をお話しする。本書の執筆にあたり調査をはじめたとき、すでにあるウェルネス産業の製品やサービスの、アメリカにおける総売上高は、その時点で数十億ドルに達しているのではないかと考えていた。すでにある製品やサービスとは、つまり、フィットネス・クラブやビタミン剤などである。しかし驚いたことに、それはざっと二〇〇〇億ドル（約二四兆円）に達していたのだ。ビタミン剤が七〇〇億ドル（約八兆四〇〇〇億円）、フィットネス・クラブが二四〇億ドル（約二兆八八〇〇億円）である。ところがウェルネスについて知っている人は一握りにすぎなかった。もっと大勢の人が、ウェルネスによって、今以上に豊かに長生きができるかもしれないと気付いたら、どうなるか想像していただきたい！

　第二章では、需要の考え方を説明する。すなわち、ウェルネスに関連した需要はどう動くのか、需要の安定成長はいかにして起こりうるのかを説明する。また、二〇〇〇億ドル（約二四兆円）という、現在わかっている需要は、なぜ、氷山の一角にすぎないのか。これらの製品やサービスは、なぜ、アメリカ経済における「新たな」一兆ドル（約一二〇兆円）部門のはじまりとなるのか。これらのことを、農業や医療など既存ビジネスの派生製品と対比して示していく。

　第三章では、今日、一兆ドル（約一二〇兆円）産業になっている、農業関連産業《アグリビジネス》と食品産業が、いかに過体重あるいは肥満の顧客を狙って消費をどこまでも増やそうとし、アメリカの健康危機をまねいているかを学んでいく。アメリカでは国民の六一パーセントが過体重、二七パーセントは肥満だ。この数字は一九八〇年以降倍増し、この四年間で一〇パーセント増えている。よその先進国、とくにEC加盟各国も似たり寄ったりである。つぎに第四章では、この状況がいかにして今日最大のビジネス・チャンスを生んだかを学んでいく。このビジネスは、消費者を教育し、健康食品ならびに、現代の食糧供給で不足している必須ビタミンや補助食品を提供するというビジネスである。

かつては健康・疾病企業のほとんどが、ウェルネスに関心を抱いていた。前世紀はじめ、予防接種と抗生物質という技術の一大進歩があった。医学は、何千年も人類を苦しめてきた多くの病気（天然痘、腸チフス、結核、ポリオなど）の予防を推し進めた。

しかし、それは過去の話だ。

今日、ヘルスケア産業で働く人はアメリカの成人人口の七分の一を占め、その多くは病気の予防ではなく、症状への対処に専念している。医療企業にしてみれば、生涯にわたって顧客となる人々をつくりだす製品を研究・開発するほうが、より儲かるからだ。

また、アメリカ国民の医療費の大半を支払う第三者、すなわち、保険会社と雇用主が、従業員の健康にもはや長期的な財政上の利害関係を持たないからでもある。読者が、ヘルスケア業界で働く人々の一人である場合を考えて、第五章では医療関係者のために、ウェルネス業界に生まれつつあるビジネス・チャンスをいくつか検討していく。人々がみずからの資金ですすんで購入するウェルネスの製品・サービスを提供する仕事のほうが、関係の浅い第三者に援助されている不幸な顧客に官僚的手続きを押しつける業務よりも、ずっとうまくいくはずだ。

第六章では、なぜ今日、アメリカの雇用主中心の健康保険制度が崩壊しつつあるか、自分と家族を守るために何ができるのかを学んでいく。アメリカ経済は過去一〇年にわたって着実に成長してきた。とはいえ、個人破産の申請件数は、一九九〇年の七五万件から、一九九九年の一五〇万件へと倍増した。そして、その大半は、家族が疾病などにより大きな医療負担を負ったことが原因となっている。第七章では、疾病主体の今日の健康保険制度を見なおすことについて、アメリカを例にくわしく見ていく。すなわち、「ウェルネス保険」(商標登録済)で、いかに年間数千ドルが節約でき、健康で元気に長生きするのに必要なウェルネスの製品・サービスを購入できるかを学ぶ。

各家庭を疾病保険からウェルネス保険へ切り替させることには、ウェルネス・ビジネス全体に匹敵する大きなビジネス・チャンスがある。

これらの展望は今なら刺激的に思えるかもしれない。しかし、それらは、来るべき新しいウェルネスの製品やサービスの比ではない。一九〇八年当時の自動車、あるいは一九八一年当時のパソコンと同様、新製品やサービスはまだ研究所の中にある。それらの製品やサービスは、数年先には市場に出てくる。すでに今日でも、口の中を綿棒でこするだけでDNAを調べ、ある種の疾患の発症率を予測することが可能だ。ウェルネスで起業する人は、こうした情報を利用することで、特定の運動、食品、ビタミン、サプリメント(栄養補助食品)に基づいた治療法に的を絞るとよい。そうすれば、質と量の両面で、顧客の人生を豊かにすることができるだろう。

この目前に迫ったチャンスさえも、つぎに来るものの比ではない。人類は老化の遺伝情報そのものを解明しつつある。それが実現すれば、結果的に生まれる製品やサービスの流通で、ウェルネス産業が一躍脚光を浴びるだろう。

起業による最大の富は、製品やサービスをつくる人々によってではなく、常にそれらを流通させる人々によって築かれる。新技術に基づいた産業はいつもそうである。その理由は、一つには、特定の技術にとらわれない流通業者だけが有望な新製品にすばやくシフトできるからともいえる。技術の世界は日進月歩で、CD—ROMのように今日は有力な製品でも、明日になれば、8トラックテープ[★1]と同様に過去のものになるのである。しかし主には、第八章で学ぶ、つぎのような理由による。

今日のたいていの小売品コストは、流通コストが七〇〜八〇パーセントを占める。一九七〇年から一九九九年にかけて、世界最大の個人資産を築いたのは、ものづくりではなく、ものを流通させることを主とする人々だった理由はここにある。

★1　正式には「カートリッジ式エンドレステープ」の一種で、プレーヤーに差し込むだけで何時間でも繰り返し聴くことが可能であり、20年くらいまで前まで音楽用メディアとして広く普及していた。

第八章では、流通におけるビジネス・チャンスの性質が、近年どのように変わったかについても学ぶ。製品そのものの物理的な流通から、製品情報という知的な流通への変化である。一九九一年、ウォルマート[★1]のサム・ウォルトンは、顧客がほしいと思っているものを物理的に流通させ、世界一の資産家になった。ところが一九九九年、アマゾンのジェフ・ベソスは、顧客が存在さえ知らないものについて、顧客に教えた。その結果、『タイム』誌の「マン・オブ・ザ・イヤー(年の人)」にも選ばれている。新興のウェルネス産業ほど、これがあてはまる分野はない。製品やサービスは、コストの大半が流通費で、潜在顧客の圧倒的多数はまだ製品があることすら知らないのだ。

仮に一八四五年に私がみなさんに対し、一八四九年にカリフォルニアでゴールド・ラッシュが起きると告げたとしよう。しかし、いくら金持ちになりたくても、いくらカリフォルニアへ来て必死に働いても、どこで自分の取り分を確保すればよいかわからなかったら、一銭にもならなかっただろう。実際、金鉱探しに一生を費やした人たちの中で、実際に成功した者はごくわずかだ。カリフォルニアのゴールド・ラッシュで生まれた富の大半は、ほかの土地ですでに得ていた技術や人脈を使い、ゴールド・ラッシュの分野に製品やサービスを提供した人たちによって築かれたのである。たとえばウェルズ・ファーゴ社を興し、鉱夫たちに銀行業務や急送便などのサービスを提供したヘンリー・ウェルズ(一八〇五—一八七八)

★1　北米最大の小売業者。2000年4月現在、米国で3002店舗。

★2　多くの起業家と同様、フォードもはじめは成功しなかった。かれは1899年に最初の自動車会社を興したが、それはつぶれた。1901年に2つ目の会社を作ったが、これも失敗した。そして1903年にはじめた今日のフォード・モーター・カンパニーもまた、身近なT型車の製造を決める前に高級志向に走りすぎ、1906年につぶれかけている。

とジョージ・ファーゴ（一八一八―一八八一）のような男たちである。

私たちはそれぞれ、生まれもった才能、それまでの人生で培った実用的な技術や人脈を持っている。第九章では、あなたがこの一兆ドル（約一二〇兆円）の新興産業で成功を手にするため、どの分野で取り分を確保すればよいかを示していく。

サービスの提供から、製品の流通、ウェルネス企業への投資まで、機会はいろいろあるが、手持ちの資産を活用できるものが、誰にとってもベストである。

■広範囲に普及する産業の五つの特徴

大成功した投資家や起業家は、一時の流行と長期的なトレンドをどう見分けるかを知っている。お教えすると冒頭で約束した、広範囲に普及する産業の五つの特徴のことである。これらの特徴を紹介し、ウェルネス産業の観点から検討してみよう。

たいていの人たちは、一九〇八年にT型車を発表したヘンリー・フォードのことを、自動車の発明者だと思っている。しかし、自動車は金持ちの娯楽用のおもちゃとして、何十年も前からあった。[★2]フォードの真の「発明」[★3（次頁）]は、かれの言葉を借りれば、「ある程度の給料をもらっている者なら誰でも手に入れられる安い価格」の車をつくるため、さまざまな新技術を利用したことにある。

似たような話は、ラジオ、テレビ、レストラン、ジェット旅客機、ビデオ・デッキ、ファックス、パソコン、Eメールなど、大衆に広く行き渡り、私たちの生活様式を変えた多くの発明品にもあてはまる。

これらの製品はすべて、自動車と同様、はじめは金持ち向けに売り出された。そして労働者にも手が出せる価格で生産できるところまで技術が進歩してはじめて、社会に行き渡った。なぜそれほど広まったのか？ 最初は金持ちが使っていたということのほかに、これらの製品やサービスについていえることは何か？

こういった、今ではどこにでもある製品やサービスには、上流階級から一般大衆へと移ったさい、五つの目立った特徴があった。

経験豊かな起業家や投資家は、新たな大衆市場向けのビジネスに乗り出すとき、つぎの五つの特徴が備わっているかに注目する。その五つとは、①価格が手ごろである、②人気の持続性がある、③消費が継続する、④万人にとっての魅力《ユニバーサル・アピール》がある、⑤消費のために使われる時間が短くてすむ、である。

①価格が手ごろである

一九七六年にビデオ・デッキがはじめて登場すると、どの家庭でもそれをほし

★3 "Putting America on Wheels"「アメリカにおける車の普及を」、1999年12月31日付「エコノミスト」誌

いと思ったが、たいていは一五〇〇ドル（約一八万円）という価格のせいで手が出なかった。ところが先端技術のおかげで価格が一〇〇ドル（約一万二〇〇〇円）に下がったとたん、爆発的に売れはじめ、一九九〇年には、アメリカの一億一五〇〇万世帯に、一億二一〇〇万台が行き渡った。中には、自動車や核家族向け住宅のように、日進月歩の先端技術でも、手が出るほど安くはできなかったものもあった。だがやがて、消費者金融という別の新産業が現われて、手ごろな月賦払いが広まった。

②人気の持続性がある

どれほどマーケティングを行っても、人気の持続性がなくては、その製品やサービスは行き渡らない。人気の持続性とは、購入者数がある程度に達したら販促活動なしで独り歩きする力である。自動車、テレビ、パソコンはいずれも、ほかの人が使っているのを見れば、すぐにでもほしくなる製品だ。マーケティングの「墓場」は、販促活動をやめたとたんに売れなくなった製品であふれている。

③消費が継続する

今日、消費者に一つの新製品を試してもらうためにかかる宣伝広告費は、一〇〇ドル（約一万二〇〇〇円）を超える。消費者が気に入るかどうかを見るだけで、それだけかかるのだ。消費者が気に入ってくれたなら、買い続けてもらうこと、また、関連の製品やサービスを提供することも、ビジネスの一部となる。テレビやラジオの場合、継続的に使ってもらえばより多くの宣伝広告ができるようになる。そして、より多くの宣伝広告ができるようになれば放送番組の増加につながり、放送番組の増加は売り上げの増加へとつながっていく。一人の消費者は一〇〇ドル（一万二〇〇〇円）のビデオ・デッキを五年に一度しか買わないかもしれない。しかし、ビデオ・デッキ一台は、録画テープの販売・レンタルで年間数百ドルの利益を生みだす。パソコンを新しく買うと、たいてい新しいプリンター、より高性能のモニター、より高速のインターネット接続サービスがほしくなるものだ。浸透した製品が成功するためには、消費が絶えまなく続いていかなければならない。

④万人《ユニバーサル》にとっての魅力《アピール》がある

私たちの生活様式を変えるような大衆市場ビジネスになるには、それを知ったほぼ誰もがほしがるような製品・サービスでなければならない。とくに顧客への情報や知識の提供が高くつく今日では、これがとても重要である。今日では、ほぼ誰もが、車や、ラジオや、パソコンをほしいと思うが、カヤック、自転車、豪華クルーズはそうとも限らない。とはいえ、万人に魅力のあるビジネスはあっても、万人に魅力のある単一の製品があるということではない。消費者のニーズは人それぞれで、ある製品群の中で、それに対応していく必要がある。ヘンリー・フォードは当初、一つの共通のモデルをつくることでT型車の低価格を実現し、「どなたでもお好きな色が選べます、黒ならば」と豪語していた。しかし一九二〇年代、フォードはゼネラル・モーターズ（GM）に敗北を喫した。GMはさまざまな色を取りそろえた。さらに、定期的な需要を喚起するため毎年モデルチエンジをおこなって、より性能のよい車に買い換えたいと思っていたT型車所有者の心をつかんだ。

⑤消費のために使われる時間が短くてすむ

これは、普及しようとする新製品やサービスが今日抱える最大の難問だ。忙しい消費者が、製品やサービスを楽しむ時間を見つけだしてくれなければならないのだ。今日普及している製品の多くは、それらが広まった当時、使って楽しいうえに、時間の節約になった。自動車やジェット機は目的地により早く運んでくれ、ビデオ・デッキは映画館に行くより短い時間で映画を楽しませてくれた。しかも夕食をとりながら好きな映画を観られるため、家族と過ごす時間が増えた。パソコンは、タイプの何分の一かの時間で手紙を仕上げてくれた。

■ウェルネスは、消えることなく普及する産業だ

最近まで、ウェルネスの製品やサービスの多くは、金持ちだけのものだった。私はカリフォルニアのパシフィック・パリセーズ[★1]の海辺に別荘を建てたとき、はじめてこの種の製品やサービスがあることを知った。そして金持ちや、有名人の隣人たちが、食事と健康という問題にいかに取り組んでいるかに気付いた。私自

★1 ロサンゼルス近郊の高級住宅地。

身がウェルネス産業の消費者になってからは、上流社会から外へ出ると、健康食レストランから、ホテルのフィットネス施設まで例外なく、望んでいるような製品やサービスの多くがなかなか手に入らないとわかった。

今日、その状況が変わりつつある。日に日に、健康によい料理を出すレストランが増え、新しいフィットネス施設ができ、ビタミンやサプリメントが主要な広告媒体でますます宣伝されるようになった。とはいえ、ウェルネス産業が金持ちから一般大衆へ一気に広まるほど状況は変わったのか？ これに答えるため、これまでに普及した製品の五つの特徴がいかにウェルネス産業に当てはまるかを、それぞれ詳しく見ていこう。

第一に、ウェルネスの製品・サービスは手ごろな価格か？ かつて新鮮で健康的な食べ物を得る唯一の方法は、自分でつくることだった。レストランが出す料理は、高いか、油っこいか、調理済みの加工食品だった。今日では健康食レストランだけでなく、たいていの食事施設で健康食が食べられるようになった。手ごろな価格の健康食をメニューに加えているからだ。ウェルネスのほかの分野でも、似たような価格の低下が起きている。たとえば、個人トレーナーはいまや有名人一人だけでなく、時間制で十数人の顧客を持つようになった。また、高品質のビタミンやサプリメントは、自分で何かを栽培したり調合したりしなくても簡単に手に入るようになった。しかも、アメリカでは、単に医療費を節約するという理由からではあっても、ウェルネス費を負担するような新しい健康保険制度が現われつつある。このことは、ウェルネスをより身近なものにしている。

第二に、ウェルネス産業の製品には、販促活動なしでも「独り歩き」できる人気の持続性があるか？　消費者がウェルネスに成功すれば、年齢を明かしたり、楽々と体を動かせるようになったり、痩せたりするたびに、友人や知人は、どうしたらそれほど若々しく、丈夫で、体形を保っていられるのかときいてくるだろう。その返事をきいた質問者はまず間違いなく、似たような商品を購入するはずだ。

ウェルネスの製品・サービスは、おそらくあらゆる製品・サービスの中で最高の人気の持続性を持っている。誰かがウェルネスを経験すると、人はすぐ気付き、同じ結果を手にしたくなるからだ。

第三に、ウェルネス産業の製品・サービスは継続して消費されるか？　ビタミン、運動、食事といったウェルネスの製品・サービスは、おそらく現代社会で最も継続的に消費されるものだ。ウェルネスを求める消費者は効果のあるものを見つけると、たいていその製品やサービスの熱烈な消費者になり、ほかの商品にも手を伸ばす。減量のため運動をはじめた人が、たいていダイエット用のサプリメントを飲んだり、健康食を試したりするのがよい例だ。

第四に、ウェルネスの製品やサービスは万人に魅力的か？　人はみな、どれほど健康で元気であれ、より健康で元気になりたいと願う。健康とか丈夫であるとか感じる程度には、きりがないからだ。また、それ以上に、ウェルネス産業だけが、老化という人類共通の悩みに対処し、高齢の消費者に「肉体の衰えをおとなしく受け入れなさい」と言わずに解決策を提供できるからだ。

最後に、そしてこれがウェルネス産業の短期的かつ長期的な見通しについておそらく最も重要な点になるが、消費者には、ウェルネスの製品やサービスを使う時間があるか？　この問いへの答えは、ウェルネス産業だけではなく、私たちの経済全体にとっても明るい材料だ。

第二章で説明しているとおり、今日の経済成長は、消費者が、増大する可処分所得を、すぐ必需品になるような贅沢品に費やすことで成り立っている。つまり、たいてい本人が生まれたときにはなかった新しい製品やサービスに、お金を費やしているのだ。しかし、これらの新製品やサービスをいくつかよく検討すると、今後のこうした成長を阻害しかねない矛盾を抱えている。

ハーレー・ダビッドソン★1のオートバイからガーデン用トラクターまで、新しい贅沢品の多くには大きな欠点が一つある。楽しむのに時間がかかるということだ。これは現代の暮らしにおける最大の矛盾の一つだ。消費者の可処分所得は毎年増えるのに、それを享受する時間はますます減っている。「暇な金持ち」と「忙しい貧乏人」という以前のステレオタイプと違って、今日の可処分所得は、ほぼすべての階層で、娯楽時間に反比例する。すなわち、昔なら、ある新商品をなぜ買わなかったかと聞かれたら、たいてい高くて手が出なかったと答えただろう。しかし、現在は、先週か先月に買った新製品があるが、それすら使う時間がない、と答える人が多いはずだ。

★1　米オートバイメーカー。大型オートバイの生産では世界最大級。

しかも、今、消費需要が増えているのは、モノである製品ではなく、娯楽やサービスの分野である。マッサージから、豪華クルーズ、オペラ鑑賞まで、時間を使う買い物には需要の限界がある。一日は二四時間、一年は三六五日しかない。時間に追われているのは、主に仕事よりもレジャーのせいだと言う人もいる。

こうした金銭面以外の消費需要の限界によって、現代経済は停滞しかねない。もちろん、技術によって時間をかけずに楽しめる製品やサービスが出てくれば別だが。

ウェルネス産業の製品・サービスは、それらを享受するのに時間がかからない唯一の個人消費部門だろう。より丈夫になって、笑顔が増え、より若々しく、より健康であると感じるために費やすお金によって得られる恩恵は、毎日どんなときでも享受することができる。職場であれ、自宅であれ可能だ。

自動車やパソコンと同様、ウェルネスが私たちの生活を変えつつあるのは疑いない。ではこれから、ウェルネス産業がいかに現われ、いかに普及しつつあるかを見ていこう。

第1章

健康ビジネスになぜ革命が必要か

まず、「革命」の定義を調べてみよう。[★1]

「革命」

a. 突然の、急激な、あるいは徹底的な変化

b. 政治体制の根本的な変化

c. 社会経済に根本的変化を起こすことを目的とした行為や動き

d. 物事の考え方や視点における根本的な変化、パラダイムの転換
〈コペルニクス的転回〉

e. 主に技術分野における慣例や嗜好の転換
〈コンピュータ革命〉〈外車革命〉

一七世紀の英国の詩人ジョン・ミルトンは、革命を、暴君から自分を守る社会の権利、人民の要求を反映した新しい秩序の創造であると捉えた。ミルトンにとって、革命とは自由を実現する手段だった。[★2]

一八世紀のドイツの哲学者イマヌエル・カントは、革命は人間を進歩させる力、社会におけるいっそう高い道徳的基盤を実現させるための「自然」な一歩であると信じていた。[★3]

一九世紀のドイツの哲学者G.W.F.ヘーゲルは、革命を人間の運命の実現

★1　Merriam-Webster's Collegiate Dictionary, 10th ed. Springfield, MA：Zane Publishing, Inc., and Merriam-Webster, Inc., 1996.『メリアム・ウェブスター・カレッジ英英辞典』　丸善

★2・3・4　『エンサイクロペディア・ブリタニカ』 www.britannica.com.

と捉え、改革を扇動し成しとげるには、革命指導者が必要であると考えた。★4
これらの洞察は、まさに、健康ビジネスにおける革命、つまり、ウェルネス革命に当てはまる。

実は、起業家と革命家は、異なる環境で生まれた同じ人種だ。どちらも現状打破が必要であると考え、リスクをいとわず、それに挑んで成果を手にする。

ウェルネス産業は、ウェルネスがもたらす自由を望む万人の欲求に応えると同時に、疾病・食品産業の横暴に対する反発から生まれている。ウェルネスは、私たちの運命と人類の進歩に向けた、つぎの自然な一歩である。健康で丈夫な状態である歳月をのばすことで、自分が実現したい事を実現できるのだ。

ウェルネスの革命指導者とは、ウェルネス産業を生み育てる起業家であり、ウェルネスのサービス・製品の火付け役となる投資家であり、ウェルネスのメッセージを社会に伝える医者や流通業者だ。この新産業のいかなる指導者になりたいか、好きなものを選んでいただきたい。

革命や起業家の旅は、たいてい一つの啓示ではじまる。啓示の多くは、ある探求のきっかけとなる、個人にとっての画期的発見であり、そのきっかけは人それぞれである。あなたにとっては、それは本書で学ぶことかもしれないし、あなた自身、あるいはあなたが愛する人の予防できたかもしれない病気の体験かもしれない。私にとっての啓示は、一九九六年に講演をしていた最中にあった。

■ウェルネスの提唱者になったきっかけ

私が育った一九五〇年代には、経済の話題が、起きている時間の九五パーセントを占めているかのようだった。父は明け方の五時半に仕事へでかけ、夕食後、ちょうど母が兄と私をベッドに寝かしつけるころ帰宅し、週六日働いていた。運悪く仕事にあぶれた人をのぞけば、隣人も親戚も、みな似たような境遇だった。ただ、誰もが経済のことばかり話していたのに、一人として、どうやって金をつくるか、どこで仕事を見つけるかなど、経済的に成功するにはどうすればよいか、答えがわからないようだった。だからこそ私は経済学者になった。私のいた社会で、そのころ最も重要に思われた問題の答えを見いだすために。[★1]

二五年後、アメリカ中西部で講演をおこなっていたとき、私は自分が間違った職に就いていることに気付いた。

それは一九九六年九月七日の土曜、インディアナポリスのＲＣＡドーム[★2]でのことだった。私は四万五〇〇〇人の聴衆の前で、出版されたばかりの自著『神はあなたが金持ちになることを望まれている』についての基調講演者として壇上にのぼろうとしていた。ちょうど講演料が糊づけされた封筒に入って差し出されたところだった。四五分間の講演で、私がウォートン★3を卒業してシティバンクで働きだしたときの丸一年の収入より多かった。

大喜びして当然なのに、私はなぜか気が引けた。聴衆がぞろぞろと講堂に入ってくるのを眺めてスピーチをはじめたとき、私はかれらを食いものにしているような感じがした。

アメリカの多くの場所でそうであるように、聴衆の半分は不健康そうで、太り過ぎていた。それが食事とライフスタイルの直接の結果であることは、かれらの疲れた表情や、ウェストをみれば明らかだった。経済について私がなにを語っても、まず、かれらが自分の体を大切にすることを学ばないかぎり、生活の質がよくなるとは思えなかった。

私は準備していたスピーチを投げだし、聴衆に、健康こそこれから得るかもしれないどんな富より大切であると訴えたいという、妙な衝動にかられた。だが、私はひるんだ。主催者を怒らせたくはなかった。それに正直いって、当時の私は、どう行動すれば多くの人たちが自分の健康をコントロールできるようになるのか知らなかった。

あくる日の早朝、帰りの飛行機のなかで私は自問した。なぜ知的な人たちは、

★1　1971年に私が大学に入ったとき、世界の半数の人たちは共産主義のもとで暮らしていた。世界の指導者たちは、資本主義と共産主義それぞれのメリットについて自由に意見を戦わせていた。アメリカでは、政府と民間のどちらが郵便、電話、鉄道旅行といったサービスの唯一の提供者になるべきかで、国民の意見は割れていた。

★2　RCAは1985年にゼネラル・エレクトリックに買収された米の電機メーカー。

★3　ペンシルベニア大学のビジネススクール。

すべての分野で人生を改善しようと金と時間をかけるのに、明らかに最も改善が必要な分野ではそうしないのか？ そしてまた、不健康で太り過ぎの人は、自分の人生をコントロールするために、何をはじめるべきなのか？

■なぜ革命が必要か。貧しさによって引き裂かれた国★1

その日曜の朝、私は午前一〇時ころロサンゼルスに着くと、海辺の別荘の改築について業者と打ち合わせるため、パシフィック・パリセーズへ急いだ。外に立って工事の話をしていると、目の前を、隣人たちがジョギングしたり自転車をこいだりしながら浜辺に向かって通りすぎていった。私はかれらがみな、あまりに生き生きして健康にみえることにショックを受けた。ついさきほどインディアナポリスで目にした人たちと比べると、違う星の住人のようだった。

その週、本書のために調査に取りかかったとき、私はなぜ経済学者が健康と体重について書く必要があるのかに気付き、興奮を感じた。

そして、すぐに、これほど多くの人が不健康で肥満になった最大の理由が、生物学ではなく経済と関連があることを発見したのだ。

とてつもなく強大な経済力が、人々がみずからの健康をコントロールする

★1　1845年、のちの英国の首相ベンジャミン・ディズレーリは、国民があたかも別の地域の住民か、別の惑星の住人であるかのように、自国が「二つの国家」に分かれる危険性を訴えた。

★2　Prevalence of Overweight and Obesity Among Adults: United States, 1999, National Center for Health Statistics, Centers for Disease Control（CDC）.（「成人における過体重と肥満の蔓延」アメリカ国立衛生統計センター、疾病対策センター）

ことを妨げている。それどころか、彼らの体重増加をうながしている。その力はあまりに強大であり、それを食い止められるのは、革命以外にない。

たいていの人は、まず、アメリカ経済の四分の一を占める一兆ドル（約一二〇兆円）の食品産業と一兆五〇〇〇万ドル（約一八〇兆円）の医薬産業について知らなければ、自分の健康をコントロールすることは無理だろう。

私は、肥満と不健康のおよぼす影響が、外見だけにとどまらないことに気付いた。新たな千年紀に入り、アメリカ人たちは人種や性別による差別を、個人の体重や外見に基づいた新しい差別におきかえた。かつては貧しいことと痩せていること、富と肥満が結びついていた。しかし、現在のアメリカでは、太っている人々の多くが、経済の底辺にいる人たちだ。「金持ちの太った男」は矛盾した表現になり、「貧しい」と「太った」が同義語になってきている。

驚くべきことに、私たちは史上かつてない経済の繁栄を享受しているのに、アメリカの人口の六一パーセントは過体重で、じつに二七パーセントは病的な肥満である。どちらの比率もわずか五年（一九九四〜一九九九）で一〇パーセント増え、肥満にいたっては、一九七〇年代からほぼ倍増した。[★2]

いまや体重と外見は、一九世紀の家名や家柄と同様、社会・経済上の可能性を限ってしまう。それが六、七キロの超過ではなく、病的な肥満の場合、仕事や人間関係にも響く。また、ごく普通の生活に必要なエネルギーを得ることも難しい。

標準体重の人にしても、たいていが不健康だ。ただ、多くの人はそのことに気付いていない。現代の医療は、頭痛、胃の不調、体の痛み、疲れ、関節炎などをはじめとする、ありふれた多くの疾患を、高齢者につきものの症状だからあきらめなさいという。ところが、これらの疾患は、過体重や肥満と同様、ひどい食生活からくる必然的な結果なのだ。

■肥満と栄養失調を生み続ける食品産業

こうした事態をまねいた一番の原因は経済にある。強大な一兆ドル（約一二〇兆円）産業である食品産業は、考えうるかぎり最悪の食べ物をつぎつぎと食べさせようとして、私たちをメッセージ攻めにしている。

食品業界が、今日どう動いているかを理解することは、ウェルネス革命をリードする、あるいはそれに加わりたいと願う起業家にとって、きわめて重要だ。

ゼネラル・フーズ、プロクター・アンド・ギャンブルといったパッケージ食品会社には、顧客の心理や人口学を研究する、ずばぬけて優秀な社員が何人かいる。かれらは、どういった種類の食品を発売するかを決定するさい、常にマーケティングに関する偉大な不文律の一つにしたがう。同じ製品を売るなら、新規顧客に売るより、既存顧客により多く売るほうが簡単である、という法則だ。言い換えれば、ポテトチップを一度も食べたことがない新規顧客に、目新しい食べ物であるポテトチップスを一袋買ってもらうより、常連客に、より多くのポテトチップを食べてもらうほうが簡単、ということだ。

ホステス・トゥインキーズ[★1]やオレオ・クッキー、マクドナルド・ハッピー・ミールズ[★2]といった多くの加工食品の販売は、「ポテトチップ・マーケティング方程式」と業界でよぶものに支配されている。この法則によれば、製品の九〇パーセント以上は、顧客の一〇パーセントに満たない人たちが買う。加工食品の場合、その熱烈な一〇パーセントの顧客のほとんどは、体重が九〇キロ以上で、年収が二万五〇〇〇ドル（約三〇〇万円）に満たない人々だ。過体重の顧客をターゲットにすると特に利益があがるのは、そうした哀れむべき人たちが、たいてい一度に標準体重者の倍の量を食べるからである。

食品各社は、「ターゲット市場」とよばれるこの一〇パーセントの顧客を、実験室のラットのごとく研究する。顧客調査によって、かれらの好き嫌い、願望、夢、ヒーロー像、欲求などが明らかにされる。とくに消費の多い顧客には、フォーカス・グループ[★3]に参加することを求め、新製品を試食させたり、広告を見せて意見を述べてもらったりする。

ターゲット市場に属する人々の心のボタンを押すためには、どんな出費も惜し

★1　ホイップクリーム入りのスポンジケーキ菓子。
★2　「ホステス・トゥインキーズ」、「オレオ」、「マクドナルド・ハッピー・ミールズ」は、それぞれインターステート・ベーカリー社、ナビスコ社、マクドナルド社の登録商標。
★3　市場調査の事前テストのため標的市場から抽出された人々のグループ。

まない。ターゲットが特定の歌手や俳優を好めば、すぐにその有名人たちがラジオやテレビに出演して製品をほめる。特定の外観、雰囲気、ライフスタイルに人気があれば、それを真似るため、スタイリストやデザイナーがスタジオに集まる。近距離でハンターの望遠鏡にとらえられた鹿のように、ターゲットに逃げ場はない。

ときには、その血も涙もない手口に、年収二〇万ドル（約二四〇〇万円）のマーケティング担当重役の良心が痛むこともある。実際、自社のフォーカス・グループとの面接を断る重役もいる。将来の犠牲者たちと顔をつきあわせるより、安全なオフィスで議事録を読むほうを選ぶわけだ。そうした重役たちが自宅の食卓でどんな話をしているか、想像していただきたい。夕食をとりながら「今日はフォーカス・グループに参加するのもおっくうそうな、九〇キロの女性を一〇人見たよ」とでも、家族に報告するのだろうか。「私のチームが、彼女たちにわが社のポテトチップをもっと買わせて、全員の体重が四月までに九五キロになれば、第一四半期の売り上げが達成できる。そうなれば、休暇にバルバドス[★1]に行くことができるくらいのボーナスが出るんだ」

その重役は、こんなことを言いながら、たぶん健康的なものを食べている。

ジャンク・フード文化の最も恥ずべき点は、最も熱心な販売者本人が、個人的には自分たちの製品を避けているということだ。その上、一部の人々が今日抱え

★1　西インド諸島東部の元英植民地の島。

★2　写真をみると、私たちの１歳になる娘ミリアムはいつも手に野菜か果物を持っている。実際、彼女の味蕾と注意力は何をもらってもすぐに飽きてしまうため、数分おきに違った食べ物を手にしている。

ている、抑制のきかないイライラや、うつ病やガンなど、感情面の問題や医学的な難問の中には、冷凍ピザや低脂肪クッキーといった食品もさることながら、実はジャンクフード会社自身が生み出しているものもあるのだ。

食品会社は、所得の低い、不健康な、過体重の顧客をターゲットにするばかりか、さらに悪質なことをしている。製品を買って顧客になったターゲットは、食品会社の化学者たちによって、健康的な量では絶対満足しないよう仕向けられるのだ。

たとえば、私があなたにリンゴ、バナナ、アスパラガスといった天然の食べ物を何かあげるとしよう。リンゴあるいはバナナを二つ三つ食べると、一口ごとに味蕾《みらい》で感じる喜びが薄れ、体は違った種類の食べ物をほしがるようになる。ところが、チョコレート・バー、マクドナルドのフライドポテト、コーラといった多くの加工食品の場合は、必ずといっていいほど同じものをもっとほしがる。これは化学調味料によって「一つきりでは満足できない」ようになっているからだ。この化学物質による味の変化が、極端な食べ過ぎにつながり、肥満を促し、食べ物に多様性を求める味蕾本来の性質を損ねている。[★2]

人の体は一三種類の必須ビタミンを毎日摂取する必要がある。[★3] その多くは体内でつくることができないものだ。これらのビタミンは、ある種のミネラルとともに、私たちの体内で毎日行われている何百万という化学反応を維持するために欠

★3　「ビタミン」という言葉は、1912年に生化学者のカシミール・フンクによってつくられた。フンクはこの物質が生命に不可欠であることを発見し、当初はすべてがアンモニア化合物だと考えていた。そこから「バイタルアミン」（生命に欠かせないアンモニア化合物）、すなわち「ビタミン」という言葉ができた。のちに科学者たちが人体に必要な13種類の必須ビタミンを確認したとき、いくつかはアンモニア化合物でないことが発見された。

かせない。一日に数種類の新鮮な野菜や果物を食べれば、必要な分は摂取できる。しかも、もともと私たちの体は、種類の違う天然の食物をほしがるようにできている。ところが大多数のアメリカ人は、かれらが食べている、化学物質で味付けされた加工食品やファーストフードのせいで、体が必要とするこれらビタミンやミネラルの最低所要量すら摂らなくなっている。★1

短期的にみると、これらの欠乏は、情緒不安定、活力不足、関節痛、視力や聴力の低下をはじめ、医学が加齢とともに受け入れるよう説いてきた無数の疾患となって表れる。また長期的には、ガンや心臓病といった重い病気を引き起こす。

二〇世紀、アメリカのたばこ会社は消費を増やそうと、製品の化学構造を変え、子どもたちを特定のタバコ製品に惹きつけて、生涯を通じての顧客をつくりだそうとした。近年の法律により、大手タバコ会社は、販促活動のために、こうした行為を行うことを規制された。だが各社は一度手に入れたノウハウを無駄にはせず、中毒性のある加工食品の大手ブランドを買収している。二〇〇一年には、世界最大のたばこ会社フィリップ・モリス★2が、オレオ・クッキー、リッツ・クラッカー、ライフセイバーズ・キャンディ★3など、人気のある子ども向けの加工食品ブランドをいくつか買収した。★4この結果、同社は、オスカー・メイヤー・ベーコンからポスト・シリアル★5、フィラデルフィア・クリームチーズまで、ありとあらゆるものをつくる、ネスレに次ぐ世界第二の食品会社になった。★6

★1　これらのビタミンが欠乏するもう1つの理由は、食物を天然の状態から加工すればするほど、食品に含まれるビタミンの効力が失われるからだ。たいていは、ブランド品として差別化したり、腐敗を遅らせたりするために加工されることが多い。さらに、ビタミンの中には、特定の食物と一緒に食べないと、きちんと消化されないものがある。

★2　1919年設立。年間売上高が一億ドルを上回るブランドを60以上持つ。

★3　ハッカ菓子。

■病気を生み続ける医療業界

調査研究の対象を医療業界に広げた私は、食品産業とは比べものにならないほど悪質な行為をはたらく巨大な多国籍企業に出くわした。そして、健康的なライフスタイルのためにどう食べるかとともに、よい医療を受ける必要性についても、私のような経済学者が書かなければならないと感じた。

医療（すなわち「疾病」）産業が、今日どう動いているかを理解することは、ウェルネス産業をリードする、またはそれに加わりたいと願う起業家にとって、きわめて重要だ。

患者は医者にかかるとき、自分の疾患に対し入手しうる最善の薬の処方箋や治療が受けられると信じている。だが、そんなことはめったにない。

肥満の消費者が食品業界のターゲットであるように、医者は製薬会社のターゲットである。患者が受けとるのは、治療の供給者、医療保険会社、ときには医者個人にとってもっとも利益がでる薬や治療だ。それは入手可能な最善の治療であるかもしれないし、そうでないかもしれない。アメリカの医者はふつう、その地域でどの製薬会社が高いシェアを占めているかに応じて、同じ疾患に対してまっ

★4　「オレオ」、「リッツ」、「ライフ・セイバーズ」はナビスコ社の商標。
★5　アメリカのシリアル・メーカー、ポスト社のシリアル。
★6　「オスカー・メイヤー・ベーコン」と「フィラデルフィア・クリームチーズ」はクラフト・フーズ社の商標。

たく異なる処方箋を書く。

今日の医療技術と薬学は日進月歩であり、医学校で習うことの多くは、卒業するときには時代遅れになっている。医療現場で医者に新しい薬や治療法について教えてくれるのは、業界用語で「ディテイル・パーソン」[★1]と呼ばれる特殊な販売員だ。ディテイル・パーソンの正体は「容姿端麗な、高給取りの、若い異性」だ。ディテイル・パーソンは無料サンプルをばらまき、医者やスタッフがどれほど自社製品の処方箋を書いてくれたかによって、気前よくお返しをする。医者とその家族は、高価なディナー、豪華クルーズ、非課税のリゾート旅行などを受けとり、税金を使ってかれらの製品について、さらに「学ぶ」のだ。

どこの医療用医薬品会社（処方箋薬専門の製薬会社）も、薬の値段が高いのは研究開発費がかかるからだと言う。しかし実際は、研究開発よりもマーケティングにずっと多くの金が注ぎ込まれている。しかも、新薬ができるまでの研究開発の大半は、大学の研究室や、医学校、国立衛生研究所（NIH）といった非営利組織に対する助成金というかたちで、連邦政府が負担している。

処方薬に驚くほど高額な金を払っている人たちは、医者が処方箋の「DAW」という欄に印を付けるようにさせるためのマーケティング費用にも、金を出しているようなものだ。DAWとは「ディスペンス・アズ・リトゥン（Dispense as Written）」（処方通りに調合）の略で、すなわち、この薬は、処方薬全体の約九〇パ

★1　日本ではMR（Medical Representative）＝医薬情報担当者という。
★2　特許期間終了後に発売される安価な一般名称の薬。

ーセントを占める「ジェネリック」[★2]ではなく、高価なブランド薬であるということだ。製薬会社の収益は、何年も前に患者が発病したときに処方され、その後も飲み続けている時代遅れのブランド薬に依存している場合が多い。患者が処方箋を見直してもらおうとすれば、既存顧客を競合他社に奪われかねない。そのため、医療用医薬品会社は、医者や患者に改良薬に関する十分な情報をあたえていないのだ。ときには、後から出たジェネリックのほうが、ブランド薬より安全で効き目の高いこともある。より新しく調合された薬であるため、成分が改良されているからだ。

消費者が飲んでいる処方薬について本人を教育する、すなわち、より効果が高く、より安く、より副作用の少ない、もしくはそのすべてを兼ね備えた処方薬をどう手に入れるかを教えることには、とてつもなく大きなビジネス・チャンスがある。

昨今、製薬会社は食品会社と同じ宣伝会社を使い、消費者に直接訴える、イメージ重視の宣伝広告を打ちはじめた。処方薬は、医者の書面による推薦、すなわち処方箋があってはじめて合法的に入手できるが、消費者は広告で、その薬を希望するよう「直接」迫られ、ＤＡＷの処方を「医者に頼む」よう教えられる。医者が断ったら、言うことをきいてくれる別の医者を探せばいいとも。悲しむべきことに、多くの医者は、国際的な大手製薬会社の製品やサービスを提供する「テクノロジー自動支払機」と化している。大手製薬会社の中には、利益と患者を秤にかけ、つねに利益を選ぶ企業が少なくない。
　こうした行為によってアメリカの薬価は押し上げられ、毎年書かれる処方箋の約二二パーセントについては、患者が薬の費用を支払えない状態が生じている。六五歳以上の多くのアメリカ人にとって、処方薬は月当たり、じつに約三〇〇ドル（約三万六〇〇〇円）にものぼる最大の支出項目である。つまり、何百万人という人たちが、食べ物を買うか、薬を買うかという悲惨な選択をせまられているのだ。診療費にはメディケア★1が適用されるが、処方薬は通常、適用外だ。★2
　こうしたいくつもの事例は、今日の先進国医療に潜む、つぎに示す二つの問題の表れである。それはいずれも医学ではなく、ほぼ完全に経済上の問題だ。

◎医療の提供者にしてみれば、消費者が一度しか使わないかもしれない製品より、生涯使うものをつくったほうが利益になる。必然的に、病気の原因や治癒よりも、症状に対処する製品に研究開発費が注ぎ込まれる。
◎医療費の大半を支払っている第三者、すなわち、保険会社と雇用主は、従業員の健康については、長期にわたる財務上の援助をしていない。個人は、医療費に対してほとんどあるいはまったく直接の責任を負っていない。しかし、病気予防のためにかける費用（運動、ビタミン、サプリメントなど）のほとんどは必要経費として認められず、払い戻されることが

★1　アメリカ政府が65歳以上の高齢者に提供する医療保険。
★2　メディケアが適用されている3900万人の患者のうち、およそ3400万人は処方薬費用の保険負担を受けていない。処方薬費用の負担を受けている500万人のメディケア受給者は、一般的に、そうした保険負担を受けることと引き換えに、より低い水準のマネジッドケア（管理医療ともいう。被保険者と医療機関が治療行為を授受するさい、それぞれが医療保険上の何らかの制限を受ける民間医療保険の形態の1つ）を選んでいる。

ない。

■逃げ道のない消費者

調査を進めれば進めるほど、私は、大半のアメリカ人を苦しめているこの肥満と不健康という災厄に解決策がないように思えて、気が重くなった。

大半の問題の原因である一兆ドル（約一二〇兆円）の食品産業と、ターゲット顧客が仕事や消費に戻れるだけの治療しかしない一兆五〇〇〇ドル（約一八〇兆円）の医療産業との間に、直接の共謀関係がなかったのは明白である。とはいえ、経済的効果から見れば、この二つの業界が実に卑劣なやり方で、アメリカの消費者に対して陰謀を働いていたも同然である。

ミクロ経済のレベルで見ると、経済的利益に基づいて動く食品・医療産業は、消費者がみずからの健康管理に役立つ正しい情報を得るたびに、自社の不利にならないよう情報を操作してきた。たとえば、一九九〇年以前、消費者はカロリーの過剰摂取が肥満を引き起こすと教えられていた。その後、肥満の主な原因が食事に含まれる脂肪の量であることに人々が気付くと、食品会社は低脂肪や無脂肪の食品を発売し、もう体重を増やさずに好きなだけ食べられると宣伝した。さらには、

〝もともと〟脂肪を含んでいない、砂糖をかけたキャンディーやプレッツェルなど多くの製品のパッケージまで変えて、健康的な脂肪ゼロの新製品をつくったように思わせた。

食品会社の大量の広告が消費者に伝えていなかったのは、これら低脂肪あるいは無脂肪の製品には、極端に砂糖と炭水化物が多いことである。そして、砂糖や炭水化物は体内で消化されると脂肪に変わること、さらに、長い目でみれば以前の「太る」製品より体に悪い中毒性のある化学調味料が、ふんだんに加えられていることも伝えていなかった。一九九〇年代には、低脂肪や無脂肪の食品の売り上げとともに、肥満が着実に増えていった。

マクロ経済のレベルでは、消費者にはまったく逃げ道がなさそうだった。

> 連邦、州、地方政府をコントロールしようとするとき、食品・医療産業はかれら独自の黄金律にしたがう。すなわち、金のある者がルールをつくる、というものだ。

食品業界のロビイストたちは、中毒性のある加工食品に子どもたちをおびき寄せるため、強制的な学校給食制度をつくった。製薬会社は、悲惨な食事の結果として引き起こされる症状に効果のある危険な薬を、何百万人のもの子どもたちに飲ませるアメリカ政府の支援事業の立案に手を貸してきた。中には、多動症の子どもをコントロールするのに使われるリタリン★1のように、親が、この病気の疑いのある子どもへの投薬を拒めば、親権すら失いかねない場合もある。★2

当初、アメリカ食品医薬品局（FDA）は、健康を害する食品から消費者を守るために設立された。しかし、現在、競争を排除して、政府認可の特許薬の経済的寿命を引きのばすことにより、本来なら規制すべき製薬会社を保護する側にまわっている。

情報伝達と視聴率のためという、自己の利益に基づいて行動するマスメディアは、ふつう、こうした悪事を先頭に立って暴こうとする。しかし、この問題の場合、メディアはまったく無力である。メディアで働く人たちは、みずからが消費者として同じ情報不足の状態にあり、結果的に大半は問題があることに気付かない。しかも、メディアの主な資金源、とくに全国テレビの広告収入源は、食品・医療産業である。

たとえば、牛乳が健康におよぼす悪影響は医療関係者のあいだでは数年前から広く知られているにもかかわらず、メディアではまず取り上げられない。アメリカ酪農組合の広告で、毎年、利益を得ているからだ。出演料をもらって、広告の中で「ミルクの口ひげ」をつけているのに、私生活では豆乳しか飲まないという有名人の偽善について、考えていただきたい。

こうした有名人の恥ずべき行いは、自分では決して口にしないものを勧めるということだけにとどまらない。人気俳優、歌手、モデルといった人々は、文字どおり外見で毎年何百万ドルも稼ぐ。かれらの大半は、加工食品や中毒性のあるフ

★1　注意の拡散を抑えて集中力を出すために投与されることが多い向精神薬。

★2　Diller, Lawrence H., M.D., "Just Say Yes to Ritalin ! Parents Are Being pressured by Schools to Medicate Their Kid —— or Else "「とにかくリタリンを！わが子への投薬を学校から迫られる親たち」ディラー・ローレンス博士　2000年9月24日付「ニューヨーク・タイムズ」

ァーストフードをとらない。ベジタリアンに近い食事をとっているのだ。ところが、健康や美という点で社会のお手本となるこれらの人々は、自分たちの上質の食習慣をマスコミにかぎつけられないように、マネージャーから言い渡されている。さもないと、収益の大半を加工食品やファーストフードの広告に頼っているテレビ局のプロデューサーたちから、そっぽを向かれてしまうからだ。

若者の多くは、有名人たちの専門的な才能以外の部分にも魅力を感じている。だが、今の有名人は、キャリアを傷つけかねない微妙な問題には意見を述べないことが多くなった。かつてハリウッドのあるマネージャーが話してくれたとおり、だれも「健康食のジェーン・フォンダ」になりたくはないのだ。[★1]彼女は、一九七〇年代に左翼的な政治思想で物議をかもし、一部の映画好きの人々にボイコットされた名女優である。

自由企業体制のもとでは、利潤を追求する企業が消費者の望むものを提供できないとき、人々は、必ず政府（「最後の手段の提供者」）にすがる。一九七〇年代、消費者が、環境を破壊する企業活動を取り締まるよう政府に求めたときには、うまくいった。

ところが今度の問題については、政府も役立たずのようだ。選挙で選ばれて公職についている人々は、メディアと同様、やはり情報不足の消費者であり、よって健康の問題に気付いていない。大半の政治家の胴回りや食事をみれば、かれら

★1　『バットマン&ロビン』（1997）のほかにも13のメジャー映画に出演する、アリシア・シルバーストーン（1976年生まれ）は特筆すべき例外の1人である。ベジタリアンの有名俳優は数多いが（ブラッド・ピット、リチャード・ギア、ポール・ニューマン、リヴ・タイラー、ダスティン・ホフマンなど）、シルバーストーンはキャリアに傷がつくのも構わず、つねに有名人の立場を利用して、乳製品や加工食品の圧力団体に抗議し、自分の若いファンに健康的な食事について教えようとしている。

が食事や健康についてどう思っているか一目瞭然だ！
アメリカの政治家は、長いこと食品や製薬会社に都合よく操られてきた。そのため、政府は解決の一端を示すどころか、いまや問題の大きな部分を占めるようになってしまった。
アメリカは冷戦に勝ち、民主主義の理念は史上かつてなく全世界に広まっている。それにもかかわらず、信じがたいことに、アメリカ人の半分は、専制政治や独裁政権の下にあるのと同様の状態にある。日々の暮らしや夢や幸福が、制限されたライフスタイルに縛られていると認めざるを得ないありさまなのだ。

アメリカにおいて一兆ドル（約一二〇兆円）の食品産業と一兆五〇〇〇ドル（約一八〇兆円）の医療産業を構成する数多くの企業は、経済の普遍的法則に支配されている。そのために、さながら巨大な陰謀の一部のように、足並みをそろえて行動している。

私が調査研究の大部分を行った一九九六年から二〇〇〇年の間に、過体重と肥満のアメリカ人の比率はさらに一〇パーセント増えた。肥満が二七パーセント、過体重が六一パーセントになり、医療費は一兆ドル（約一二〇兆円）から一兆五〇〇〇ドル（約一八〇兆円）に急騰した。この数字を人間の苦悩として考えると、私は気が重くなる。七七〇〇万のアメリカ人が肥満で、一億八四〇〇万人が過体重なのは、最も大切なかれらの資産、すなわちウェルネスを守る手段、情報、動機が欠けているからだ。

アメリカのほぼ全国民が過体重になり、人口の半数以上が肥満になるのも時間の問題に思われた。私は、アメリカ人の三九パーセントにあたる、健康で、過体重ではない人々について詳しく調べ、私たちにどれくらいの時間が残されているかを確かめようと決心した。


過体重でない三九パーセントのアメリカ人について調べだしたとき、私は迫りつつある革命の種を見つけた。

■ウェルネスという新しい波は、すでにはじまっている

過体重でない三九パーセントの人々を詳しく調べるうち、私は、いまだかつてないほど健康的な食生活を送る何百万人かのアメリカ人グループがあることを知った。しかも、その人数が増えていることに気付いた。このウェルネスグループの中には、文字どおり外見で生計を立てる有名人のほかに、アメリカ社会の政財界における有力者の多くがいた。かれらは密かに革命的な新しいアプローチを取り入れていた。すなわち、食事、運動、ビタミン、サプリメント、医療といった、老化プロセスそのものに対抗するアプローチである。

古代ギリシャでは、創造的な才能、知性、生産性、道徳観念とならんで、体力、健康、美が人間のアレテ、すなわち「徳」の基準だった。事実、容姿の美しさは内面の美の反映であると信じられ

ていた。今日、「アレテ」に最も専念しているのは、当然ながら、「職業上美しい」、すなわち経済的理由から健康と容姿の維持が必要な人々である。映画スター、トーク番組の司会者、お笑い芸人、多くの大企業の重役たちは、生活を送る上での肉体的な基盤である、食事、運動、ビタミン、サプリメント、医療、老化について、大半の人間とは一八〇度違った観点から捉えている。いわば、秘密の世界に住んでいるのである。

個人トレーナーの下でのトレーニングから高級レストランでのメニューの仔細な検討にいたるまで、苦痛もしくは自己抑制のように見える行為も、ウェルネスを求めるエリートたちにとっては、前向きな行動であり、宗教体験にも似た重要な行為なのである。

こうした人たちは、厳しいトレーニングのおかげで、数時間後に自分がどう感じるか重視する。あるいは昼食や夕食に食べていないもののおかげで、その晩どう感じるかを重視する。よって、他人には苦痛に思われるようなことでも、たちまちのように報われ、幸せな体験になる。

私は最初、食物の健康への影響を前向きにとらえる、この革新的な考え方は、ハリウッドやウエスト・ロサンゼルスだけの現象だろうと思っていた。ところが調査を進めていくうちに、すぐ、これが、地球上のあらゆる場所に革命家が存在する、世界的な動きであることがわかった。

そのわけは簡単だ。人はみな、どれほど健康で丈夫であっても、より健康でより丈夫になりたいと思っている。誰もが、見た目も気持ちも若々しくありたいと願う。しかし最近まで、効果のあるウェルネスの製品やサービスを得ることはきわめて難しかった。これまで、数少ない製品やサービスに金が払えるのは大金持ちだけだった。それらが身近で手ごろになりつつある今、起業家は待ちわびていた大衆に、いっせいにウェルネスの製品やサービスを提供しはじめている。そもそも経済的な問題だったものに、経済的な解決策があたえられつつあるのだ。

私が育ったころ、食事の時の会話は個人の経済問題が中心だったように思う。しかし、今では、なにを食べるか、どんなサプリメントを飲むか、どんな運動がよいか、どうすれば病気にならず、老化を遅らせることができるかというような、ウェルネスをめぐる話題が増えてきている。これは、ウェルネスという巨大な新しい波のほんのはじまりを示すものだ。

本書のために調査研究をはじめたとき、私の頭には二つの目的があった。すなわち、①食品・医療産業の悪事を暴き、②健康になるため、また良質の医療を受けるために選択すべきことを人々に教えるというものだ。富を築くことができる新しいビジネス・チャンスを紹介することは念頭になかった。

肥満と疾病について調べれば調べるほど、私は現状に愕然《がくぜん》とした。そして愕然とすればするほど、健康、食事、医療に対する私たちの考え方に、まさに革命が求められていると思うようになった。

この革命がそのうち起こることは予想できたとはいえ、調査をはじめて最も驚いたのは、革命がすでにどれほど進んでいるか、ということだった。

【草創期のウェルネス産業におけるビジネス】

・ビタミン
・サプリメント
・美容整形手術
・任意の眼科手術（LASIK★1〈登録商標を意味するTM〉、放射状角膜切開術）
・美容皮膚科学
・遺伝子工学（性の選択、生殖機能の活性化など）
・審美歯科（歯冠やインプラント）
・予防医学
・医療費貯蓄口座★2
・高額免責健康（ウェルネス）保険★3
・フィットネス・クラブ（トレーナーも含む）

★1　レーザー光線による近視手術。
★2　小規模雇用主が設立した高額免責健康保険に伴う貯蓄口座。
★3　高額医療費に適用される保険。一定の免責額を越えるまでは自己負担額が多い。

・健康・運動器具
・任意の薬剤バイアグラ（インポテンツ薬）、ロゲイン（育毛剤）など
・健康食品
・健康食レストラン
・ダイエット製品

これらビジネスの多くは、二、三〇年前には経済的に意味のある規模として存在していなかった。しかし、二〇〇〇年にはすでに、年間の総売上高が約二〇〇〇億ドル（約二四兆円）を記録した。これはアメリカ国内における自動車の売上高のおよそ半分にあたる。

ウェルネスに関する売り上げがこれほど莫大であることがわかり、私は、ウェルネス産業が、金持ちや「職業上美しい」人々のみのための製品として存在する段階をとっくに超えていることを知った。私は、この二〇〇〇億ドル（約二四兆円）の大半を消費したのはどういった階層の人たちか、将来の消費需要の展望はどうかに、焦点を当てはじめた。

今後一〇年でウェルネスの売り上げがアメリカだけで一兆ドル（約一二〇兆円）に達すること、ウェルネス産業は新世紀における最大の富をもたらす産業であることが明らかになった。これは、一九九〇年代後半のインターネット長者をもしのぐほどの富である。

なぜそうなのか、そしてウェルネス産業はどこへ向かうのかについては、次章で考える。その前に、ウェルネス産業はどこで育ってきたのか、なぜアメリカの食品・医療業界にウェルネスの考え方がなかなか広まらなかったのかを理解することにしよう。ウェルネス産業が実際にはじまったのは一九七〇年代後半、起業家がみずからの製品・サービスの利点を説くことが法的に許可されたときである。

ウェルネス産業が今日あるのは、主に一九七〇年代、当代の最も偉大なウェルネスの革命家が、歴史的闘いに勝利をおさめたおかげだ。その革命家とは、ロデイル・プレス社[★1]と『プリベンション』の創始者、故J・I・ロデイルである。

■ウェルネス革命の基礎を築いたロデイル

一九五四年、起業家であり文筆家であったJ・I・ロデイルには、失うかもし

★1 『メンズ・ヘルス』誌、『ランナーズ・ワールド』誌などを出版。

れないものがたくさんあった。かれの経営する出版社ロデイル・プレスは、『プリベンション』誌の創刊にこぎつけたところだった。『プリベンション』は読者に対し、病気の症状の治療ではなく、いかに病気を予防するかを教えることを目的としていた。

ロデイルは、赤身の肉と乳製品の大量摂取によって心臓病のリスクがいちじるしく上昇し、運動によって心臓発作のリスクが実際に減少するという結論を出していた。当時、アメリカ政府は何百万ドルもかけて、国民に毎食肉類や乳製品をもっと食べるよう奨励していた。医師たちは心臓病患者に対し、運動量を減らすか、運動をすっかりやめるようにいっていた。アメリカの死因のトップが心臓病だったのも不思議ではない。

ロデイルはこの新しい発見を、『健康な心臓のためにどう食べるか』と『このペースなら、私たちは殺されない』という二冊の本に著した。かれは、この情報で何百万人もの命を救えると確信していた。しかし、一九五〇年代に著述にたずさわった少なからぬ人々と同様、ロデイルは、ジョセフ・マッカーシー[★1]ひきいる「下院非米活動委員会」[★2]が決定する承認リストからはずされた。そのため、かれの依頼した出版社は二冊の出版を断った。

しかたなくロデイルは自費で出版し、ロデイル・プレスのほかの出版物と一緒に書店で売ろうとした。ところが、大半の書店は店頭販売を拒否した。だが、ロ

★1　共和党上院議員。共産主義者の迫害・追放で1950年代の米に猛威を振るった。
★2　1938年に米国内における反体制的破壊活動を調査し，これに対する立法を行う目的で設置された。

デイルは、一般の人々には一刻も早くこの情報が必要であると確信していた。そして、くじけることなく、全国紙に全面広告を出し、この二冊を通信販売によって安く売りだした。

連邦取引委員会（FTC）は、ロデイルの著書にある医学上の忠告は根拠不十分であるとして、広告と本の販売を中止するよう命じた。FTCは、別の出版社が当時は型破りだった医学上の忠告を発表したとき、同様の行動に出て販売を止めさせていた。★3 コネチカット州ハートフォードにあるウィトコワ・プレスは、『関節炎の常識』と題した本を出版し、関節炎とリウマチで苦しむ人に役立つ本であると宣伝した。一九五四年、FTCはウィトコワ・プレスに対し、「直接的、間接的表現を問わず、本書が、関節炎およびリウマチ患者の苦痛をやわらげるのに、適切で、効果的で、信頼に値するものだとする主張を即刻とりさげる」よう命じた。ウィトコワ・プレスはこの命令を受け入れ、上訴はしなかった。教育出版社大手のプレンティスホールに対する同様のケースでも、同社は費用のかかる連邦政府との訴訟を嫌い、FTCの決定にしたがった。

しかし、ロデイルは怒りをあらわにした。FTCの行為は、出版の自由を保障する合衆国憲法修正第一条に対する明らかな違反であると感じた。

FTCは一九五五年に聴聞会を開くことを決め、ロデイルの本を購入して忠告にしたがえば実際に心臓病のリスクを減らせるという証拠をその席で提出するよ

★3 Pilzer, Paul Zane, "Rodale Press versus Federal Trade commission: A Comprehensive Analysis", senior thesis, Lehigh University, Bethlehem, PA, May 21, 1974（「ローデール・プレス対連邦取引委員会：その包括的分析」ポール・ゼイン・ピルツァー著　ペンシルベニア州ベスレヘムリーハイ大学卒業論文　1974年5月21日）

う、ロデイルに命じた。ロデイルは出席を拒否し、憲法修正第一条によって、どんな情報も、その有効性にかかわりなく、好きなように出版する権利が認められていると主張した。★1

聴聞会では、アメリカの医学界の権威たちが、①心臓病と、赤身肉・乳製品の大量摂取とのあいだに相関関係はまったくない、②ロデイルの忠告どおり心臓病予防のため運動量を増やせば、命にかかわりないにせよ、有害の可能性がある、と証言した。FTCは、ロデイルの出版物を読めば健康が改善されるという主張を、間接的にも直接的にも「停止」するよう、かれに命じた。★2

ロデイルは、情報に基づく製品をFTCが規制することは憲法修正第一条によって禁じられていることを主な根拠とし、控訴した。連邦政府との法廷闘争は二〇年近くにおよび、かれの個人資産すべてが危機に瀕《ひん》することもあった。やがて、憲法に基づく理由によって敗訴することをおそれたFTCは、ロデイルと和解をこころみた。だがロデイルは、経済的に苦しかったにもかかわらず、憲法修正第一条によって書物や印刷物への規制が禁じられていることをFTCが認めないかぎり、引きさがろうとしなかった。

裁判が終りに近づいたころ、ロデイルの弁護士は、二〇年近く前の最初の聴聞会に政府が呼んだ医学専門家のうちの何人かを、新たな証人として出廷させた。その〝専門家〟たちは順々に、「当時は知らなかった」と断りつつ、かつての証

★1　訴訟の最初の聴聞会で、FTCの調査官を前にし、異を唱えた少数派のフィリップ・エルマンFTC委員長は、つぎのように記し、FTCがまさにたどろうとしていた道を予言した。「議会がこの委員会を設置したのは、政治に関してであれ健康に関してであれ、書物のなかの異端の考えや理論を検閲するためではない。私たちは、政治、健康、いずれの分野でも、今日の異論が明日の定説になりうることを、忘れてはならない」。（出典、p.61★3に同じ。）

言をひるがえした。そして、ロデイルが当初から述べてきた主張の多くは、その後、医学的事実として確立されたことを認めた。ロデイルは、アメリカの「建国の父」たちが、出版の自由を権利章典の冒頭に掲げたときに思い描いたことを示す、これほどよい例はないと感じた。

その後の一九七一年、J・I・ロデイルは、全国ネットのテレビ番組で連邦政府との闘いを語っている最中に、急逝した。かれの呼吸がほんとうに止まり、顔が蒼ざめてくるまで、『ディック・キャベット・ショー』の視聴者はみな、ロデイルがFTCとの争いを強調するために、ふざけて心臓発作のふりをしたのだと思っていた。

問題の訴訟は最高裁まで行かずに終わった。

ウェルネスのパイオニア、J・I・ロデイルが亡くなって間もなく、連邦政府は主張をひるがえした。FTCは今後、情報に基づいた製品の広告主に対し、その主張の有効性を立証するよう求めないと発表した。この方針転換が、ウェルネス情報の自由な流れへの扉をひらき、ビタミン、サプリメント、フィットネス、代替医療といったビジネスを現在のレベルにまで押し上げ、ウェルネス革命の基礎を築くことになった。

★2　ケネディから任命され、フェリックス・フランクファーター米国最高裁判所裁判官の元補助官であったFTCのエルマン委員長は、反対の意をこう記している。「自由社会のすばらしい点は、地球は平らであるとか、月は生チーズからできているとか、神は死んだとか主張する本を、役人あるいは公的機関が満足するよう「立証」または「証明」しなくても書けるところにある……健康を扱ったものであろうとなかろうと、どんな知識分野であれ、すべての答えが今あると思い込むのは傲慢である」(出典、p.61★3に同じ。)

今日、『プリベンション』誌は一二〇〇万の読者を抱え、ロデイル・プレスは毎年一〇〇点を超えるウェルネス関連の新刊を年間計二〇〇〇万部発行する、健康分野で世界最大の出版社である。

■新しい考えを拒絶する人間の性質

ロデイルが直面した、最大の難問は、新しいものや未知のものへの人間の拒絶である。これは、新しいテクノロジーが既成概念の見直しを強いるときにとくに見られる。そして、この難問には、本書の読者のような、新技術を基盤とするビジネスの起業家の多くが直面することになる。

この現象の原因と、その乗り越え方を知ることは、成功を求める起業家にとってきわめて重要だ。

宗教においても科学においても、人間が知識を求めるのは、実は、日々の生活における秩序を求めているからにほかならない。人はそうした秩序をひとたび発見したと思うと、たとえそれに反する動かぬ証拠をつきつけられても、命がけでそれを守ろうとする。たとえば、およそ紀元前四世紀まで、空に輝く不思議な光は、神が天を歩きまわっているのだと広く信じられていた。事実、planet（惑星）という言葉は、「歩きまわる人」を意味するギリシャ語からきている。多く人々は、つぎのように理解して、日々の無秩序に説明をつけた。すなわち、神（惑星）が天を歩きまわることで、穀物が育ち、雨が降り、無秩序な人間に悲しみや喜びがもたらされるのだというふうに。

ギリシャの哲学者アリストテレスはこの考えに反対した。かれは物事には秩序があり、人がそれを知って利用することで、とくに季節とそれが農業にあたえる影響を知ることで、生活に秩序をもたらすことができると信じた。紀元前三四〇年、アリストテレスは、惑星をはじめとする天のあらゆる物体は、神ではなく、一定の進路にしたがって地球を公転する単なる球体であると理論づけた。

アリストテレスの天道説は、太陽系の中心が太陽ではなく地球であるという基本的前提が間違っていたが、以後一八〇〇年にわたって、文明の基盤になった。それほど長年信じられていたことも、驚くには当たらない。天道説はわれわれの感覚に合っているからだ。たしかに地球にいる私たちの目からみれば、すべてが地球を中心にして回っているように見える。

とはいえ、アリストテレスの天動説による暦は、誤って地球を宇宙の中心に据えていたせいで不正確だった。およそ一〇〇年おきに、ローマでは七月に雪が降り、教皇は暦を半年もどさねばならなかった。このことが、天文学者たちを、より正確に月日を刻み、季節のはじまりを予測できるような、宇宙の仕組みの体系を発見するという、壮大な探求に駆り立てた。それを使って、農業や経済の産出量が増えるような暦をつくるために。

この探求がようやく成功をしたのは、一六世紀前半のことだった。ポーランドの天文学者ニコラウス・コペルニクスが、太陽系の中心は太陽で、天体は、地球を含め、太陽の周りを回転していることを、数式を用いて明らかにしたのである。かれの著書『天球の回転について』は、本人が死ぬ間際の一五四三年まで出版されず、その後、かれの地動説は半世紀以上にわたって日の目をみなかった。このことは、コペルニクスにとって、ある意味で幸いだった。

一六〇九年、イタリアの数学者で物理学者のガリレオ・ガリレイは、みずから発明した望遠鏡で宇宙を観察しはじめた。そして、私たちの宇宙の中心が、地球ではなく太陽だと確かめることができた。かれは、コペルニクスの理論に関する論文を、学界の伝統だったラテン語ではなく、一般大衆にも読むことができる、わかりやすいイタリア語で書いた。この論文により、地動説はたちまち広範な支持を得た。

しかし、その支持の大半は学界の外からのもので、内部の反応はまるで違っていた。ガリレオは学者からも神学者からも痛烈な攻撃を浴びたのである。一六一六年、ローマ・カトリック教会はガリレオに対し、決して二度と「いかなる方法でも地動説を唱えたり、教えたり、擁護したりしない」よう命じ、そむけば死刑に処するとした。

九年後の一六二三年、ガリレオの幼なじみであるマッフェオ・バルベリーニが教皇ウルバヌス八世に就任した。教皇との友情に勇気を得たガリレオは、再び天動説について記しはじめた。教会の反応はすばやかった。ガリレオは宗教裁判の場でひざまずき、信じていた地動説を否定させられた。おそらく教皇との友情のおかげで火あぶりだけは免がれたが、一六一六年の命に背いたとして終身刑を言い渡された。ガリレオの著書は、教皇の「発禁本目録」に載せられた。ローマ・カトリック教会がこの裁判を公式に見直し、過ちを認めたのは、一九九二年になってからだ。

振り返ってみると、神が地上につかわした使者である教皇が、なぜそれほど積極的に天動説を擁護したのか、理解しがたく思われる。そもそもイエス・キリストへの信仰と、神が地球と太陽のどちらを宇宙の中心に据えたかということとの間に、何の関係があるのか？　しかし、スケールは違うにせよ、既成概念にしがみつくという点では、私たちも似たように振る舞っている。

人は幼いころ、たいてい親からいろいろな信念を教えられ、やがて大人になると、その信念の補強を求める。信念に反するようなことはすべて、きっぱり拒絶したり、避けたりすることも含めて。たとえば、自分と反対の政治的意見を持つ人が書いた本を、最後に読んだのはいつだっただろうか？

> 私たちが反対意見を受け入れないのは、人の心が無秩序を恐れて、既存の秩序をくつがえすような新しい考えを、無意識のうちに、避けたり、拒絶したりするからだ。★1

死刑囚の裁判にかかわる、私の友人の法律家は、陪審がはじめて被告を見た瞬間に決まってしまう裁判があるという。とくに世間の注目を集めるような重罪の場合、陪審員たちは、有罪か無実かはっきりしていない〝無秩序〟な状態からできるだけ早く脱却したいと考える。そこで、法廷に入ってきた被告を一目見ただけで心を決めてしまう陪審員もいる。そして裁判中、自分の偏った判断を支持す

★1　既成概念をくつがえす新製品・サービスの説明には、直接販売（「テレビ販売」や「店頭販売」ではない「対面販売」）が一番よいと言われるのはこのためだ。そうした説明を聞くと、人はテレビならチャンネルを変えるか、店なら素通りする。しかし、友人や知人と話しているときには、礼儀上そうはいかないからである。

る証言にはうなずきながら耳を傾け、反対意見には、あきれたように目を白黒させてみせる。

現状をくつがえしかねない新説を提示するさいは、既成概念の成り立ちと、その概念が最初に確立されたときに、どこで間違ったかを説明できることが重要だ。

ではこれから、大半の人たちがいかにしてウェルネス療法の多くについて誤った考えを抱くようになったかを示すことにしよう。

■伝統的な西洋医学はいかにしてウェルネスを拒否したか

いつの時代にも、人は、とくに大金持ちは、ウェルネスを求めてきた。古代エジプトから中世ヨーロッパまであらゆる文明社会で、錬金術師たちは「王水」に溶けた金が不老不死の薬であると信じ、大金をつぎ込んで、その正しい調法をつきとめようとした。★1 一六世紀から一九世紀にかけては、君主たちが伝説上の「青春の泉」を探し出すため、ポンセ・デ・レオンのような人々の遠征を支援した。★2 これらの探求は、ほかの分野では、錬金術師による化学反応の発見や、ポンセ・

★1　錬金術師たちのほとんどは、金をつくったり、不老不死の薬を見つけたりする探求には失敗した。しかし、一方で彼らの多くが近代科学（薬学、医学、冶金学、物理学、化学など）の基礎を築き、薬学と医学に限りない繁栄への可能性を見出した。

★2　ポンセ・デ・レオンはバハマのビミニ諸島で「青春の泉」を探し出すことはできなかったものの、1513年3月にフロリダを偶然発見したことで、遠征は十分報われた。

デ・レオンのフロリダ発見などいくらか成果をあげた。しかし、ウェルネスの追求はみな散々な失敗におわり、ウェルネスの専門家はもっぱら詐欺師よばわりされた。

その後二〇世紀に入り、科学上の発見により、病気と老化が、食事と運動に関連づけられた。一九〇八年、ポーランド生まれの生化学者カシミール・フンクは、生命の維持に不可欠な、アンモニア主体の四つの物質を発見した。それは「バイタル（生命の）・アミン（アンモニア化合物）」、別名「ビタミン」と名づけられた。★3 港湾労働者をはじめとする肉体労働者を対象にした研究では、運動が一般的な健康や慢性病によいことが明らかになった。しかし多くの場合、こうした今では通説であるウェルネス上の発見は、西洋の医学界に拒絶された。その理由はつぎのとおりだ。

一九世紀より以前、医師たちは数少ない薬を処方し、試行錯誤を通じて、どの薬がどの病気に効くかを観察してきた。医学の知識はこうして長年にわたって蓄積され、ときには文化の壁を超えて広まった。★4

しかし、ある薬や治療法が効いても、医師たちには、なぜ効くのかがわからなかった。感染を説明する基礎理論と、その理論に基づく予防接種や抗生物質の誕生は、複合光学顕微鏡の普及を待たねばならなかった。複合光学顕微鏡は一七世紀はじめに発明されたが、普及したのは、一九世紀後半になってからだった。顕

★3　その後の研究で、必須ビタミンは13種類あり、中にはアンモニア化合物でないものもあることが明らかになった。「ビタミン」という名前は、"Vitamine"の最後の"e"が落ちて"Vitamin"になって生き残った。

★4　エドワード・ジェンナーの種痘発見の話は有名である。しかし、予防接種の方法自体は何百年も前に東洋で開発され、ジェンナーの時代には一般的だったことは、あまり知られていない。

微鏡によって、細胞と細菌が発見され、科学者たちはそれらがどんな作用をするのか、実際に目で見ることができるようになったのだ。
一九世紀後半から二〇世紀前半にかけ、科学者たちは、人類を苦しめてきた主な病気（天然痘、結核、コレラ、ポリオなど）をつぎつぎと根絶し、世界的英雄になった。

この成功に力を得て、また、自分たちを、呪術を使うニセ医者と区別するため、西洋医学は大胆にも、当時の技術ではその作用が説明できなかった、古来の治療法や薬を否定しはじめた。

ところで、生物学の基本単位である細胞は、直径およそ二〇ミクロンである。一本の針の先を覆うのに、ざっと一万個の細胞が必要な計算になる。光学顕微鏡は物理的な理由から、光の波長の約半分より近い距離にある二点は解像できない。ところが、たとえば細菌細胞の直径は、可視光の波長のおよそ一〇分の一しかない。★1

今日、運動、ビタミン、ミネラル、サプリメントによる重要な生化学的作用は、細胞レベルではなく、分子レベルで起きることがわかっている。しかし、各細胞は何兆個もの分子からなるため、これらの作用は光学顕微鏡でも見ることができない。

比較的最近になって電子顕微鏡が発明されるまで、科学者たちは細胞の分子構造も、その働きも研究できなかった。とはいえ、今日、電子顕微鏡はまだ、一八〇〇年代の光学顕微鏡ほど普及していない。このため、次のようなことが起こっている。

今日でも西洋の医学教育の多くは、ビタミンやミネラル、天然のサプリメントの栄養や効能の重要性を、事実上無視している。

その一方、二〇世紀を通じて、西洋医学が病気や老化の予防における食事と運動の重要性を無視しているうちに、家事の省力化や職場の機械化によって個人の運動量は減少した。また食物の加工が進み、多様性がなくなるにつれ、食事に含まれるビタミンとミネラルの種類や質は低下した。そして、アメリカ人の食事に占める脂肪の比率は七五パーセントも増えた。一九一〇年にはカロリーの約二〇パーセントだった脂肪が、今では三五パーセントもあるのだ。こうした様々な要素が、今日のアメリカに肥満や健康障害が蔓延する原因となり、迫りつつあるウエルネス革命の種をまくことになったのである。

★1　Behe, Michael J., Darwin's Black Box: The Biochemical Challenge to Evolution. The Free Press, 1996, P10.『ダーウィンのブラックボックス　生命像への新しい挑戦』マイケル・J・ベーエ著　長野敬、野村尚子訳／青土社

■ウェルネス革命は、ただの金儲けではない

ここからは、規模を拡大しつつあるウェルネス産業と、それがもたらす巨万の富について考えていく。

本書を読み進んで、この新興産業に自分の場所を見つけたいと考えはじめたら、個人の経済的な報いよりも大切なものがあることを肝に銘じていただきたい。それは、私たちのこの世界にあたえる影響だ。

経済的にみれば、私たちは、今日存在するものをつくりだすために苦労と失敗を重ねてきた先祖たちの、途方もない夢をはるかにしのぐ、繁栄の時代に生きている。しかし、肥満と不健康の蔓延により、私たちはかつてない不幸とともに新たな千年紀を迎えている。

アメリカ人の少なくとも六一パーセントは、栄養失調と過体重という、みずからが生んだ牢獄に閉じこめられている。そして、その約半分の二七パーセントは病的な肥満である。すなわち、どこに助けを求めたらよいかもわからないほど太り過ぎて、希望を失っている人たちだ。

これらのアメリカ人は、頭痛、体の痛み、胃の不調、胸焼け、疲労、関節炎をはじめ、医学が老化の兆候として受け入れるよう誤って説いてきた、無数の疾患に、絶えず悩まされるほどの栄養失調に陥っている。そして製薬会社は、原因は無視し、症状だけをやわらげる製品（アスピリンや下剤

など）を何十億ドルも売りつけている。同様の状況は、西欧、台湾、そのほか多くの先進国でも見られる。

しかしながら、ウェルネス革命のおかげでこれらすべてが変わりつつある。いまだかつて、顧客の人生に、これほどまでによい影響をあたえる、ビジネス・チャンスはなかったはずだ。

第二章へ進む前に　起業家、投資家、流通業者《ディストリビューター》のためのアクション・プラン

①自分が興味を引かれる、ウェルネス・ビジネスの有望分野を一〇書き出す。
②各分野にどういう形で参加できるかを見極める。
　a．起業家
　b．投資家
　c．流通業者《ディストリビューター》
③各ビジネス分野を、これまで普及してきた産業の五つの特徴に関連づけて分析する。
④これまでの自身の技術や経験に基づいて、最善と思われる分野を三つ選ぶ。
⑤その三つのウェルネス・ビジネスの分野がなぜ存在するのか、あるいはしないのかを検討する。すでにあるビジネスの場合、自身の潜在的な競争力と、成長の可能性を検討する。
⑥自分が選んだ三つのビジネス分野について再検討する。ここまでの検討結果に基づいて、三つ

を選び直すことも考える。

つぎに第二章から第八章までを読み、各章の終りで、自分が選んだウェルネス・ビジネスの三つの有望分野について、一部またはすべてを、削除するか置き換えることを考える。

第2章
ウェルネスの需要を理解し、コントロールする

現在のウェルネス製品・サービスのブームは、一九四六年から一九六四年にかけて起きたもう一つのブームに支えられている。それは、アメリカの人口の約二八パーセントを占め、一〇兆ドル（約一二〇〇兆円）経済の約半分を占めるベビー・ブームである。その間に生まれたベビー・ブーマーたちは、かれらが最も愛するもの、すなわち若さを保つウェルネス産業の可能性をまさに発見しつつある。

しかし、これとてはじまりにすぎない。というのは、現代の経済における需要の性質、先端技術により拡大しつづける経済、そして一度でもプラスのウェルネス体験を持てば、その製品やサービスを際限なく消費する私たちの性癖のおかげで、ウェルネス産業の将来性が見込めるからだ。

■最初の二〇〇〇億ドル（約二四兆円）

一九九四年に四〇歳を迎えるまで、同世代の多くの人々と同様、私はウェルネスとは何かをほとんど知らなかった。当時の私の健康管理といえば、体重が増えたと感じたら食事を抜くくらいで、それも惨憺《さんたん》たる結果に終わることが多かった。★1

そのとき以来、私は毎年数千ドルと、毎日数時間を費やして、ウェルネスの製品やサービスを消費している。その場かぎりの感覚的な喜びよりも、食後に体調

★1　40歳になる前、私はたいてい食事を抜くことでカロリーの摂取量を減らそうとし、体がビタミンやミネラルの1日の最低所要量を摂っているかは気にしなかった。このため、風邪を引くのはしょっちゅうで、冬には呼吸器感染症になり、体の調子も万全とはいえなかった。最悪なことに、大人になってずっとこうした生活を続けてきた。そのため、1日を通じて健康食品を食べ、定期的に運動し、ビタミンやサプリメントを飲みだすまで、自分に何が足りないのか、まったくわかっていなかった。

がどうなるかによって食べ物を選ぶ。基本的に毎日、ビタミン、ミネラル、サプリメントを摂っている。家族としては健康保険プログラムに加入し、ウェルネス費として年間三〇〇〇ドル（約三六万円）を割り当てると同時に、将来の健康管理のニーズに備えてさらに年間三八〇〇ドル（約四五万六〇〇〇円）を、個人退職金積立型の医療貯蓄口座に預け入れている。週に二度ウェイト・リフティングを行い、天候次第で、ほぼ毎日一時間から二時間、マウンテンバイク、サーフィン、またはスノーボードを楽しんでいる。この本を書きはじめたとき、自分のようにウェルネスをすでに実践している人のアメリカ市場は、年間数十億ドルにのぼるだろうと考えていた。

前に述べたとおり、ウェルネス関連の売り上げが二〇〇〇年にはすでに年間二〇〇〇億ドル（約二四兆円）に達していると知って仰天した。もっと驚いたのは、その二〇〇〇億ドル（約二四兆円）が、今後一〇年のウェルネス産業にとって、氷山の一角にすぎないと知ったときだった。その理由はつぎに説明するとおりだ。

■ベビー・ブーム世代は最初のウェルネス世代

アメリカ人の出生率は、第二次世界大戦後に爆発的に増えた。一九四六年から一九六四年の間に、アメリカではおよそ七八〇〇万人が誕生している。それに引き換え一九四六年以前、同じ年月の間に誕生したのはわずか五〇〇〇万人。一九六四年以降のやはり同じ年月の間には、全体の人口ははるかに多かったにもかかわらず、六六〇〇万人しか生まれていない。★2（次頁）

このアメリカの人口の大きな膨らみは、通常「ベビー・ブーム」または「ベビー・ブーム世代」と呼ばれる。「ブーム」と定義されるのは、一九六四年以降、出生率が激減したからだ。でなければ戦後の出生率増加は、ある特定のグループにならず、単なる長期的な流れになっていただろう。

この事実の持つ意味は、とても重要である。

どんな社会でも、一定期間に世間の関心を集める話題の数には限りがある。人口が普通に増えているときは、ほかよりもずっと人数が多いという単純な理由から、一般的に、こうした話題は若い世代の関心や好みに支配される。ところが一九四六年から一九六四年にかけてアメリカで生まれた人々の数が突出しているため、アメリカの流行は、このグループに支配されつづけている。

この現象がはじめて現われたのは、一九六〇年代後半から一九七〇年代前半にかけ、あるオールディーズ専門のラジオ局が、当時の音楽をかける局より人気になったときだった。大人になった最初のベビー・ブーマーたちが、青春時代の曲を聴き続けたことが原因だった。

一九七〇年代はじめ、ブーマーたちは服、自動車、住宅、家具、工業デザイン、

★2　同様の現象は、1946年から1964年の間に生まれた人口が突出している西欧諸国にもみられる。もっとも、これは第二次世界大戦後に出生率が急上昇したというよりも、1960年代後半からはじまった、深刻な出生率低下により関係している。

★3　「レトロ」：「とくにファッションなどで、過去のスタイルであること、またはそれに関するもの、それを復活させること：流行としての懐古趣味、あるいは古風であること"レトロ・ルック"」©1996 Zane Publishing, Inc., and Merriam -Webster, Inc.

商業建築などの分野で、かれらが若かった頃の流行にますます回帰していった。この現象を定義するため、「レトロ」★3という新しい言葉が生まれ、一九七四年には日常語に（そして辞書に）加わった。

現在、ベビー・ブーム世代（現在三八〜五六歳の人たち）は、最も経済的に余裕のある年代にさしかかっている。このことから、かれらの関心事に応えようとする現象に一層拍車がかかっている。かれらによる経済支配は、初期のブーマーたちが六五歳をすぎ、その経済力や社会への影響力が衰えはじめる二〇一〇年ころまで続くだろう。

ウェルネスに関して、ベビー・ブーマーがあたえる経済的な影響は、その数が示唆するよりも大きい。このグループはどの前世代とも違う振る舞いをしているからだ。すなわち、ブーマーたちは、老化のプロセスを黙って受け入れることを拒否しているのだ。

人口統計学者のシェリル・ラッセルの近著は、これをマーケティングの視点からもっともよく説明している。

「ブーマーたちをめぐる最も重要な真実の一つは、かれらがいまだに若者市場であるということだ。一〇代や二〇代のころ……ブーマーたちは若者市場をつくりだした。四〇代、五〇代に入って……若者市場が人生の年齢ではなく、気持ちの問題であることをかれらは証明しつづけている。多くのブーマーたちは、今、なお気が若く、かれらの親たちのような態度やライフスタイルを受け入れようとしない……ブーマーたちの需要を判断できる才覚のあるビジネスは、果てしなく続く消費需要の波をつかむだろう。[★1]」

ブーマーたちはすでに史上最大の株価上昇、住宅ブーム、飛行機の国際線の発展、パーソナル・コンピュータ、インターネット、スポーツタイプの多目的車（SUV）などを生んだ。早い話が、一〇兆ドル（約一二〇〇兆円）のアメリカ経済のざっと五兆ドル（約六〇〇兆円）をかれらは担う。しかし、もっと重要なのは、ブーマーたちがどんな製品を最も多く購入しているかを知ることだ。二〇〇二年発売の、一九五六年モデルを思わせるTバードのオープンカーから、レトロな家具や服にいたるまで、かれらは青春時代を思い起こさせてくれる製品やサービスに殺到するのだ。

若いときを思い起こさせてくれるというだけで、ベビー・ブーマーたちが、これらのものに大金を投じているとしたら、実際にかれらを若く見せたり、老化の影響を遅らせたりするウェルネスの製品やサービスにどれほどすぐに金を使うようになるか、考えていただきたい。なぜブーマーたちがアメリカ経済にさらなる一兆ドル（約一二〇兆円）を加えようとしているのか、

★1 Russell, Cheryl, The Baby Boom: Americans Aged 35 to 54, 2nd ed., New Strategist Publications, Inc., 1999, 2000, Foreword 『ベビー・ブーム 35歳〜54歳までのアメリカ人』序文

簡単にわかるだろう。かれらは、自分たちにとって最も大切なものを守ろうとするのだ。

さらに、二〇〇〇億ドル（約二四兆円）という現在のウェルネス・ビジネスにおける売り上げの大半は、一九六四年近くではなく一九四六年すぎに生まれたブーマーを対象としている。今後一〇年だけみても、かれらが既存のウェルネス主体のサービスに費やす額は、二〇〇〇億ドル（約二四兆円）からおよそ一兆ドル（約一二〇兆円）に増えるだろう。これは一つには、人口学的にみた市場の拡大による（ブーマーたちの年齢が三八歳～五六歳から四八歳～六六歳に移行するため）。そして、もう一つは、ウェルネス製品・サービスの有効性の改善からくる売り上げ増加によるものだ。

今後一〇年のうちに、ウェルネスのためのよりよい製品やサービスが、何百も研究室から出てくる。改良されたビタミンやミネラル類、風邪や病気を寄せつけないエキナシアのような新種のサプリメントなどもある。また、天然ホルモン、実際にしわを予防し、細胞に張りと活力をあたえる大豆主体の抗加齢《アンチ・エイジング》クリームなども出てくるだろう。

しかも、五倍の売り上げ増加ははじまりにすぎない。ブーマーたちは、音楽におけるレトロ嗜好から住宅や自立したライフスタイルにいたるまで、次世代の欲望の先導役を果たしたように、この後の世代のためにウェルネス産業をリードしていくだろう。

二〇一〇年には、一九六五年から一九八二年にかけて生まれたX世代★1が、最も生産的で、最も金を使う年代にさしかかる。これ以降の世代は、ブーマーたちが確立したウェルネスや、老化への予防的アプローチをごく標準的な医療とみなすことになるだろう。

しかも、現在のアメリカにおける疾病主体の健康保険制度の多くは、減量、運動プラン、栄養学的アドバイス、ビタミン、ミネラル、禁煙をはじめ、何百ものウェルネスや予防的治療の費用を負担する、新しいウェルネス主体の制度に置き換わりつつある。

とはいえ、ウェルネスの売上高がこれほど急激に伸びている大きな理由は、年齢を問わず、はじめてウェルネスを体験した消費者に共通して起きる現象にある。つまり、体験者の大半が、ウェルネスの製品やサービスを際限なく求める、熱烈な顧客になるという現象だ。

アメリカのウェルネス産業の市場を二〇一〇年までに一兆ドル（約一二〇兆円）以上に押し上げるこうした力強い流れはのちほど見ることにする。その前に、現代経済における需要の性質を見ていきたい。そして、この新たな一兆ドル（約一

★1　1980年代中頃から後半、繁栄からとり残され、失業と不況に苦しめられた世代。性向が大変とらえにくいといわれている。

二〇兆円）産業を私たちの身近なものにする、過去ならびに今後十年の経済拡張の要因を説明していこう。

■多くの人がおかす間違い（消費需要の誤解）

一九三〇年代の大恐慌のさなか、経済学者のジョン・メイナード・ケインズは、アメリカはいつの日か先端技術によって、国民が望むものをなんでも供給できるようになるだろうと予言した。

またルーズベルト米大統領に対し、近い将来アメリカの大多数の世帯は、電話、自動車、それに四つの寝室とトイレ付きバスルームがある住宅を持てるようになるだろうと、楽観的な予測を述べた。しかし、かれはこう警告もした。ひとたびこのアメリカン・ドリームが達成されれば、国民は働く意欲を失う。生産的にたずさわる国民は、増大しつづける所得を使わずに貯金をはじめ、結果的に経済は停滞する。それはいわば成功の代償である、と。

そこでケインズはアメリカ政府に対し、最も生産的な国民が所得の増加にともなって金をどんどん貯めこまないよう、所得に対する累進課税制度を取り入れるよう進言した。

これは当時においては急進的な考えだった。一九一三年に初めてアメリカで一律の個人所得税制が確立されたとき、多くの国民は、年収一〇万ドルの人が年収一万ドルの人の一〇倍の税金を支払わなければならないのに、選挙では等しく一票しかあたえられないのは不公平だと思った。そこへもってきてケインズは、稼いだ分だけ税率が高くなるよう、累進的に所得税率を上げることを提唱したのだ。
ケインズの助言に従ったアメリカの政策立案者のおかげで、連邦の個人所得税率は二〇世紀を通じて上昇しつづけた。一九六四年には、限界税率が最高で九二～九四パーセントに達し、その後ようやく一九八〇年代になって七〇パーセントに落ち着いた。★1

こうしたとんでもない税率を避けるため、また政府による賃金と物価のコントロールから逃れるため、雇用主や組合は議会に働きかけた。そして、従業員本人と近親者の医療費を会社が負担するなど、非課税の特典を従業員にあたえる権利を得ようとした。この動きは、ほかのどんな経済的要因よりも、今日アメリカ人が直面している医療費の増大という問題の引き金になった。

私たちは、過去の偉人たちの成功よりも、むしろ失敗を研究することによって、多くを学ぶことがある。富の増大が自己満足による充足感と過剰貯蓄を生むというケインズの理論は、一見筋が通っているように見える。しかし、今日の私たちはそれが正しくないことを知っている。ケインズの予想とは正反対のことが起きてきたのだ。

ケインズが過剰貯蓄という画期的な理論を築いた当時を振り返れば、かれがどこで間違ったのかは容易にわかる。一九三〇年代には、長びく不況の根本的原因は消費需要の不足だった。政府がどんな手を打っても、再び消費者の財布の紐が

★1　多くの人が、ケインズが当時あたえた影響を、実際より大きく考えている。ケインズが提唱したとされる1930年代から1940年代にかけての政府政策の多くは、実は、より大きな現象、すなわち、経済への政府の積極的な介入の一環だった。ケインズの「一般理論」は、そうした政策の存続を正当化する事実があってはじめて使われたにすぎない。1930年代の実際のニューディール政策は、「一般理論」の数年前に実施されている。

ゆるむことはなさそうに思われた。そこでケインズは、政府が個人所得に累進課税制を導入し、そうして得た資金を、政府が歳出を増やすことによって経済に再投入しなければ、破滅はさけられないと確信したのである。

前世紀、とくに過去二〇年間で、高所得者層の消費需要には限界がないことが証明されてきた。稼げば稼ぐほど私たちは使う。使えば使うほど、多くを手にする。多くを手にすればするほど、もっとほしくなる。そしてもっとほしくなればなるほど、その金を稼ぐため、すすんでせっせと働くのだ。

アメリカ社会で働く意欲を失っている階層があるとすれば、はじめての車やはじめての住宅の購入という壁を乗り越えられそうもない、きわめて貧しい人々だ。言い換えれば、はじめての車や住宅の購入は、果てしない消費需要のサイクルにつながる購入を意味するのである。今日では、先端技術によって、大半のアメリカ人の基本的ニーズが満たされるようになった。

先端技術はそれ自らが絶えず需要を生み出す。先端技術は、大多数の人が、すぐに基本的ニーズとみなすような、新しい製品やサービスを提供しつづけているのだ。

第一次世界大戦前後にはじめて電気洗濯機が発明されるまで、同じワイシャツを何度着たかを気にするアメリカ人はほとんどいなかった。それに、服は最低限洗えばすむようにできていた。たとえば、ワイシャツの襟と袖口といった、もっとも汚れる部分は取り外しができた。[★1] ところが洗濯機が普及すると、アメリカ人はみな、毎日新しいワイシャツを着なければならなくなった。そして取り外し可能な襟と袖口は、馬車と同じ道をたどることになった。

ヘンリー・フォードが、ほぼ誰もが手にできる初の大量生産車を発明したとき、誰もが買うだろうというフォードの考えを多くの人があざ笑った。舗装道路はごくわずかで、ガソリン・スタンドもなかったからだ。しかも、大半の人たちは職場から歩ける距離に住んでいた。ところが自動車のおかげで、実際多くの人が郊外に引っ越し、ガソリン・スタンドができ、すぐに車は通勤や毎日の買い物にも欠かせなくなった。

電話がはじめて職場に登場した当時、ビジネスマンの大半は、秘書に書き取らせたメッセージを手渡しすることで連絡を取っていた。かれらのほとんどが電話は時間の無駄だと思った。秘書に用件を口述して書き取らせ、秘書が電話で相手の秘書にそれを読んできかせ、相手の秘書がそれを書き取ってボスに渡すなどということを誰がしようと思うだろうか。むろん、すぐに電話は、ビジネスマンの通信手段を変えた。つまり、秘書のメモを通してではなく、直接相手と話すよう

★1　最初の電気洗濯機は1910年にアルバ・J・フィッシャーによって発明されたが、身近なものになったのは、1922年、ハワード・スナイダーが撹拌式の製品を発明してからである。

になったのだ。必然的に、電話は一九七〇年代のファックスや、一九九〇年代のEメールと同様、あらゆるビジネスの必需品になった。

電話が当初ビジネスマンにいかに拒絶されたかという話には、重要な教訓が含まれている。ほとんどの人は、コンピュータをはじめとする新しく発明された製品を、それまでの時代遅れのやり方を改善することにのみ使い、新しい道具の能力に合わせて仕事そのものを改革しようとしない。新しいウェルネスの製品やサービスを手がける起業家は、大半がこれと同じ間違いをおかすはずだ。

今日、私たちが金を支払っているもの、つまり、多くの人が必需品とみなしているものの九五パーセント近くは、私たちの大半が生まれたときには影も形もなかった。テレビ、飛行機の旅、ディズニーランドでの休暇、最新流行の服、ステレオ、DVD、エアコン、パソコン、託児所や老人福祉センター、映画、ファーストフード・レストラン、ドライクリーニング、インターネットと数え上げればきりがない。同じことはウェルネス産業でも起きる。

食物、衣服、住宅などの基本的必需品も、とにかくあることが大切だというような、従来の意味での必需品としては、もはや見なされていない。なぜなら、私たちは、基本的ニーズをはるかに超えて、それらのモノを消費しているからだ。一九三五年の平均的なアメリカ人の住居面積は一三六平方フィート（約一三平方メートル）だったが、それが今では一人当たり七五〇平方フィート（約七一平方メートル）を超えている。

消費需要にこれほど際限がないのは、技術社会における需要の二つのタイプ、すなわち「量の需要」と「質の需要」の性質に関係している。このことは、とくに長期的な成功を念頭におく起業家が理解しておくべき、きわめて重要な点だ。

■「量の需要」と「質の需要」

「量の需要」とは、もう一台のテレビ、二台目の車、より大きな家、もう一揃いの服など、すでに購入したものを、たとえ一つ目を買ったばかりでも、さらにほしがるという消費者の欲求のことである。

学校を卒業して就職した若者が、生まれてはじめて仕事のためのスーツが必要になったとしよう。その人は意気揚々と店へ行き、はじめてのスーツを買う。しかし初仕事の日、毎日おなじ服ではいられないので、もっとスーツが必要だと感じる。もちろん、それに合ったネクタイ、スカーフ、ワイシャツ、靴も同様である。

あるいは、はじめて車を購入した若夫婦を考えてみよう。自動車を持つことによって、どこで働くか、どう旅行するか、どこで食べるかまで、かれらの生活は一変する。しかしすぐに、以前は思いもよらなかった新しいニーズに気付く。二人別々に仕事や買い物に行くことができるよう、二台目の車がほしくなるのだ。同様に、寝室に二台目のテレビを購入した夫婦は、それから間もなく、子供部屋やキッチンに三台目がほしいと思いはじめる。

はじめての家の購入は、新婚の若い夫婦にとっては究極の買い物に思えるかもしれないが、実際には、それははじまりにすぎない。住宅の購入は、調度品、キッチン用品、娯楽機器などの際限ない需要に火をつける。事実、新規住宅着工件数は、大半の小売業が見通しを立てるうえで最も重要な経済指標になっている。

どんな製品・サービスでもベテランの小売業者ならみな、消費者に満足して買ってもらうことは、かれらとの関係の終りではなく、はじまりであると知っている。

紳士服店は、就職したばかりのはじめての購入者に年間一〇〇着のスーツを売るかもしれないが、すでに一着以上持っている消費者には年間二〇〇〇着を売る。自動車ディーラーにとって最も重要な市場情報は、見込み客がどんなタイプの車を持っているかということだ。そしてアメリカでは毎年、はじめて住宅を購入する人々の少なくとも五倍の人数の、すでに家を持っていて、もっと広い家に移りたいと希望する人々に対して、住宅が販売されている。★1

もっとも、ケインズのような古典派の経済学者なら、どこかの時点で需要は満たされるはずだというかもしれない。結局のところ、一人の消費者はどれほど新しいスーツ、車、家、テレビを買うことができるのか？　一見明らかに思われるこの問いへの答えは、多くの商人たちを混乱させてきた。

先進国の大半の人が今日そうであるように、「量の需要」が満たされると、「質の需要」が頭をもたげてくる。必要な食物、衣服、テレビをすべて手に入れると、「もっとよい」食物、「もっとよい」服、「もっとよい」テレビがほしくなるのだ。

「量の需要」が、既存製品をもっとほしいと望む消費者の欲求だとすれば、「質の需要」は、既存製品とは異なる、もしくは改良された製品への欲求といえる。

テレビを例にとって、「質の需要」を考えてみよう。「質の需要」とは、〝もっとよい〟テレビ、たとえば、同一画面の中に別画面を出す機能や6チャネル・サウンドのついた、高品位カラー受信機がほしいと思う消費者の、より洗練された

★1　U.S. Department of Commerce, Bureau of the Census, Statistical Abstract of the United States: 1991　(Washington:Government Printing Office, 1991) , PP.1272, 1275.『現代アメリカデータ総覧＜1991＞』アメリカ合衆国商務省センサス局編集，鳥居泰彦監訳／原書房

欲求のことである。また、関連のある新製品、たとえば、録画したテレビ番組をＣＭなしで見られる衛星放送受信機やＤＶＤプレーヤーなどに対する需要も、「質の需要」だといえる。

典型的な中流階級の夫婦なら、今ある二台のセダンに加え、三台目を買おうとはまず思わないだろう。しかしセダン一台を処分して、新しいＳＵＶ（スポーツタイプの多目的車）に買い換えるチャンスには飛びつくはずだ。二〇〇ドル（約二万四〇〇〇円）のスーツ八着でクローゼットが埋まっているヤング・エグゼクティブは、九着目を買う気はないだろう。しかし新作の、四〇〇ドル（約四万八〇〇〇円）のデザイナー・スーツには飛びつくかもしれない。

こうした需要の転換は、双方向で起きる。品質のよい製品への欲望が満たされはじめると、再び「量の需要」の魔法がききはじめる。前述の夫婦なら、どちらがセダンに乗るかでケンカにならないよう、二台目のＳＵＶがほしくなる。ヤング・エグゼクティブは四〇〇ドル（約四万八〇〇〇円）のデザイナー・スーツが七着ほしくなる。かつての二〇〇ドル（約二万四〇〇〇円）のスーツではもう「落ち着かない」のだ。むろん理屈からいえば、「よい物をもっと」という消費者の欲求は、市場に出ている最高の車や、最高のスーツを十分な数だけ買えば満たされる。しかし技術が進歩しつづけるかぎり、少なくとも、そう長い期間に渡っては、最高の車、最高のスーツというのはあり得ない。毎年よりよい製品が開発され、同じプロセスが一からはじまる。

起業を行う市場を、心理的にできるだけ距離をおいて眺めるほうが、「量の需要」と「質の需要」について理解しやすい。また、安定した持続的な需要を生むために、二種類の需要の間をいかに着実に行き来するべきかもわかりやすい。

たとえば、欧米の消費者における「量の需要」と「質の需要」との間を上手に行き来する点にかけては、日本人の右に出るものはいない。一九六〇年代、日本人は安価な製品で世界市場を席巻した、つまり「量の需要」を満たした。しかし一九七〇年代前半になると、かれらは質の向上に目を向けた。安い偽造品が現れたことで利益の出なくなった市場に見切りをつけ、「量の需要」から「質の需要」に切り替えたのだ。消費者がほしがるもののほとんどすべてを最低のコストで製造することで有名だった日本人は、二〇年もしないうちに、最高の品質で、そして、たいてい高い価格でつくることで知られるようになった。

一九九〇年代に入ると、日本人は「ダットサン」や「トヨタ」のような伝統的なブランドさえ捨て、「ニッサン」や「レクサス」のような新しいブランドを登場させた。そして、GMのシボレーで満足していた客が、なぜもうシボレーを買わないのかを考えて、GMを圧倒したのである。

「質の需要」を無視することは、とくにウェルネスのような新しい技術分野では、駆け出しの起業家がおかしやすい間違いの一つだ。起業家の多くは質の低い商品からはじめ、ビジネスとして成り立ってから、質を高くして価格を引き上げようとする。これは目先にとらわれた考え方だ。

質の低い商品からはじめると、以前は満足した顧客がより質の高い製品やサービスを求めはじめたとき、顧客をつなぎ留めるのに苦労したり、あるいはつなぎ留められなかったりするおそれがある。あるビジネスや流通業者が安売りで有名になると、消費者からは、質も悪いと受けとられ（事実、そのとおりのことも少なくないが）、このイメージをくつがえすことができない場合があるからだ。

今日最も成功しているウェルネス企業は、最高の品質（たいてい価格も高い）のウェルネス製品やサービスを製造・販売している。

より高品質のものを求める消費者の絶え間ない欲求が、市場にすっかり浸透してしまい、表面的にはよくわからないことも多い。毎年、先端技術によって製品やサービスのコストが下がると、賢いメーカーや供給業者は顧客との関係を失いたくないので、どうするかというと、価格を下げるかわりに当然のごとく質をよくする。

仮にあなたが一九九〇年に二七インチのカラーテレビを六〇〇ドル（約七万二〇〇〇円）で買い、二〇〇〇年に、買い替えようと同じ店に行ったとしよう。おそらく、ほとんど同じタイプをたった三〇〇ドル（約三万六〇〇〇円）で売っているのを見つけるだろう。ところがあなたはそれを買わずに、また六〇〇ドル（約七万二〇〇〇円）を出して三六インチの商品、あるいは一五〇〇ドル（約一八万円）で6チャンネルサウンドと同一画面の中に別の画面を出す機能のチャンネル表示がついた最高級の高品位型テレビを買うはずだ。それに三〇〇ドル（約三万六〇〇〇円）のテレビはもう置いていないかもしれない。満足した顧客は安さより質のよいものを求めると気付いた店の主人が、今の基準でみれば、低価格のモデルを仕入れなくなるからだ。

あるいは、あなたが一九九五年に医学校に入学し、二〇〇二年に研修期間を終えたら四万五〇〇〇ドル（約五四〇〇万円）の新しいオープンカーを買おうと思ったとする。二〇〇二年に販売店に行くと、当時ほしかった機能をすべて備えた車が二万五〇〇〇ドル（約三〇〇〇万円）で買えることに気付く。ところがそれを購入して二万ドル（約二四〇〇万円）を貯金するかわりに、あなたは一九九五年にほしかった車の倍の機能を持つ四万五〇〇〇ドル（約五四〇〇万円）の商品に〝グレードアップ〟しようとするだろう。

安さより質のよいものを選ぶという消費者主導のこの現象が、今日あまりに一般化している。そのため、私たちは生活におけるモノの質が、品質と安全性の向上や、値下げのおかげで、どれくらい着実に高くなってきたかに気付いていない。テレビやおもちゃ、自動車やエアコン、ジーンズや寝具、デジタル・カメラや張り替えのできるソファ、冷蔵庫、ＭＰ３[★1]で録音した音楽など、どれをとっても、現代人はかつてないほど質のよいものを、より安い実質コストで享受している。

■ウェルネスの「量の需要」と「質の需要」

★1　音声データを約10分の1のサイズまで圧縮して伝送できる規格。

以上述べたことはすべて、ウェルネス産業に重大な意味を持っている。

消費者の大半は今日、ウェルネス産業が存在することさえ知らない。ところが私たちはみな、ウェルネスを最近体験した人を誰かしら知っているはずだ。

①食生活を変えて、一六キロほど減量したシングルマザー。
②新しいビタミン療法で、今までの倍、勉強に集中できるようになった男の子。
③磁気治療で慢性的な痛みが消えた父親。
④エキナシアを飲んでから風邪で学校を休まなくなった女の子。
⑤グルコサミンで、膝の痛みをおぼえずにサイクリングを再開した元スポーツ選手。
⑥ノコギリパルメットを飲んだおかげで、つらい手術を免れた前立腺肥大の患者。

こうした例は枚挙にいとまがない。

さてつぎに、ウェルネスをはじめて体験した後で、この人たちの人生にほかに何が起きるか、ちょっと考えていただきたい。

①シングルマザーはジョギングなど定期的運動を取り入れた新しいスケジュールをたてる。
②男の子は成績が安定したので、スポーツに挑戦するつもりでいる。
③父親は痛みが気にならなくなったので、子どもに負けないよう、何か活力をつけることをした

いと思っている。
④女の子の親は、ほかの子たちにどんなサプリメントを飲ませたらよいのか知りたがっている。
⑤サプリメントの信奉者になった元スポーツ選手は、記憶力がよくなるものをほしがっている。
⑥前立腺肥大の元患者は食生活を全面的に変え、今では代替医療のすべてを知りたいと思っている。

これらの人たちは、はじめて、たった一つのウェルネス製品やサービスを購入したのだが、購入前はそんな製品やサービスがあることすら知らなかった。それにもかかわらず、「量の需要」、つまり、購入したものをもっとほしがる需要に火をつける結果になったのだ。

さらに重要なことだが、あるウェルネス製品やサービスに効果があったことにより、「質の需要」、つまり、これまでとは異なった、もしくはよりよい製品やサービスへの需要にも火がついたのだ。

あるウェルネスの製品やサービスに満足を感じた顧客には、「量の需要」と「質の需要」の作用が働く。そのおかげで、かれらは、生活におけるすべての瞬間のあらゆる面を改善する可能性がある製品やサービスを、死ぬまで消費しつづけようとする。ほかのどんな要因よりも、こうした際限のない性癖が、二〇一〇年までにウェルネス産業を一兆ドル（約一二〇兆円）産業に押し上げるだろう。

■誤解されやすい経済指標

ごく最近まで、会議に遅れたとき最もよく登場する悪者は、パンクしたタイヤか、水をかぶったキャブレターだった。しかし、先端技術（ラジアルタイヤや電子燃料噴射機）によって、こうした悩みは私たちの関心事ではなくなった。

起業家志望者は、とくに不況や経済の再建のさなか、メディアに定期的に出てくる経済指標を見て躊躇させられることがある。技術革新の影響が正しく反映されないせいで、こうした経済指標は誤解されがちだ。新進起業家にとって、実は「いい知らせ」であるのに、ビジネスを創《はじ》めない理由になってしまうのだ。

たとえばメディアは、安くて質のよい製品の進出が、私たちの物質的な豊かさの増大ではなく、減少の徴候であると伝えたりする。これは、国内総生産（GDP）や小売売上高といった最も一般的な経済指標には、技術力による低価格化がもたらす品質の向上や物価の下落が反映されないからだ。前述の医学生が、当初ほしかった車の倍の機能を持った製品を四万五〇〇〇ドル（約五四〇万円）で購入したとき、かれの物質的な生活は、表には出ないが、二万ドル（約二四〇万円）向上している。ところが、二万五〇〇〇ドル（約三〇〇万円）出して当初四万五〇〇〇ドル（約五四〇万円）した憧れの車を買えば、メディアはGDPあるいは小売売上高の二万ドル（約二四〇万円）の減少と報じるだろう。

同様に、アメリカ政府が新築住宅の平均コストを発表するとき、その数字には、現在の新築住宅が一九六〇年代の倍以上の広さを持つこと、あるいは消費者にとって家の価値を倍増させる機能や設備が付いているという事実を反映していない。アメリカ人の大半は、一九六〇年代の典型的な中流階級の住宅、皿洗い機やエアコンのない約九〇〇平方フィート（約八五平方メートル）の家で育った。それは、平均面積が約二三〇〇平方フィート（約二一七平方メートル）で、近代的な設備や利便性を備えた二〇〇一年の住宅からみれば、かなり原始的な暮らしに思えるはずだ。

しかし、私たちの社会でおそらく最も誤解されやすい経済指標は、失業に関するものだろう。とくに私たちが今日、多くの場合、経験するタイプの失業について誤解がある。そうした失業は技術の変化が原因であり、経済学者によって「構造的失業」と呼ばれることもある。

このあとすぐに見ていくとおり、テクノロジーが労働力にとって代わることで起きるこの種の失業は、実は真の経済成長の最初の兆しである。そして、これも後述するが、新しい産業を生み育てゆく労働力が得られるのは、この構造的失業があるおかげなのだ。

このことは、ウェルネスというつぎなる一兆ドル（約一二〇兆円）産業の成長の基盤をなす、次のテーマにつながる。すなわち、ウェルネスの新製品・サービスを身近なものにした、ここ数十年の経済拡張を推し進めてきたものは何なのか、それは今後も続くのか、という問いである。

■失業者は、新しいビジネスの担い手になる

一〇人の男性のいる自給自足の島を思い浮かべてほしい。かれらは共有の船に乗り、竿で魚を釣って生計を立てている。ある日、一人の宣教師がかれらに、技術的によりすぐれた新しい釣りの方法を教える。一〇本の釣り糸のかわりに大きな網を使うというものだ。一人が船を操り、一人が網を投げれば、これからは漁師二人で、一〇人が竿で釣るのと同じだけの魚を捕まえられる。

見かけ上は、一〇人のうち八人が漁師の職を失ったことになり、島の失業率はゼロから八〇パーセントに上昇する。しかし八人の男が働かなくても、島の社会全体は以前と同じように繁栄している。二人の漁師が網を使い、一〇人が釣り糸で釣っていたのと同じだけの魚を捕っているからだ。

さてつぎに、島の社会は、失業した八人の漁師とその家族をどうするかを決定する必要がある。三つの意見があった。①魚網の使用を違法であるとする法律を制定する、②働いている漁師二人の収入の八〇パーセントを税金として徴収し、これを失業した漁師たちに分けあたえる、③失業した漁師八人が、社会全体を豊かにする新しい産業（教育、医療、食品調理など）で新しい仕事を開拓できるよう手助けする。

新技術の利用を制限し、わざわざ経済成長を阻害する文明社会があるだろうか？　最もすぐれた生産者（魚網を使う人たち）の収入の八割を税金とする社会があるだろうか？　ところがこれらは、技術の導入で特定の個人が

周囲の者より裕福になったときに見られる伝統的な反応なのである。

一九世紀から二〇世紀を通じ、各国政府は、民間企業が労働力をテクノロジーに置き換えることを規制する、組合寄りの法案を可決してきた。一九一三年から一九六〇年の間に、アメリカと西欧諸国は累進率の高い所得税制を導入し、最も有能な国民（魚網を使う人たち）に課せられる個人所得税の限界税率は九一パーセント以上にのぼった。東欧と中国は共産主義（実質的には税率一〇〇パーセント）を選ぶことで、新技術を活用しようという個人の意欲を奪い、経済の崩壊をまねいた。

一九三〇年当時のアメリカにはおよそ三〇〇〇万の農民がいて、約一億の国民をちょうど食べさせるだけの農産物をつくっていた。その後五〇年間にわたる農業技術の一大進歩によって、農業はいちじるしく効率化され、一九八〇年にはわずか三〇〇万の農民で、三億を超す国民を養えるようになった。[★1] そして職を追われた二七〇〇万の農民、またその子どもたちは、経済全体をより豊かにする新しい製品やサービスの仕事に移行した。

私たちの経済はこのようにして、文明のはじまりから進化しつづけてきた。

新しいテクノロジーは労働者をより効率的にすると同時に、構造的失業を

★1　残念なことに、第四章で見るとおり、こうしたことが起こるにつれ、農業で利益をあげる機会に変動があった。健康的な食物（小麦、牛乳、果物など）の生産から、これらの食物を使って、保存期間が長く、不健康なブランド食品（シリアル、ケチャップなどの調味料、プロセスチーズ、缶詰、冷凍食品、スナックなどのジャンクフード）の製造へと移行したのだ。

引き起こす。しかし、職を追われた労働者たちは、やがて、社会全体を豊かにするような新製品やサービスをつくるようになる。この過程に関して今日唯一新しい点は、それが起こるスピードだ。

数千年あるいは数世紀かけて起きていた変化が、今日では数年、数ヵ月、あるいは数日で起きる。こうしたスピードの増大が、今日の失業問題の根底にある。人々は数世代を経てゆっくりとではなく、生涯たびたび仕事や職を変えなければならない。

かつて職を追われた二七〇〇万の農民たちは比較的運がよかったといえよう。かれらは五〇年かけて、年を取り、引退し、子どもたちがキャブレターの修理工やレコード盤の製造などの、その当時の最先端技術にかかわる新しい仕事に就くのを見とどけた。だが、その子供たちは、新しい職を求めて農場を出たものの、とても幸運とはいえなかった。かれらはわずか五年かそこらで、同様の変化に適応しなければならなかったのだ。

一九八〇年には、およそ三〇万のアメリカ人が機械式キャブレターの修理・製造分野で働いていた。それがわずか五年後の一九八五年には、事実上これらの仕事はなくなった。自動車会社が、三〇〇ドル（約三万六〇〇〇円）の機械式キャブレターを、コンピュータ制御ではるかに効率的な、二五ドル（約三〇〇〇円）の電子燃料噴射機に置き換えたためだ。電子燃料噴射機は、燃費を実質的に半分にしたばかりか（燃料を二倍節約）、有害な排気ガスも半減し、社会の残りの人たちはおおいに恩恵を受けた。

一九八五年には、およそ一〇万のアメリカ人がレコード盤の製作会社で働いていた。それがわずか五年後の一九九〇年には、音楽産業がコスト二・五ドル（約三〇〇円）のレコード盤を、二五セント（約三〇円）ですむデジタル・コンパクトディスク（CD）に置き換えたため、この仕事はなくなった。そして、今度は、音楽産業が泣く番だ。消費者は自分でCD－Rをプレスし、MP3ファイルを通じて、インターネットから音楽を無料でダウンロードしているからだ。

前世紀のこうした事例によって、アメリカ経済全体の成長は世界の羨望の的になった。一九九〇年代には冷戦に終止符がうたれ、東欧と中国は自由市場経済への移行を民主的に決定したほどだ。今日、世界各国の指導者の多くは、自国の経済を破壊せずに構造的失業を止められないことを知っている。とくに自由貿易の環境ではなおさらだ。多国籍企業の雇用主は、そうしようと思えばいつでも海外に仕事を移転できる。これが結果的に経済の総生産をいちじるしく増大させ、総合的な繁栄をもたらす一方で、個人の雇用をひどく不安定なものにした。いまや人々は、突然の通告で一から教育を受けなおす覚悟をしておかなければならない。

■ウェルネス産業こそ、新しい一兆ドル（約一二〇兆円）産業である

経済指標の誤解があるせいで正しく報道されていないが、私たちの経済は実際には報道されているより高い率で成長している。逆の事を述べるメディアもあるが、私たちが経験している失業の大半は「構造的失業」であり、これは真の経済成長が起こる最初のしるしだ。これらの事実は、ウェ

ルネス産業にとっていい兆しである。

経済は、新しい一兆ドル（約一二〇兆円）産業を十分支えられる以上の成長を遂げている。

一九九〇年から二〇〇〇年の間にアメリカのGDPがざっと五兆ドル（約六〇〇兆円）から一〇兆ドル（約一二〇〇兆円）に増えたように、最も控えめに見積もっても、二〇一〇年にはGDPが一五兆ドル（約一八〇〇兆円）に達すると思われる。

二〇〇一年九月一一日に世界貿易センタービルを襲ったテロで経済が停滞している中でも、失業率は比較的低い水準を保っているが、新しい一兆ドル（約一二〇兆円）産業を支える労働力は、今でも手に入る。

これまでの、そして今後も続くと思われる五兆ドル（約六〇〇兆円）規模の経済成長は、ほぼ例外なく構造的失業からはじまる。テクノロジーが、生産にたずさわっていた人々にとって代わることで、自由の身となった人々が経済の新分野で新しい仕事を開拓するからだ。

経営者や起業家にとって最も重要な問題は、「この成長の中で、どの経済部門が最大の比率を占め、職を追われた人々を雇うのか?」である。

なぜウェルネス産業がアメリカ経済のつぎの一兆ドル（約一二〇兆円）部門になるかといえば、誰もが、どれほど元気で健康であっても、より元気でより健康になりたいと思うからだ。

そして、ウェルネス産業は、普及する産業の五つの特徴、すなわち、①価格が手ごろである、②人気の持続性がある、③消費が継続する、④万人に対する魅力がある、そして最も重要な、⑤消費するためにかかる時間が短い、という特徴を備えているからだ。ウェルネスの製品・サービスは、享受するための特別な時間を必要としない、唯一の個人消費部門である。

以上のことは、いわれてみると当然のように聞こえるかもしれないが、しばしば見過ごされていることだ。ごく最近まで、消費者はウェルネスの製品・サービスを選択できなかったのである。今まで多くの人は、ウェルネスの欠如を、老化の一つのプロセスとして受け入れるようにいわれてきたのだ。まるで打つ手はなにもないかのように。

■ビタミン産業はいかにして「疾病」から「ウェルネス」にシフトしたか

★1　この病気は、一般的な食品にビタミンDを加えることで、今日ほぼ根絶された。

★2　スリランカで多数派の言語。

★3　脚気の原因は、1912年にカシミール・フンクによって発見された。この病気は、精製された穀物にビタミンB1を添加することで根絶された。

ウェルネス産業で今日最も急成長している部門の一つに、ビタミン・サプリメント産業がある。しかしごく最近まで、このビジネスはほぼすべて病気の治療が専門だった。

壊血病、別名ビタミンC欠乏症は、最も古くから知られる栄養障害の一つだ。その症状は十字軍の歴史にも描かれている。スコットランドの医師ジェームズ・リンドが、オランダでは壊血病の退治に柑橘類を利用していることに注目するまで、この病気は英国の水兵の障害と死亡の主な原因だった。一七九五年、英国海軍のすべての船でライムジュースを飲むことが義務付けられた。このため、英国系の人は今でも「ライミーズ（ライムの人）」と呼ばれる。

ビタミンD欠乏症は、とくに子どもたちの骨の変形を引き起こし、いつの時代にもみられた。一八世紀はじめには、タラの肝油と日光が薬だった。[★1]

かっけ《ベリベリ》、別名ビタミンB1欠乏症は、米などの穀物を精製し、ビタミンB1を人為的にとりのぞいた結果、発生した。「ベリベリ」はシンハラ語[★2]で「極端に弱い」という意味だ。この病気は、アジア諸国では、一〇〇〇年以上前に精白米が主食になって以来広まっていた。[★3]いずれのケースでも、恐ろしい病気となって表われるまで、科学者たちはこうした栄養不足に気付かなかった。

二〇世紀になると、健康維持に不可欠で一般には体内でつくることができない必須ビタミンが一三種類あることが発見された。[★4（次頁）]つい最近では、これらのビタミンは病気の発症を防ぎ、気分を〝ふだんより爽快〟にし、老化を遅らせることもわかってきた。[★5（次頁）]今日、アメリカ人のほぼ半数は何かしらサプリメントを飲み、この種の製品の売り上げは七〇〇億ドル（約八兆四〇〇〇億円）を超える。それでも、ビタミン・ミネラル産業はまだ、その可能性の上っ面をなでているにすぎない。なぜかといえば、私たちは、ビタミンやミネラルといったサプリメントの効用を説明する生化学について、理解しはじめたばかりだからだ。

第一章で説明したとおり、人体細胞の分子レベルでの機能にかかわる知識に関しては、私たちは一九世紀より以前の疾病産業と同じ位置にいる。ウェルネス製品やサービスの多くが効くことはわかっているが、なぜ効くのかはまだ完全にはわかっていないのだ。しかし、医学は、光学顕微鏡が数多くの謎を解明する以前に、重要な学問として確立されていた。ウェルネス産業も同じ道をたどるはずだ。

同様に、ウェルネス産業は、その効き目の大部分の背後にある分子の謎を科学がいまだ解明していなくても、アメリカで年間約二〇〇〇億ドル（約二四兆円）を売り上げていることを私たちは見てきた。たとえ近い将来、謎が解明されないとしても、この二〇〇〇億ドル（約二四兆円）はウェルネス産業のスタートとなるだろう。

潜在顧客の多くは、ウェルネス製品やサービスについて、試したことはもちろ

★4　ビタミンそのものにカロリーはないが、生命維持に必要な無数の化学反応をおこす触媒として欠かせない。これらはふつう体内でつくることができないため、毎日、体外から摂取しなければならない。

★5　私たちの体は、年を経るにつれ、「フリー・ラジカル」という、体の酸化、すなわち「錆び」を引き起こす分子のせいで、老化したり衰えたりする。ある種のビタミンには、この酸化を遅らせたり阻止したりする可能性がある。

ん、聞いたこともない。だが、前述したとおり、ウェルネス製品やサービスを試してプラスの結果を得た顧客は、まず間違いなく、同種のほかの製品やサービスを買いたいと思いはじめる。
私は三五歳から四二歳まで左膝の痛みに苦しんでいた。長年スキーでこぶだらけの斜面を滑り降りていたせいだ。診察してもらった整形外科医は一人残らず、手術しかないという同じ結論を出した。ある若い整形外科医は、たとえ手術しても一生病院に通うことになるだろうから、「あなたの左膝のおかげで私の孫の大学の学費が払えそうだ」とジョークを言ったりした。四三歳になったとき、私は観念して手術を受けようかと考えていた。

ところがグルコサミンを飲みだして二ヵ月もすると、膝の痛みは消えてしまった。一年後、その若い整形外科はどこで膝の手術をしたのかと私にきいた。グルコサミンのことを話すと、かれは何枚かレントゲンを撮ったあとで、この話はどうか内密にと頼んできた。「でないと失業してしまいます」と。今度はジョークではなかった。私はびっくりした。経済学者である自分が、よりによって整形外科医にグルコサミンのことを教えていたのだから。

この体験を境に、私は、これまで出会った医者たちにも知らないことがあったのではないかと考えるようになった。そして、調査を進め、私はいま飲んでいるビタミンとミネラルのサプリメントを毎日飲みはじめたのだ。また、将来ほかのサプリメントも飲もうかという気になった。あまりに長い間、医学は、慢性的な痛み、健康の衰え、エネルギーの低下を、加齢にともなう当然の症状としてきた。これは一つには、多くの医者が栄養学の基礎しか学んでこなかったからである。また、もう一つには医療の最終的な支払者あるいは提供者（雇用主）が、ウェルネスのために費用を出そうと考える、しかるべき金銭的な動機を持っていないからだ。

まずは、第三章で、今日の疾病問題の多くを生んだ私たちの食の変化を、つぎに第四章で、これらの問題を生んだ起業家の力を、今度は問題の解決に利用できないかを考えてみよう。

第三章へ進む前に　起業家、投資家、流通業者《ディストリビューター》のためのアクション・プラン

①自分と自分の家族が、ウェルネスのために、一〇年前は違ったが、現在では金を払っているものを書き出す。

②その項目を、自分が選んだウェルネスビジネスの三つの有望分野に関連づけて分析する。自分はこの三分野のいずれかの顧客か？　なぜそうなのか？　あるいはなぜそうでないのか？

③現時点での三つの有望分野を、ベビー・ブーム世代（三八歳～五五歳までの顧客）の市場に関連づけて分析する。

④現時点での三つの有望分野を、X世代（二〇歳～三七歳までの顧客）の市場に関連づけて分析する。

⑤現時点での三つの有望分野それぞれについて、「量の需要」、同じ製品をさらにほしがる初期の需要を満たすため提供できそうな製品を書き出す。

⑥つぎにその各製品について、最終的にいかに「質の需要」、それまでと異なる、または質のよい製品に対する需要へ移行できるかを検討する。

⑦自分の住む地域で、構造的失業（テクノロジーが原因の失業）が起きているのはどの部門か？ 職を追われた人々は、どうすれば自分の選んだ三分野で働けるようになるか？

これらの検討結果に基づき、自分が選んだウェルネス・ビジネスの三つの有望分野について、一部またはすべてを、削除するか置き換えることを考える。

第3章
食物を必要とする理由と、食糧供給をめぐる二つの問題

ウェルネスを求めるさし迫った需要と、大半のウェルネス製品そのものが今日存在するのは、食物に関して大きな問題が二つあるからだ。ウェルネス産業を理解するには、なぜ私たちは食物を必要とするか、そして私たちの食糧供給をめぐる二つの大問題の原因は何かを理解する必要がある。あなたがウェルネス・ビジネスに乗り出すならば、食糧供給に関する問題をただ理解するだけでは不十分だ。それらの問題の起源を、顧客、同僚、投資家に教え説明できなくてはならないだろう。よって、みなさんはこの章を一度ならず読むことになるはずだ。

あなたがウェルネス・ビジネスのどの分野を追求するか、まだ決めかねているなら、この章をじっくり読み、食物の問題と、あなた自身の食を改善するための私の個人的提言をすべて書き出してほしい。その後、提言のいくつかを、いかに利益の出るウェルネスのビジネス・チャンスに変えるかを検討していただきたい。

■食物は、エネルギー、構成成分、触媒となる

聖書によれば、アダムとイブは食物の心配をさほどしなかった。エデンの園には「見るからに好ましく、食べるのに良いものをもたらすあらゆる木」がいくらでもあった。[★1] その後、イブがリンゴを食べたせいで土は呪われ、一生懸命働かなければ食物を産まなくなった。

それ以来、食物の探求は私たち人間を支配してきた。しかし食物とはいったい何か？　なぜ人の生存にこれほど必要なのか？
おいしいから食べるという以外に、人が食物を必要とする目的は三つある。

①エネルギー
体を動かしたり、心臓、肺、そのほかの臓器を機能させたりするのに必要な燃料（カロリー）として。

②構成成分
血液、皮膚、骨、毛髪、臓器の生成のために使われる原材料として（タンパク質、大部分のミネラルなど）。人体では、すべての細胞が毎日、毎月、絶えず生まれ変わっている。

③触媒
食物をエネルギーや体内器官に変える化学反応の促進に不可欠な化合物として（ビタミン、酵素、ミネラルなど）。

人はエネルギーとなる食物を数時間おきに必要とし、構成成分や触媒となる特

★1　『聖書』（欽定訳）創世記2章9節（訳文では新共同訳を参照）。

定の食物を毎日、あるいは一日おきに必要とする。私たちの体は、エネルギーが必要になると即座にそれを感知する。つまり、空腹を感じるよう生物学的にプログラミングされている。残念ながら、構成要素や触媒の場合は、体がおかしくなるまでこれらの欠乏に気が付かないのがふつうだ。

また私たちの体は、エネルギーを最も多く含む食物をほしがるようにもプログラミングされている。エネルギーを最も多く含む食物（砂糖、脂肪など）を一番おいしいと感じるのである。

今日の先進各国における肥満や不健康の一番の原因は、私たちに食糧を供給する起業家や民間業者が、人の生物学的プログラミングにうまくつけ込んでいることにある。

アメリカは、健康という点では先進国のなかで最も貧しい国だ。国民に最も肥満が多く、欧州やアジア諸国の人たちの三倍も医療費を払っている。医療費ばかりか、不健康がもたらす不幸という点でも大きな格差があるのは、アメリカ人のひどい食事のせいである。

■アメリカの食糧供給をめぐる二つの大問題

多くのアメリカ人の食事には大きな問題が二つある。

①食べすぎる。アメリカ人の少なくとも六一パーセントが過体重である。

②アメリカ人の多くは、体が求める構成成分と触媒の両方、またはどちらか一方のための栄養の最低所要量を摂らなくなりつつある。

この食べ過ぎと栄養失調という問題がいかにして生まれたかを理解し、さらにこれらを解決する起業チャンス（第四章を参照）を理解するには、まず私たちの体がどのようにして食物をエネルギーや生命体へと加工しているかを知る必要がある。

■六つの栄養素

すべての食物は、つぎにあげる六つの栄養素の一種類以上からなる。

①水分　②炭水化物（砂糖、パンなど）
③脂質（脂肪、油など）　④タンパク質（肉類、魚介類、卵、野菜など）
⑤ビタミン（果物、野菜など）　⑥ミネラル（果物、野菜など）

消化活動は、食物が口に入り、歯と唾液中の酵素により分解されることからはじまる。その後、胃の消化液の働きで、食物はこれら六つの栄養素に消化されていく。

■チャンスは水にある

人体は約六〇パーセントが水分からなり、一日当たり最低でも一・九リットルの水を必要としている。推定によれば、アメリカ人の七五パーセントは慢性的な脱水状態で、三七パーセントは喉の渇きを空腹と誤解している。体の水分は、たった二パーセント減っただけで、疲労や精神障害を引き起こす。予防のため毎日コップ五杯の水を飲むと、大腸ガンのリスクは四五パーセント、乳ガンのリスクは七九パーセント、膀胱ガンのリスクは五〇パーセント低下する。

毎日の食事のときに水を飲むのはできれば避けるべきだ。消化液が薄まって消化機能が低下し、大切な栄養素が体に吸収されずに排出されてしまうおそれがあるからだ。

私は毎日じゅうぶんな水分を、確実に、とくに食事の時以外に摂るために、「キャメルバッグ」と呼ばれる、小さくてやわらかなリュックを持ち歩いている。このキャメルバッグの中には、プラスチックの管がついた詰めかえ可能なペットボトルが入れてあり、その中に蒸留水が三リットル入っている。このおかげで、自転車に乗っているときも、車を運転しているときも、歩いているときも、ほとんど何をしているときでも、安全に水が飲める。自宅とオフィスでは、すべての蛇口にフィルターや逆浸透装置★1をつけ、きれいな水をいつでも手軽に飲めるようにしている。

きれいで健康的な水を、一日を通じて顧客の好きなとき、好きな場所で提供することは、ウェルネスの最も手軽なビジネス・チャンスの一つである。

■人はどのようにしてカロリーを摂取し、燃やしているか

特定の食物に含まれるエネルギーと、体が必要とするエネルギーは、どちらも「カロリー」という単位で測定される。ある食物に含まれるカロリーは、その一定量を燃やしたときに放出される熱量で計算される。睡眠から急な坂でのジョギングまで、特定の活動によって燃えるカロリーの量を測ることもできる。

六つの栄養素の中で、エネルギー源となるのは炭水化物（一グラム当たり四カロリー）、脂質・脂肪（一グラム当たり九カロリー）、タンパク質（一グラム当たり四カロリー）のみである。★2

人の体は一日当たり女性でおよそ二二〇〇カロリー、男性で二九〇〇カロリーを必要とする。毎日運動する人は、じっとしている人より、多くのカロリーを必要とする。P118の表①は、さまざまな活動で三〇分間に燃えるカロリーの量を示したものだ。活動のレベルに関係なく、人体はエネルギーの約六五パーセントを、呼吸や血液循環などの基礎代謝に使う。

★1　水に高圧力をかけ、半透膜を通過させることで純水を得る装置。

★2　タンパク質はふつうエネルギーにならない。消化するのに最も手間取るうえ、体内器官を絶えず再生させるために、体が構成成分として必要とするからだ。

[表①] 30分間で消費されるカロリー ★1

活動名	体重120ポンド（約54キロ）の場合 (cal)	体重175ポンド（約79キロ）の場合 (cal)
サイクリング（時速23～26キロ）	288	420
滑降スキー	238	346
マウンテン・サイクリング	230	336
ジョギング	191	278
中程度の水泳	166	242
テニス（シングルス）	166	242
ゴルフ（キャディーなし）	166	242
ウォーキング（時速6キロ）	140	205
ウェイト・リフティング（一般的な重量）	94	136
ゴルフ（カート利用）	94	136
座った状態	29	42
睡眠	25	37

一日当たりのカロリー摂取量が体に必要な量を超えていると、体は余分なカロリーを脂肪に変え、体内に蓄える。一般に体重のおよそ一五パーセント～二五パーセントとされる適正量の脂肪は、体温の維持、脂溶性ビタミンの吸収、生命維持、重要な臓器のクッション機能まで、体内における無数の機能に重要な役割を果たす。体内の脂肪が極端に少ないと、体は必要なエネルギーをつくるため、筋

★1 Healthstatus.com（www.healthstatus.com）のデータを編集。

肉や臓器を分解しはじめてしまう。

逆に、消費する以上のカロリーを一定期間摂取しつづけると、体は余分な脂肪を目に見えるところに蓄えはじめる。たいていの場合、それはまず男性なら腹部、女性なら太ももに表れる。また、余分な脂肪は疲労、心臓病、ガンをはじめとする命にかかわる無数の病気と関連している。

■脂肪が減りにくい四つの理由

蓄えられた余分な脂肪は、体がつぎにエネルギーを必要としたとき、再びカロリーに変わればよい。そういかないのは、主につぎの四つの理由による。

①私たちの体は脂肪のカロリーを消費する前に、手近な炭水化物のカロリーを消費する。
②私たちの体は、蓄えられたエネルギーを使う前に、食物を探すよう要求する。
③欲するままに食物を摂取していると、代謝のために体が必要とするカロリーも増えるので、さらに食べることになり、脂肪の多い状態が維持されてしまう。
④私たちが今日食べているものは、人のエネルギー貯蔵の仕組みができたころの食物と違っている。

第一に、空腹の人が最も簡単に手に入るものを食べるように、人の体はつねに最も手軽なエネルギー源を使う。カロリーを含む栄養素の中では、炭水化物の分子が最も単純な構造をしており、その結果、最も迅速にエネルギーに変わることができる。しばらく何も食べていなかったとき、あるいは激しい運動をしたあとで、人が炭水化物をほしがるのはこのためだ。

逆に脂肪の分子構造はより複雑で、エネルギーに変える（燃やす）には、余計なエネルギーと時間がかかる。体はつねに、摂取・蓄積された脂肪の分子を分解する前に、まず手近な炭水化物をエネルギー源とみる。

第二に、人はエネルギーを必要とするとき、蓄えられた余分な脂肪に体が目をむけるより先に、空腹感（たいていは炭水化物をほしがる）をおぼえる。この生物学的プログラミングは、有史以前の人類には都合がよかった。食物が豊富にあるときは、蓄えられたものを使わずに、（食べて食べて）食べ続けるよう、教えてくれたからだ。

> 私たちは生物学的プログラミングのせいで、食事のたびに、まるでその後しばらく食べられないかのように食べる。人が食物を保存し、作物を育て、動物を飼い馴らす方法を知る前は、実際それがふつうだったのだ。

生物学的プログラミングに逆らって理性的な選択をする能力こそ、多くの動物と人間とをへだてているものだ。人と動物は、本来、生物学的に同じ食欲と欲望を植えつけられていて、それが満たされると喜びを感じるようになっている。しかし、一つだけ非常に重要な違いがある。人間には、生物学的な欲望よりすぐれ、それを支配できる知性と心がある。だが残念ながら、食習慣にかぎっては、多くの人々にとってこれは真実といえないようだ。

食物が豊富な現代で、いかに生物学的プログラミングを捨て去るかを学んだ動物もいる。今日ペットを飼っている人の多くはドライフードをあたえ、ペットがつぎの食事をほしがるまでもなく、いつでも好きなときに食べられるようにしている。獣医も飼い主も、ペットがひどく空腹なときだけ餌をやると、かれらは体が必要としないのに、そこにあるだけ食べてしまうことを知っているからだ。一方、食物がつねに近くにあれば、たいていのペットは食欲をコントロールし、健康のために必要な量しか食べない。情けないことに、これこそ多くの医者や人々が、自分と自分の子どもたちのために学ばなければならない教訓だ。

また今日、私たちは、親よりずっと速く食べるようになった。親の時代には、長い時間をかけ、会話を楽しみながら食卓を囲んでいた。

一般的に、食物を摂ってから空腹感が満たされるまで一〇分～一五分かかる。よくレストランでメインディッシュが遅れて出てくると、もうおなかが一杯ということがあるのはこのためだ。次の皿に移るまで時間をおくか、ゆっくり噛めば、必要なカロリーだけで空腹感は満たされる。ところが、アポイントの合間に机で食べたり、ファーストフード店であわてて詰めこんだりすると、いつまでも空腹を感じ、十分すぎるカロリーをすでに摂っているのに食べ続けてしまう。

第三に、たとえば休暇で贅沢な食事をして七キロ近く太ったりして、余分な脂肪がつくと、毎日の基礎代謝に必要なカロリーも増加する。かつては日に二五〇〇カロリーで空腹が満たされていたものが、ざっと三〇〇〇カロリー必要とするようになる。体重が七キロ増えたことに応じて、体と食欲が新たな均衡状態を必要とするようになるのだ。食物が簡単に手に入り、胃（空腹感）のいうことをきいて食べる量を決めているかぎり、体重がもとに戻ることはない。

いったん体重が増え過ぎてしまうと、たいていは積極的な対策（ダイエットなど）をとらなければ、減量はできない。

第四に、蓄えられた余分な脂肪がエネルギーに変わらない大きな理由は、今日の私たちの食物が、エネルギーを貯蔵する生物学的プログラムができた当時と、まるで違っているからだ。今の食物のほうが脂肪をはるかに多く含んでいるのである。エネルギー貯蔵プログラムができたころ、私たちの祖先は、低脂肪の野菜中心の食事をとり、ときどき猟で捕った肉を食べる程度だった。しかも、食物が脂肪を含んでいても、その量は今よりはるかに少なかった。獲物の肉が体重のおよそ五パーセントの脂肪しか含んでいないのに対し、商業目的で生産されるホルモン漬けの家畜は、三〇パーセントが脂肪だ。

かつて脂肪はとても貴重で有益だったため、私たちの味蕾は、脂肪と脂肪を多く含む肉を求めるように進化した。残念なことに、今ではそうした感覚の欲求が、食糧供給者に悪用されている。禁欲的な七つの大罪をとりあげた映画『セブン』の第一の犠牲者と同様、私たちは文字どおり死ぬまで食べ続けることになる。

過去一世紀の間だけでも、私たちの食事に占める脂肪の比率は、ほぼ倍増した。一九一〇年には二〇パーセントだったが、今では約三五パーセントとなっている。★1

この三五パーセントという平均値は、アメリカが健康という点で二つに引き裂かれているという事実を隠している。上流社会の何百万かの人たちは、カロリー全体に占める脂肪の比率が二〇パーセント以下の食事をとっているのに、残りの大半の人たちは、カロリー全体の半分以上を、生命を脅かす脂肪から摂っている。多くの専門家の一致するところによれば、私たちの体は、カロリーの約二〇パーセントを脂肪から摂るよう生物学的にプログラミングされている。

★1 "Forward into the Past: Eating as Our Ancestors Did" 「過去へ戻って。祖先のように食べよう」 Eating for Health,www. obesity. com

■タンパク質、ビタミン、ミネラルの重要性

アメリカ人の食事における二つ目の大問題は、体が必要とする構成成分・触媒のための栄養の最低所要量を、摂らなくなりつつあるということだ。

ユダヤ教、キリスト教、イスラム教に共通する聖書の最初の書「創世記」には、神が「見るからに好ましく、食べるによいものをもたらすあらゆる木」をつくられたエデンの園について語られている。★1 この多種多様な食物への言及には、単なる美的な意味以上のものがある。

成人の多くは、自分の体を完全に成長したものと考えているが、体内器官を形成している個々の細胞は、毎日、毎月、入れ替わっている。

私たちの体は毎日二〇〇〇万の赤血球をつくり、一二〇日ごとにすべての血液が入れ替わる。皮膚は一カ月から三カ月ごとに完全に生まれ変わり、古い骨は九〇日で分解され、新しい骨に置き換わる。

これら生まれ変わっていく器官を構成する細胞は、二〇種類のアミノ酸からなる、一〇万種類以上のタンパク質を含んでいる。食物は、生体組織の構成成分として不可欠なこれらのアミノ酸を、植物性・動物性タンパク質という形で、私た

★1　『聖書』（欽定訳）創世記二章九節（訳文では新共同訳を参照）。

★2　触媒の化学構造は、化学反応によって変化することはない。よって一つの触媒の分子をくりかえし使うことができる。各ビタミンの摂取量がほんのわずかでよいのはこのためだ。ただ、ビタミンの多くは消化器官から排出されてしまうため、毎日微量を摂る必要がある。

ちに供給してくれる。

タンパク質、ビタミン、ミネラルが毎日供給されなければ、カロリーとしてどれほどエネルギーを摂取しても、心身に不調が生じる。体の内外の器官で、死んだ細胞を完全に入れ替えることができないためだ。

さらに食物は、生命体を修復・再生する構成成分として必要な、特定のミネラルを供給してくれる。必須ミネラルは一四種類で、そのうちいくつかは、構成成分ではなく触媒として必要になる。また、そのうち七種類、カルシウム、塩化物、マグネシウム、リン、カリウム、ナトリウム、硫黄は、一日当たり一〇〇ミリグラム以上必要な「主要ミネラル」である。また、鉄や亜鉛など、残りの七種類は「微量ミネラル」と呼ばれる。

食物には、構成成分としてタンパク質やミネラルを供給する役目があるほか、体が食物をエネルギーに変え、アミノ酸を体の組織に変える触媒として必要な、一三種類のビタミンが含まれている。触媒は、たいていは微量でよいものの、特定の化学反応を起こすために不可欠な物質だ。★2 たとえば、緑黄色野菜や、精製されていない穀物に含まれるビタミンB3がないと、植物性・動物性タンパク質を基本アミノ酸に分解できない。体がタンパク質を組織の構成成分に変えることができなければ、タンパク質をどれほど摂っても意味がない。

タンパク質、ビタミン、ミネラルを十分に摂取しないと、情緒不安定、疲労、不安、頭痛、混乱、筋力低下といった症状が表れる。長期に渡ってこれらの栄養が不足すれば、ガン、高血圧、アルツハイマー病をはじめ、私たちが老化の一部として受け入れてきた、多くの病気を引き起こす可能性がある。

これら疾患に対し、近代医学では、それぞれの症状を薬で治療するのが一般的であり、根底にある問題、すなわち、何を食べているか、もっと正確にいえば、どの栄養が不足しているのかに目を向けようとしない。

必須栄養素すべてを十分に摂るのは無理ではないかと心配しているあなたに、いいことを教えよう。私たちの体が毎日必要とするのは、少量のタンパク質と、ごく微量のミネラル・ビタミンだけだ。

人体が一日に必要とするタンパク質は、女性でおよそ四六グラム、男性で五八グラムである。これは、多くの人が、牛肉や畜産業界による誤解を招きやすい宣伝活動のせいで必要だと考えるようになった値よりも低い。皮肉なことに、肉類も乳製品も、実際には良質のタンパク源ではない。魚介類、ナッツ、パン、野菜といったほかのタンパク源に比べ、体に悪い脂肪を大量に含んでいるからだ。

人体は一三種類の必須ビタミンを必要としており、一日当たりの適量は、ビタミンCの六〇ミリグラムから、ビタミンB8（葉酸）の二〇〇マイクログラムまで多岐に渡る。だが、これらの量は、身近な生鮮食品にもともと豊富に含まれている。

同様に、生鮮食品には必要な一四種類のミネラルもたっぷり含まれている。主要ミネラルの所要量一〇〇ミリグラムは、一オンスのわずか一〇〇〇分の三にすぎない。

さて、つぎはよくない知らせだ。

私たちが毎日必要とするタンパク質、ビタミン、ミネラルは比較的少量で、しかも天然の食物に豊富に含まれている。それにもかかわらず、現代の食事は、こうした物質に対して生物学的にプログラムされた必要な摂取量を満たしていない。

■食糧生産におけるビジネス・チャンスを変えた「緑の革命」

私たちの祖先は、狩猟採集民だったころ、ナッツ、果物、豆、穀物、根菜といった植物を主要な食物とし、獲物の肉をときどき食べて暮らしていた。主にカロリーを求める一方で、どんな種類の食物も豊富ではなかった。そのため、私たちの祖先は知らず知らず、体が必要とする何種類ものタンパク質、ビタミン、ミネラルを含む、多様な食物を摂っていた。裏返せば、かれらの体が、多様な食物に含まれる栄養素に適応していたのだ。

時がたち、狩猟採集民は農民になった。人間の創意工夫と専門化から生じた豊かな経済力を使って、かれらは他の食物と交換できるような特定の食物を、効率よく大量に生産する方法を知った。また、もっともおいしく長期間保存できる食物、たとえば、干し肉や熟成チーズのような脂肪たっぷりの食物のつくり方も学んだ。こうしてイエス・キリストの時代に二億ほどだった世界の人口は、一九世紀末には約一〇億人へと、着実に増えていった。

二〇世紀には、農業技術の向上により、長年の課題だった食糧不足がついに解決された。それも徹底したやり方によって。「緑の革命」のおかげで、インドと中国は飢えた国から、ついには食糧輸出国となった。世界の人口は一〇億から六〇億に膨れあがった。一九三〇年には、アメリカでは、三〇〇〇万人の農民がいても一億の国民に食物が行き渡らなかった。その状況から、アメリカが先駆けとなった農村における技術の進歩のおかげで、一九八〇年には、わずか三〇〇万人で三億人にあり余るほどの食物を供給できるまでになった。農業生産はますます効率化しつつあり、いまだに限界が見えていない。

アメリカ農務省（USDA）は、もともと農民の経済的利益、とくに干ばつや飢饉のさいに収入を保証するために設立された。しかし農業のいちじるしい効率化を受け、その予算は、政府による「農業経営安定政策」に注ぎ込まれるようになった。これは、農産物をある程度以上つくらないようにさせるため、農民に毎年数十億ドルを支払い、その結果、価格を高く維持して、農民の経済的利益を保証しようとする制度だ。今日、これらの補助金のせいで、消費者は高い食物を押しつけられている。そのうえ、農民たちの多くにとって、新しい技術の使い方を学んだり、消費者がほんとうに求めている穀物の生産に移行したりする妨げとなっている。最悪なことには、アメリカ経済がもはや新たな農民を必要としないにもかかわらず、この補助金目当てで、多くの若者が農民になりたがっている。

ところが、ＵＳＤＡの努力に反して、供給が需要をはるかに上回ったため、二〇世紀後半を通じて農産物の価格はしだいに下落してしまった。

基礎的な食物の生産を通じて農民が受け取る代価が減少するとともに、農業関連で利益を生む分野に、移行が生じた。加工されていない食物（小麦、牛乳、果物、家畜など）の生産から、保存期間の長いブランド品（シリアル、ケチャップなどの調味料、プロセスチーズ、缶詰、冷凍食品、スナック菓子などのジャンク・フードなど）の製造への移行である。スナック菓子などのジャンク・フードの製造はとくに利益があがりはじめた。最初はほしいとは思っていなかった消費者が、しだいに際限なく消費しつづけるようになったからだ。

また、戦後のアメリカ経済では、新しい形態の食品に対する需要と供給が生まれた。その食品とは、味や値段、手ごろさではなく、保存期間の長さ、サービスの迅速さが特徴の食品、すなわちファースト・フードだ。

■食品経済学がつくった、ウェルネス食品のビジネス・チャンス

食糧供給に関するテクノロジーの進歩がめざましい昨今、私たちもようやく、基本的な栄養に関する知識が得られるようになってきた。かつては、消費者である大衆はもちろん、食物学者や食品工学技術者の多くも、タンパク質、ビタミン、ミネラルの必要性について十分な知識を持ちあわせていなかった。どこの食品会社も、全力で取り組んでいることといえば、ライバル企業よりも味がよく、長持ちし、微生物による汚染のおそれがない製品をつくることだった。

振り返ってみれば、食品会社は自分たちの使命を見事に果たしてきた。第二次世界大戦末には、ほとんどのアメリカ人にとって、加工食品もファーストフードも事実上存在しなかったのだ。ところが二〇世紀末までに、加工食品とファーストフードは売り上げを飛躍的に伸ばし、一兆ドル（約一二〇兆円）にのぼるアメリカ食品業界の大勢を占めるまでになった。

だが、誰もが買える基礎的なカロリー源をつくったにもかかわらず、アメリカの食品産業は知らないうちに国民の健康を損ねてしまった。

かれらは製品の味をよりよくするために脂肪を加えた。味がよくなればなるほど、消費者はその製品を食べた。食べれば食べるほど、人々は太っていった。太れば太るほど、毎日さらに多くの製品が食べられるようになった。これが延々とくりかえされた。

食品会社は、微生物による汚染から製品を守るために、低温殺菌あるいは加熱を行った。[★1]今では、すべての缶詰食品と、ほとんどすべての牛乳・ジュース類が低温殺菌されている。残念ながら、食

品を加熱すると、缶詰や真空容器などで長期間保存したときと同様、ほとんどのビタミン、何種類かのミネラルが破壊されてしまう。一方、一般的に、タンパク質、脂質、炭水化物は、缶詰やそのほかの加工法によって損なわれることがない。

食品メーカーは製品の保存期間を延ばすため、また安全性を高めるため、大量のナトリウムをはじめ、目のくらむような一連の化合物を〝安全〟とされる範囲内で、保存料として加えた。ふつうの成人が一日当たり必要とするナトリウムは約五〇〇ミリグラムだ。これは身近な食物にもともと含まれている量である。ところが、ほとんどの加工食品にあまりに幅広く塩が使われすぎているため、平均的なアメリカの成人が毎日摂取する量はこの一〇倍から一四倍におよぶ。塩分は、私たちの味蕾を鈍らせ、加工されていない天然の食物のうまみを感じられなくするだけでなく、心臓病や腎不全のリスクを上昇させる高血圧の大きな原因にもなっている。

食品メーカーはまた、自社製品をより多く消費させるため、人々が体に必要な多様な食物をなにげなく求めるのではなく、自社の一つの製品だけをますますほしがり続けるよう、化学調味料などで味を変えている。

★1　低温殺菌とは、熱を加えることで「病原性の（病気をおこす）微生物を死滅させ、腐敗の原因となる酵素を不活性化し、腐敗をおこす微生物を減少あるいは死滅させる方法」"Food Preservation"「食品保存」、『エンサイクロペディア・ブリタニカ』www.britannica.com

■エンプティ・カロリーに支配された食糧供給

これまで述べてきた事柄の結果として、今日のアメリカの食糧供給は、栄養学の専門家が「エンプティ・カロリー（空っぽのカロリー）」と呼ぶものに支配されてしまった。「エンプティー・カロリー」とは、カロリーは高いが、必須ビタミン、ミネラル、タンパク質をほとんど（あるいはまったく）含まない食品のことである。

人体が肥満にならずに一日に消費できるカロリーは、二〇〇〇〜二九〇〇カロリーにすぎない。しかしタンパク質、ビタミン、ミネラル、健康によい脂肪の所要量は摂らないといけない。どんなものでも加工食品の表示を一目見みれば、私たちがカロリーをのぞいて、何を摂っていないかがわかるだろう。

ふつうの缶ジュースのエンプティ・カロリーは一四〇だ。砂糖三八ミリグラム、ナトリウム七〇ミリグラムのほか、カフェイン、各種保存料を含み、タンパク質、ビタミン、ミネラルはゼロである。大半のファーストフードの食事は、じつに一〇〇〇カロリー以上あり、必須ビタミンやミネラルはほとんど含まれていない。フリト・レイ社[★1]の一オンス（約二八グラム）入りのポテトチップ（「絶対一つじゃおわらない」[★2]というコマーシャルで知られている）は、一袋で二三〇のエンプティ・カロリー（そして、二七〇ミリグラムのナトリウム）を含んでいる。

しかし、こうした食物がもっと悪いのは、含んでいないものではなく、含んで

★1　世界最大の米スナック菓子メーカー。世界有数のソフトドリンク、スナック食品のメーカーであるペプシコ社の関連部門。

★2　"Betcha Can't Eat Just One"（絶対一つじゃおわらない）は、フリト・レイ社のポテトチップのテレビ・コマーシャルの名前である。大リーグのカル・リプケン選手が出演し、2001年4月2日に再放送された。（www.ripkenbaseball.com/pr_frito_lay.shtml）

いるもののためだ。エンプティ・カロリー食品の多くは、味をよくするために加えられている脂肪の比率が驚くほど高い。健康的な食事は、カロリーの約二〇パーセントが脂肪で（脂肪は一グラム当たり九カロリー）、残りは炭水化物やタンパク質であるべきだ。ところがマクドナルドのデラックスバーガーは、たった一個で八一〇カロリーあり、そのうちなんと四九〇カロリー（六一パーセントにあたる五五グラム）が脂肪である。Mサイズのフライドポテト[★3]（四五〇カロリー、脂肪二二グラム）をつけなくても、脂肪五五グラムというのは、丸一日の所要量であり、一種類の食物から摂るべき量ではない。ところが、今の典型的なアメリカ人は、毎週ハンバーガー三個とフライドポテト四袋を食べている。[★4]

対照的に、天然の（加工されていない）食物はエネルギーとなるカロリー、ビタミン、ミネラルが豊富で、脂肪の割合は低い。

果物は炭水化物、ビタミン、ミネラルに富み、脂肪をほとんど含まない。バナナは一〇三カロリーで脂肪はゼロだ。新鮮な野菜は、大量のビタミンと数種類のタンパク質を含み、脂肪は含んでいない。ブロッコリー一房ならタンパク質が五グラム、脂肪はない。中くらいの一〇〇カロリーのジャガイモはタンパク質六グラムで、脂肪はやはりゼロ。しかも天然の食物を摂ると、人は普通その味に飽き、

★3　米・マクドナルド社 www.mcdonalds.com
★4　Schlosser, Eric, Fast Food Nation: The Dark Side of the All-American Meal, NewYork: Houghton Mifflin Company, p.6.『ファストフードが世界を食いつくす』エリック・シュローサー著　楡井浩一訳／草思社

無意識にほかの天然の食品をほしがる。天然の食品は、体が毎日必要とする種々のビタミンやミネラルを含んでいて、バランスよく摂取することができるのだ。

魚介類、牛肉、鶏肉はタンパク質、ビタミン、ミネラルが豊富だが、炭水化物は含まず、脂肪の量にはばらつきがある。六オンス（約一七〇グラム）の魚一切れ（オヒョウ）には、タンパク質三五グラム、脂肪二グラムが含まれている。六オンスの牛肉（リブ・アイ[★1]）は、ほぼ同量のタンパク質（三九グラム）を含むが、脂肪は、五五グラムも含まれている。やはり六オンスの鶏肉（むね・もも）はタンパク質が四六グラム、脂肪が二六グラムである。

残念なことに、私たちはもはや、私たちの祖先あるいは親たちのような食事をしていない。かつて食事は、主に生鮮食品を使い、脂肪、塩、人工保存料をあまり加えずに、自宅でつくられていた。

> 今日、私たちの多くはあまりに忙しすぎて、新鮮な材料を使って食事を用意できない。そこで一部または完全に調理された食品、つまり、脂肪や砂糖、ナトリウムや中毒性のある化学調味料をたっぷり使って加工された食品を購入している。

自宅以外で食べたり調理されたりする食事（レストランやテイクアウトなど）

★1　リブ・ロースの中心部。

★2　Lin, Biing-Hwan, Joanne Guthrie, and Elizabeth Frazao. "Nutrient Contribution of Food Away from Home", America's Eating Habits: Changes and Consequences. Edited by Elizabeth Frazao, Food and Rural Economics Division, Economic Research Service, U.S. Department of Agriculture. Agriculture Information Bulletin No.750 （AIB-750）, www.ers.usda.gov.　エリザベス・フラザオ編「外食の栄養上の貢献　アメリカの食習

の比率は、一九七〇年以降、五〇パーセント以上増加した。家庭以外で調理されている食事は、自宅でつくった食事と比べると、脂肪とナトリウムが圧倒的に多く、ビタミンやミネラルの量が少ない。高度に加工された食品を使って自宅で調理した食事と比べても、同様の結果がでている。★2 脂肪の味を好むように人間が生物学的プログラミングされていることのおかげで、人類は先史時代を生き延びられた。しかし、皮肉にも、今では私たちの最悪の医療問題を引き起こす原因になっている。

■アメリカの食糧供給問題は、経済が生み出した

ウェルネス業界で起業する人々は、こうした食糧供給をめぐる操作が、後から考えるとひどく狡猾《こうかつ》なものに思えたとしても、悪意はまったくなかったということを心に留めておくべきだ。

起業家や経営者たちは、食品の味をよくしようと脂肪を加えたのであって、過体重あるいは肥満の人々の国をつくろうとしたわけではない。保存期間を長くするために缶詰や加工食品をつくったのであって、ビタミンやミネラルの量を減らし、健康を損なおうとしたわけでもない。そして、この後すぐ述べるとおり、かれらは食品の見ばえをよくし、店頭に並べておける期間をのばそうとして水素化★3

慣：その変化と結果」アメリカ農務省経済調査局

★3　保存期間的で油に水素を添加し硬化させること。マーガリン製造段階などで行われ有害なトランス酸を生む。

したのであって、良い脂肪を悪い脂肪に変えて心臓病を増やそうとしたのではない。ただ、不幸なことに、経済の法則とあいまって、このような行為を多くの人がまねた結果、私たちの食糧供給にあたえた影響は、ひどい悪意をもって行われたも同然となってしまった。

こうした操作は、しばしば見当違いをしていたり、情報をあたえられなかったりした消費者の欲求に応えようとして行われた。第四章では、正しい考えを持ち、きちんと情報をあたえられた消費者による、ウェルネスに対する新しい消費需要が、いかに起業家と実業家をリードし、先人たちがつくった問題を解決していくのかを見ていく。また、私たちの健康問題を生んだ経済法則そのものが、今度はそれらを解決するために用いられることになるだろう。なぜなら、事実上、私たちの食物供給網におけるほとんどすべての供給者は、ウェルネス産業を受け入れるか、それにかかわる人たちに道をゆずるか、どちらかの選択を強いられることになるからだ。

私たちの食糧供給問題はかなり深刻に思われるかもしれないが、これらの問題の出現は、ウェルネス産業にとって大きなチャンスを生んだ。それは、消費者に健康食やサプリメントを提供し、現代の食糧供給問題を解決するチャンスだ。

第四章へ進む前に　起業家、投資家、流通業者《ディストリビューター》のためのアクション・プラン

①自分が選んだウェルネスの三つの有望分野が、それぞれ私たちの食糧供給をいかに変えるか、具体的にいうと、以下に対してどういった影響をあたえるかを分析する。

a. 水
b. 炭水化物
c. 脂質（脂肪）
d. タンパク質
e. ミネラル

②肥満の蔓延が、三つの分野にどういった影響をあたえるかを分析する。
③三つの各分野が、消費者が摂取するカロリーと燃やすカロリー両方にあたえる影響を分析する。
④私たちの食物に欠けているものを人々に教える上で、三つの分野があたえる影響について考える。

これらの検討結果に基づき、自分が選んだウェルネスの三つの有望分野について、一部またはすべてを、削除するか置き換えることを考える。

第4章 食品業界、レストラン業界で富を築く

食品業界各社は、消費需要ならびに予想される政府の規制をあと追いする形で対応し、みずからがつくった問題の解決に乗り出しはじめるだろう。しかし、最大の富は、ウェルネスに対する消費需要を先取りする起業家に用意されている。たとえば、あらかじめ製品と流通網を準備し、市場が追いついてくるのを待ち、一億ドルのビジネスを築いたスティーブ・デモス[★1]や、ポール・ウェナー[★2]のような起業家である。

食物によるウェルネスで富を築くとすれば、二つの基礎的な分野が考えられる。

◎健康によい食物の栽培、発見、収穫、輸送、調理。

◎健康によい食物をどう選ぶか、食物の総消費量をどう抑えるかを消費者に教える。

食糧問題を解決するというビジネス・チャンスのなかには、食べるものを選ぶ上での文化的嗜好や、農産物の真のコストをゆがめているアメリカ政府の大規模な補助金政策によって、経済的にゆがんでしまっているものもある。また、宗教団体や政治団体は、ウェルネスを受け入れる点で、消費者に遅れを取っている。起業家としては、特定のウェルネス食品のビジネス・チャンスについて検討する

★1　米国の豆乳メーカー、ホワイト・ウェーブ社の創業者。

★2　肉を使わない「ガーデン・バーガー」社の創業者。

前に、現状がいかにして起きてきたのかと、現在ある一兆ドル（約一二〇兆円）の食品業界の構成がどうなっているかを理解することが重要だ。

本章で食品に関する問題が取り上げられた場合、それが、ある特定の宗教、政府、食品のいずれに基づくものであっても、あなたと無関係とは限らない。その問題を、利益の出るウェルネスのビジネス・チャンスに変えるにはどうすればよいのかを考えていただきたい。

■ウェルネスで遅れを取った宗教と政府

人類の文明はその大部分が、食物を手に入れる歴史である。そもそも人が移住するようになったのは、最初は食物を探すため、のちには作物を育て、保存するためだった。食物の栽培、発見、収穫、保存、運搬、そしてそれを調理して食べることは、二〇世紀はじめまで、私たちの日常生活、さらには世界経済を支配していた。

やがて、ほとんど一夜にして、緑の革命をはじめとする技術革新により、私たちの主要な食糧問題に変化が生じた。飢えや清潔さをめぐる問題から、過食や栄養失調に関する課題へと移行したのだ。これがあまりのスピードで起きたため、宗教・政治団体はいまだに追いつく機会を持てないでいる。

今日、食物があふれている先進国では、信心深い多くの人々の食事は、食物をあたえてくださった神への感謝の祈りからはじまる。健康のために何を食べればよいかについての知識を授けてくださったことに、感謝するわけではない。大食漢は、出エジプト記からユダ書にいたるまで一貫して糾弾され、初期のキリスト教では七つの大罪の一つだった。[★1] 旧約聖書では、大酒のみは貧乏になると予言されている（箴言二十三章二十一節）。ところが今日、大食漢については、ほとんどの宗教が、事実上無視している。正統派ユダヤ教やイスラム教など、食事をきわめて重視する宗教ですら、食事に対する信者の真のニーズ（健康によいものを食べ、十分なビタミンとミネラルを摂り、肥満を予防する）を軽視している。そして、〝清浄〟という生物学的に古めかしい規則（コーシャ[★2]を食べるなど）に重きをおいているのだ。

今日でも、アメリカ農務省（USDA）の主たる使命は、消費者への食糧供給ではなく、農民の収入の保護である。ジョージ・ワシントンが全国農業委員会の設立を求めた一七七六年のころのように、国民の九五パーセントが農民で、農業の売り上げが国家経済の九〇パーセント以上を占めているのなら、それも賢明な政策だったかもしれない。しかし農民が人口の二パーセント、農業の売り上げが経済の〇・五パーセントにも満たず、しかも国民の多くが過体重で栄養失調の今日では、もはや時代遅れである。

過去一世紀の間に、食品の製造・保存・販売に関する先端技術のおか

★1　伝統的な七つの大罪とは、①虚栄心、または傲慢、②貪欲、③色欲、すなわち過度の、または道徳的に認められない性的欲求、④嫉妬、⑤大食、ふつうは飲酒も含む、⑥憤怒、⑦怠惰である。これらはキリスト教の修道院制度の初期に示され、六世紀に聖グレゴリウス一世によって大罪にまとめられた。(Merriam-Webster's Encyclopedia of literature,『メリアム・ウェブスター百科事典』 Zane publishing, Inc., and Merriam-Webster Inc., 1996.)

★2　ユダヤ教の食事規定に従った清浄な食品。

★3　この450億ドル（約5兆4000億円）には、農業をしない数十万人の農民に、アメリカ農務省の価格支援策を通じて支払われている約200億ドル（約2兆4000億円）が含

[表②] アメリカの食品産業1兆ドル(約120兆円)の内訳

●農業	450億ドル	(約5兆4000億円)★3
●食品加工・販売	5000億ドル	(約60兆円)
●レストラン	4000億ドル	(約48兆円)★4
●栄養補助食品	700億ドル	(約8兆4000億円)★5
●その他	300億ドル	(約3兆6000億円)
■総売上高	1兆ドル	(約120兆円)★6

げで、食品の相対価格は大幅に下がった。

このため、いまや食品業界の売り上げはアメリカ経済の一〇パーセント以下、すなわち年間GDP一〇兆ドル(約一二〇〇兆円)の約一兆ドル(約一二〇兆円)でしかない。その内訳は、おおよそ表②のとおりだ。

前章では、同じ先端技術が、いかにして今日の「エンプティ・カロリーの危機」をまねいたかを学んだ。つまり、私たちの食べているものが、脂肪とカロリーばかりで、必須ビタミン、ミネラル、タンパク質に乏しい(またはまったく含んでいない=エンプティ)ことである。

その状況は、消費者が教育され、あらゆる食物について健康により

まれている。この450億ドル(約5兆4000億円)は全額が輸出か、他の下部項目に含まれているため、合計額の1兆ドル(約120兆円)から除いてある。

★4　2001年3月8日現在で、全米レストラン協会は、国内のレストラン84万4000軒の2001年度の売り上げを、3992億ドル(約47兆9040億円)と予測している。(www.restaurant.org/index.cfm)

★5　この700億ドル(約8兆4000億円)のざっと半分は食品加工業者に売られる製品に入っているため、重複していることもあり得る。

★6　農業の450億ドル(約5兆4000億円)は、すべてが輸出か、ほかの項目に含まれているため、総売上高から除外してある。

よいものを求めはじめるにつれ、まさに変わろうとしている。

■アメリカの農業補助金政策

農業は、ウェルネスに対する消費需要に応えて、主に二つの分野ですみやかに変わっていくべきである。その二つとは、①農民がどういった（より健康的な）食物をつくるか、②それらの食物をどうやってつくるか（有機農業や遺伝子工学など）だ。

今日、農民がどんな食物をどうやってつくるかということは、消費需要や健全な経済上の決定ではなく、一世紀近く前につくられた時代遅れの政府の補助金政策によって決められている。農民がウェルネス分野で起業するチャンスは今もあるが、政府の干渉を受けずに消費需要に応えることができれば、チャンスはもっと広がるはずだ。

ウェルネスにかかわる農民になる気がなくても、つぎの理由から、政府の補助金政策について理解しておくことは無駄にはならないだろう。

◎税金がこの政策に使われている。
◎補助金を支給される農産物は、ウェルネス食品と競合する。
◎この政策のせいで農民は不健康な食物をつくり続け、その結果、ウェルネス製品・サービスへの需要がいっそう高まる。

今日のアメリカの農業は、食品産業のごく一部にすぎず、一〇兆ドル（約一二〇〇兆円）のアメリカ経済の中ではきわめて小さい部分でしかない。しかし、農業にまつわる経済問題は、国家運営の重要な部分を占めている。なぜなら、あまりに多くの連邦の権力が、いまや人口の少ない農業中心の州に集中的に注がれているからだ。ノース・ダコタ州（六三万四〇〇〇人）やワイオミング州（四八万人）のような、農業を主とする二〇の州の人口を足しても、テキサス州（二〇〇四万四〇〇〇人）あるいはカリフォルニア州（三三一四万五〇〇〇人）のような工業中心の州一つにも及ばない。ところが、これら農業中心の州は、アメリカの上院で、テキサスやカリフォルニアの二〇倍もの政治力を誇っている。★1 その政治力は、残念ながら、金持ちの農民とアメリカ酪農評議会（ADA）のような強大な特定利益団体によって支配され、悪用されている。

有権者のほとんどが農民だった一九二〇年代はじめ、連邦政府は、価格の下落から個々の農民を守るため、農産物の価格を安定させようと考えた。そして長い年月をかけて、いくつもの様々な政府政策が今日の制度をつくり上げてきた。すなわち、特定の作物をつくらない農民、あるいは、もともと農業をやりたがらないかれらの子どもたちに対して法人補助金が支給される制度へと発展してきたのだ。その金額は、一九九九年だけで二四〇億ドル（約二兆八八〇〇億円）にのぼっている。★2

★1　これらは1999年の州人口である。（Statistical Abstract of the United States, 2000『現代アメリカデータ総覧＜2000＞』アメリカ合衆国商務省センサス局編集　鳥居泰彦監訳／東洋書林）

★2　Sperry, Peter, "How 'Emergency' Farm Spending Squanders the Surplus"「"緊急援助"という名の農業支出が剰余金をいかに食いつぶすか」The Heritage Foundation Executive Memorandum, 3 September 1999.

テキサス州のある郡では、全農民の収入の三分の一以上が連邦補助金で占められている。一九九六年から一九九九年までの間に、受給者の上位一〇パーセントは平均で三九万六一三一ドル（約四七五三万五七二〇円）を支給されていた。一人で二〇〇万ドル（約二億四〇〇〇万円）以上受けとった者もいた。[★1] こうした補助金政策は、消費者と自営農場の利益をうたった「農業自由化法」のような名前を隠れ蓑にしている。しかし、補助金の多くは、その申請手続きを専門とする弁護士や、ロビイストを雇える、ほんのひと握りの金持ちや企業の手に渡ることになる。ほかのどんな社会保障あるいは福祉政策とも違って、連邦農業補助金には、収入、資産、負債に関する条件が事実上ないのだ。

二四〇億ドル（約二兆八八〇〇億円）の法人補助金を支払っていることよりさらに悪いのは、こうした補助金が、ウェルネス上の理由からもはやつくるべきではない、時代遅れの食物の生産を促していることだ。

■肥満の原因は、乳製品

ウェルネス上の理由からもはやつくられるべきではない食物のなかで、代表的なのは乳製品である。乳製品には、じつに、七〇億ドル（約八四〇〇億円）の政府

★1　Becker, Elizabeth, "Corporate Welfare Fuels Big Farm"「法人福祉が大農場を勢いづける」2001年5月14日付「ニューヨーク・タイムズ」

★2　ジュースを初めとする果物や野菜の加工食品を製造販売しているトロピカーナ・プロダクツ会社の製品。

補助金が支給されている。ところが、消費者は乳製品に対して、法人補助金として乳製品メーカーが受けとる七〇億ドル（約八四〇〇億円）の何倍もの金を払わされている。

牛乳および乳製品は、一・五兆ドルの（約一八〇兆円）疾病産業への最大の貢献者である。牛乳は、アレルギー、ガス、消化不良、肥満、ガン、心臓病、感染症、骨粗しょう症などを引き起こすからだ。

アメリカ酪農評議会（ＡＤＡ）は、牛乳が骨粗しょう症を予防するという大々的ないつわりの広告活動を行っているが、牛乳は骨粗しょう症を引き起こすのである。

いくつかの研究によって、牛乳を飲むと、骨粗しょう症を防ぐよりも、「発症」させやすいことが明らかになっている。牛乳のタンパク質（カゼイン）の量と種類が、骨の中のカルシウムを大量に奪ってしまうからだ。骨粗しょう症とは、骨からカルシウムが流れ出ることで起きるもので、カルシウムの摂取量と直接の関係はない。大人になってもカルシウムを摂れば骨が丈夫になると信じている人のためにいえば、天然の野菜に含まれているカルシウムのほうがずっと健康的で、吸収がよく、豊富である。最近のトロピカーナ[★2]のカルシウム強化オレンジジュース一杯には、強化牛乳より多く（牛乳の三〇二ミリグラムに対し、三五〇ミリグラム）のカルシウムが含まれている。さらに、カルシウムの摂取がいくらかでも骨粗しょう症の予防に役立つかもしれないとしても、骨量の増加が止まってしまった成人に効果はない。それにもかかわらず、骨粗しょう症予防のためカルシウム摂取を呼びかけるADAの牛乳広告は、成人とお年寄りのアメリカ人をターゲットにしている。

骨粗しょう症の原因となることよりさらに深刻なのは、牛乳がある種のホルモンを含み、伝染性の病気を持っているということだ。野生の牛がふつう一日当たり出す乳の量は一〇ポンド（約四・五キロ）だ。ところが現代の乳牛は、しいたげられながら、一〇〇ポンド（約四五キロ）の乳を出す。今の牛は、牛乳の生産量を増やすため、ウシ成長ホルモン剤（BGH）をはじめとする特殊なホルモン剤を大量に投与されているからだ。その結果、乳房が異常に発達し、地面を引きずることになる。このため、ひんぱんに感染症にかかり、絶えず抗生物質が必要になる。USDAは、一ミリリットル当たり一〇〇万から一五〇〇万個の白血球（生物学者以外にとっては、「膿《うみ》」である）を含んでいる牛乳を飲用として認めている。これらの成長ホルモン、抗生物質、膿は、加工後も残留し、乳製品を摂取する人々、とくに子どもたちの健康に恐るべき悪影響をおよぼしているのだ。

アメリカのブラジャーのメーカーはどこも、過去数十年、牛乳にBGHが使われはじめてから、売り上げが好調だというだろう。というのも、BGHなどのホルモン剤が原因で平均的なティーンの女の子のバストが発達し、初潮年齢が下がっているからである。★1 しかし、ブラジャー・メーカーが知らせてくれないことがある。それは、そうしたホルモン剤が成人の乳ガンの大きな原因でもあるという

★1　アメリカではこの2,30年で初潮の年齢が急激に低下し、ほとんどの少女が10歳で初潮を迎える。ウシ成長ホルモン剤を使わない文明国では、初潮年齢はふつう15歳くらいだ。(Yoffe, Emily, "Got Osteoporosis? Maybe All That Milk You've Been Drinking Is to Blame,"「骨粗しょう症は牛乳のせい」1999年8月2日付「スレート・マガジン」www.slate.msn.com)

★2　アメリカの人気歌手。

ことだ。ＢＧＨは、牛の乳房を満して牛を苦しめるように、人の胸の悪性腫瘍を成長させてしまうのだ。数々の消費者グループが、ＢＧＨやそのほかのホルモン剤を含んだ牛乳を発売禁止にするか、せめてそう表示してほしいと訴えている。それにもかかわらず、アメリカ食品医薬品局（ＦＤＡ）は、長いことＡＤＡのロビイストたちのいいなりで、こうしたホルモン剤を禁じたり、表示を義務付けたりすることを拒んでいる。

しかも、アメリカの牛乳の生産は、環境にとっても牛にとっても、ひどいものだ。乳牛は一日当たり一〇〇ポンド（約四五キロ）のミルクを出すかもしれないが、一二〇ポンド（約五四キロ）の排泄物も出す。これは人にすれば二十四人分に相当する量だが、トイレも、下水道も、処理施設もない。また、牛は一頭当たり八一ポンド（約三七キロ）の穀物と野菜、それに四五ガロン（約一七〇リットル）の水を消費する。たった一日でだ。野生の牛の寿命は二〇年から二五年だが、乳牛はたいてい四、五年しか生きられない。牛たちを生き物からグロテスクな牛乳製造マシンに変えてしまうホルモン剤や、絶え間ない人工妊娠によって、エネルギーを使い果たしてしまうためだ。

乳製品で最もこわいのは、病気を引き起こすことでも、牛たちを苦しめていることでも、環境への恐ろしい影響でもない。乳製品がアメリカの人口の六一パーセント以上を占める過体重の大きな原因である、ということだ。

牛乳を飲みチーズを食べれば、おそらく若い女性はブリトニー・スピアーズ★2（自慢げにミルクの口ひげをつけている最近の有名人）なみのバストを手に入れられるかもしれない。しかし、同時に、間違いなく、故ママ・キャスのような太ももとヒップが手に入る。★1

平均的なアメリカ人は、一日当たり四ポンド（約一・八キロ）以上の食物を摂っている。そのうち四〇パーセント近くが、牛乳および乳製品だ。牛乳は食物繊維を含まず、飽和脂肪とコレステロールのかたまりである。コップ一杯の牛乳は四九パーセントが脂肪、チーズは六五パーセント以上が脂肪だ。実際、牛乳は「液体の肉」と呼ぶべきだ。なにしろ、コップ一杯一二オンス（約三四〇グラム）で、ベーコン八切れと同じだけの飽和脂肪を含んでいる。肥満や過体重を引き起こすという点では、ビールより悪い。一二オンスの牛乳は三〇〇カロリーで、脂肪は一六グラムだが、同量のビールは一四四カロリーで、脂肪は含んでいない。コーヒー一杯にスプーン四杯のミルクを加えただけで、一五グラムの飽和脂肪を摂ってしまうことになる。これは、一日の所要量のおよそ八〇パーセントに相当する。こうした明白な事実に対抗するべく、乳製品業界は「二パーセント」あるいは「低脂肪」牛乳というインチキを思いついた。二パーセント牛乳は、実はカロリーの二四〜三三パーセントが脂肪である。これは、全乳（重量の三パーセントが脂肪）よりほんのわずか太る可能性が少ないというだけだ。恥を知らない乳製品メーカーは、カロリーの二〇パーセントが脂肪であるカッテージ・チーズまで「低脂肪」と表示した。これがきっかけとなり、ＦＤＡは近ごろ乳製品メーカーに対し、乳

★1　ママス＆パパス（六〇年代に人気のあったのアメリカのフォーク・ロックを象徴する四人グループ。代表曲は「夢のカリフォルニア」）の「ママ」ことキャス・エリオットは、史上最も偉大な歌手、最も温かな心の持ち主の一人だった。グループの歌詞にときどき愛情をこめて書かれていたように恐ろしく太っていて、33歳のとき、ロンドンのパラディウム劇場でコンサート中に心臓発作で亡くなるという悲しい最期を迎えた。

製品を低脂肪あるいは無脂肪の食品として宣伝しないよう命じている。

牛乳はとても価値のあるものだと考えられていたため、革新的な起業家たちは、それを驚くほど安く生産する方法を考えだした。そして、その収益で、今日ADAと呼ばれる、永遠に消えることのない、マーケティングおよび政治的組織を設立したのだ。

ADAは連邦政府に対して、余剰乳製品に補助金を出すよう働きかけ、その後、学校の給食制度を通じて、子どもたちの食事に強制的に牛乳を取り入れさせた。アジアの人々の九五パーセントが乳糖過敏症★2であることは有名である。私が「強制的」といったのは、あらゆる人種の成人の多くは同様の過敏症ではないかと疑っているからだ。悲しむべきことに、牛乳市場の大部分を占める白人たちは、牛乳とともに、アレルギー、胸やけ、むかつき、下痢、ガス、糖尿病などをしかたのないものとして受け入れている。そして中毒性のある市販薬をしょっちゅう飲んで、こうした病気の症状だけを抑えるようになった。

牛乳を飲むことの悪影響について学ぶにつれ、消費者は、健康的な代替品がほしいと感じるだろう。牛乳だけでなく、現在私たちの食糧供給を支配

★2　乳糖の分解に必要なラクターゼという酵素が欠乏しているために起こる消化不良。

している無数の不健康な食品にも同じことが起こる可能性がある。そして、この後すぐに述べるとおり、最大の報酬は、一番乗りをした起業家に用意されている。

■答えは大豆に。ウェルネスから生まれた新しいビジネス・チャンス

幸いなことに、牛乳の代替品として、高エネルギーで低脂肪、しかも長期保存がきき、驚くほど健康的で、病気を防ぎ、環境にもやさしく、よりコストが低い食物がある。大豆からつくった豆乳をはじめとする食品だ。残念なことに、アメリカなどの西側諸国で、このことを知っている人はほとんどいない。考えてみれば、人口が世界の五パーセントに満たないアメリカで、世界の大豆のおよそ半分を生産しているのは皮肉な話だ。アメリカで栽培される三〇〇〇万ブッシェル（約八一六〇万キロ）の大豆の九八パーセントは、飼料向けか工業用で、人の口にはいるのはわずか二パーセントである。そしてこの大部分は、すでに大豆を使った食品を、豊富に摂っている、日本などの国々へ輸出されている。

より多くの農場において、飼料用の大豆から食用の大豆の生産へと転換すること。これは、農業を基盤とする起業家にとって、ウェルネス分野におけるビジネス・チャンスの一つだ。

大豆がはじめて北アメリカにやってきたのは一八〇〇年代前半で、食品としてではなかった。クリッパー船★1の船底に積むバラスト（船を安定させるための重量物）としてだ。一九〇四年、著名なアフリカ系アメリカ人の化学者、ジョージ・ワシントン・カーバーは、高タンパクの大豆に飼料としての価値があること、綿花やそのほかの作物を一年から三年おきに大豆と輪作すると、その質がより高くなることを発見した。ヘンリー・フォードは、ほとんどの車のプラスチック部品を大豆からつくった。一九三五年には、フォード車一台当たり、六〇ポンド（約二七キロ）の大豆が使われていた。★2

しかし、大豆をウェルネス食の主力品に押し上げるような最大のメリットが発見されたのは、ごく最近のことだ。人類にとって、大豆は今日ある食物のなかで、低脂肪である上、タンパク質、炭水化物、食物繊維、ビタミン、ミネラルの供給源として最もすぐれている。しかも、大豆には、骨粗しょう症、心臓病、ガンにいたるまで、乳製品が原因となる多くの病気を防ぐ、大きな薬理効果もある。

またカルシウムが豊富な上に、牛乳とは違い、骨のカルシウムが奪われる原因となるカゼインというタンパク質を含まない。さらに骨粗しょう症を改善することもわかってきた。大豆に含まれるイソフラボンが、骨のミネラル分と骨密度を増やすからだ。★3（次頁）「イソフラボン」は、植物中に多く含まれ、動物の内分泌システムに影響をあたえる無色の有機化合物（ケトン）である。大豆のイソフラボンの

★1　19世紀後半から20世紀にかけて使われた快速横帆船。

★2　紀元前2853年、中国の神農氏（中国の伝説の聖王で農業の祖とされる）は、大豆、米、麦、キビ、アワを五穀と定めた。（North Carolina Soybean Producers Association, www.ncsoy.org）

一つであるゲニステインは、試験管内の生きたガン細胞に加えると、その増殖を抑えることがわかっている。そのほかの大豆イソフラボンは、エストロゲン補充療法と同様、更年期の女性のほてりの頻度を減らし、症状をやわらげる。また、大豆のタンパク質は心臓病の予防にいちじるしい効果がある。そのため、一九九九年一〇月、ＦＤＡは大豆メーカーに対し、「一日当たり二五グラムの大豆タンパク質を摂取すると、悪玉コレステロール値を下げ、心臓病のリスクを低減させる可能性がある」と宣伝することを認める発表をした。一年後には、アメリカ心臓病協会がその見解を裏付けた。

大豆は単位重量当たりで比較して、牛肉、魚介類、鶏肉より多くのタンパク質を含み、コレステロールはなく、飽和脂肪をほとんど含まない。しかも、動物性タンパク質の摂取を控えたりやめたりしたい人にとっては、唯一の「完全な」植物性タンパク質である。前述したとおり、人はタンパク質を分解してできる二〇種類の基本アミノ酸を必要とする。そのうち一一種類は体内でつくることができるが、残りの九種類は食物から摂らなくてはならない。大豆のタンパク質はこの九種類のアミノ酸すべてを供給できる点で、牛乳や肉類と同じである。しかも、ホルモンも、飽和脂肪も、カロリーも、環境への悪影響もない。

大豆や大豆飲料は、中国では五〇〇〇年にわたって栽培・生産され、アジア各地でも長年親しまれてきた。西洋で「子を養うために哺乳類の雌の乳腺から分泌

★3　イリノイ州アーバナのイリノイ大学でおこなわれた画期的な研究によって、大豆イソフラボンの摂取が骨の中のミネラル量と骨密度を増やすことが明らかになった。毎日半年間、わずか40グラムの大豆タンパクを摂るだけで、閉経後の女性の被験者グループにはっきりした効果がみられた。40グラムの大豆タンパクは、大豆タンパク質の副産物二オンス（約57グラム）で摂れる。(www.unitedsoybean.org)

★4　Merriam-Webster's Collegiate Dictionary, ©1996 Zane Publishing, Inc., and

される液体、または、ナッツ類の穀粒の中身」と定義される「ミルク」という言葉が使われだしたのは、一二世紀以降である。★4 ところが、牛乳メーカーは厚かましくも二〇〇〇年二月、FDAに対し、豆乳《ソイ・ミルク》メーカーが広告で「ミルク」という言葉を使うことを禁じる措置を求める申し立てを行った。『ミルク』には、それが牛から搾乳したものでなければならないと決定するだけの、確認基準がある」というのが、かれらの主張だった。★5 もしFDAが牛乳と牛乳広告の真実にこだわるとしたら、牛乳は「牛膿」と表示されるべきだし、パックごとに、現在タバコの箱に義務付けられているものと同様の警告文を印刷すべきだ。たとえば「米国衛生局長は、牛乳の摂取が、アレルギー、便秘、ガス、細菌感染症、骨粗しょう症、肥満、心臓病、ガンを引き起こすという結論にいたった」などのように。

　高級な寿司屋に食べにいくような金持ちのアメリカ人の多くは、すでに大豆が大好きだが、彼ら自身、それに気付いていない。高級店で、無料の前菜としてよく出る「枝豆」という緑の「さや豆《スナップ・ビーンズ》」、あれはゆでた（あるいは蒸した）大豆だ。枝豆とは、育ちきる直前に摘みとった大豆の別名である。客のほとんどは、魚が出てくるまでのちょっとしたつまみ程度にしか思っていないが、枝豆は驚くほど健康的で、事実、魚よりもタンパク質やその他の栄養素が豊富だ。枝豆一カップで、なんと二二グラムのタンパク質が含まれているのである。枝豆の栽培は、現在、アメリカの大豆農業のごく一部でしかないが、きわめて高い収益をあげてい

Merriam-Webster, Inc.

★5　大豆飲料メーカーの経営者たちは、全国生乳生産者連盟（NMPF）が申し立てをおこなう3年前、「ソイ・ミルク」という名称の使用を認めてほしいとFDAに請願した。FDAは請願書に対し、裁定を下さないことを決定した。すなわち、豆乳メーカーはラベルや広告で大衆を欺かないかぎり、政府の保護下で営業できるようになった。(Frank, Paula, "Soy 's Evolution"「大豆の進化」www.foodproductdesign.com)

る。もっと広く知られるようになれば、栽培量は飛躍的に伸びると思われる。

科学的な見地からいえば、大豆食品は現代の夢のウェルネス食品としてすでに広く喧伝《けんでん》されていても不思議ではない。しかし残念ながら、西洋の食事は、科学とはほとんど結びついていない。食物に関して、私たち西洋人は、慣習、味、利便性に支配されている。

私たちの多くは新しい食物に手を出したがらない。慣れ親しんだ、いつもどおりの朝の一杯のミルク、あるいは昼のチーズバーガーを求める。新しい食物が好きな人たちにしても、食後の体調はどうかという長期的な利点ではなく、その場の感覚的な満足に支配されていることが多い。たとえ大豆製品がおいしく、アメリカ人に親しまれるようになるとしても、まだ、遠い道のりがある。一般の人々の食生活にほんとうに影響をあたえるためには、マクドナルドのビッグ・マックや、コカ・コーラのように、手軽なものにならないといけないだろう。

ウェルネスにかかわる革命家のうちの何人かは、慣習、味、利便性の、すべてにおいて、成果をあげつつある。中には、すでにアメリカの食品産業の最大の部門、すなわち五〇〇〇億ドル（約六〇兆円）の食品加工業界において、地位を確保した者もいる。こうして成功した起業家にせよ、今日ある健康に悪い多くの食物に代わるウェルネス食品の開発という点では、まだまだ上っ面をひっかいているだけだ。これは、スタートしたばかりのウエルネスの起業家にとって、まだ、チャンスがあるということでもある。

■大豆食品で夢をかなえる

一九七〇年、オハイオ州のボウリング・グリーン大学を卒業したスティーブ・デモスは、食べていくために何をしたくないかはよくわかっていた。しかし、同世代の多くの若者と同様、何をしたいのかはさっぱりわからなかった。結局、かれはその後四年間を棒にふり、インドを放浪することになった。インドでベジタリアンになったデモスは、黄金律[★1]がビジネスにもあてはまるような「正しい生き方」を構築したいと志すようになった。「正しい生き方」とは、かれ自身の言葉を借りれば、つぎのような意味だ。

「収益の流れにかかわる者はみな、社会の役に立たなければならない」

アメリカに戻ったデモスは、コロラド州ボルダーに住む。そして、健康的なベジタリアンの食品、とくに大豆製品を生産するビジネスなら、すべての点で、か

★1　「人にしてもらいたいと思うことはなんでも、あなたがたも人にしなさい」というキリストの「山上の垂訓」の一節。

れの「正しい生き方」の哲学にふさわしいと考えた。

多くの起業家と同様、デモスもまた、かれを有名人にするような製品にたどりつくまでに、さまざまなアプローチを試みている。

デモスは「ナチュラル・ナッツ」という天然のナッツ・バターの会社からスタートした。そして「ザ・カウ・オブ・チャイナ（中国の牛）」というベジタリアン向けの惣菜店を開いた。それから、今日、世界最大の大豆食品および豆乳メーカー会社になった「ホワイト・ウェーブ・トウフ」を興した。

ホワイト・ウェーブ・トウフ（現在はホワイト・ウェーブ社）は、一九七七年九月二七日の午前一一時四五分、最初の豆腐を売った。スティーブは、自分のアパートのキッチンで、隣人から起業資金として借りた五〇〇ドル（約六万円）を使って、豆腐をつくった。ホワイト・ウェーブはその後二〇年間、さまざまな大豆製品を世に送りだし続け、一九九六年には約六〇〇万ドル（約七億二〇〇〇万円）の売り上げを達成した。この二〇年の間には、数多くの製品が売り出されては消えていった。たとえば、「ポーラー・ビーン（大豆）・アイスクリーム」や「トウフルゼン」などである。これらの製品が時代の先を行きすぎていただけだとスティーブが気付いたのは、ずっと後になってからだった。

一九九六年、二〇年近くホワイト・ウェーブを支えた「ゆっくり金持ちになる」哲学が成功したあと、スティーブは、豆腐やテンペ[★1]など、大豆のパッケージ食品では、起業したさいに夢見たような、社会へのインパクトを与えることは絶対にないだろうと気が付いた。

大豆は、ベジタリアンの人々に限られた、ごく狭いニッチ（すき間）の市場に思われた。ホワイト・ウェーブは、消費者に大豆を受け入れてもらおうと、ベジタブル・バーガー、豆腐ホットドッグ、豆腐アイスクリーム、そのほか無数のアイデアを試みた。こうした年月を経て、スティーブは、自分の探し求めていた製品とは、消費者を教育する必要のないものだと気付いた。それは「目新しさ、親しみやすさ、利便性」を備えた、「頭を使わない」ものでなくてはならない。その年の終り、こうした洞察すべてをきわめたものとして、かれは豆乳「シルク」を考え出した。

シルクは、有機栽培の大豆だけを使ってつくられた非常に新鮮な豆乳で、一クォート（約九四六ミリリットル）あるいは半ガロン（約一・九リットル）入りのふつうの牛乳のような、賞味期限つきの、冷蔵された紙パックで販売されている。味はプレーン、バニラ、チョコレート、チャイ[★2]、モカがある。また、姉妹品の「シルク・クリーマー」には、プレーンとフレンチ・バニラ味がある。今ではアメリカ

★1　発酵させた大豆を固めたインドネシア料理。

★2　インドで一般的な様々な香辛料が入ったミルクティー。

の九一パーセントのスーパーマーケットで手に入るようになったため、消費者にとって、まさに「目新しく、親しみやすく、便利な」食品だ。

シルクを発売して間もない一九九七年、ホワイト・ウェーブの売り上げは、六〇〇万ドル（約七億二〇〇〇万円）から八二〇万ドル（約九億八四〇〇万円）へと三七パーセント跳ねあがった。シルクの好調に引っ張られ、一九九八年度には二四パーセント増の一〇二〇万ドル（約一二億二四〇〇万円）、さらに一九九九年には三九パーセント増の一四二〇万ドル（約一七億四〇〇万円）と売り上げは急増。やがて、FDAなどが大豆製品のメリットを広報しはじめ、二〇〇〇年の売り上げは前年の倍以上の二九六〇万ドル（約三五億五二〇〇万円）、二〇〇一年はその三倍近い八〇五〇万ドル（約九六億六〇〇〇万円）になった。二〇〇二年の売り上げは一億四〇〇〇万ドル（約一六八億円）を超える見通しで、あと数年もすれば、売り上げ一兆ドル（約一二〇兆円）の最初の健康食品会社が生まれると予測するアナリストもいる。[★1] そして今日、シルクは、ホワイト・ウェーブの売上高の九二パーセントを占めている。

私がインタビューを申し込もうと、はじめてホワイト・ウェーブ社の代表番号に電話をすると、ボイス・メール[★2]でスティーブの声が流れてきた。「ようこそホワイト・ウェーブへ。社長のスティーブ・デモスです。つぎのメニューがお客さまをお手伝いします」私はインタビューを申し込む前、スティーブの記事に目を

★1　3月期決算。

★2　音声メール。コンピューターを利用して、通信網内の音声蓄積装置に蓄積された伝言を、自由に呼び出して聞ける通信システム。

通していたし、CNNなどテレビ局に出演したさいのテープもみていた。そのため、かれが謙虚にも、シルクがこれほど大成功したのは、「市場が熟していたが、ほかに誰もおらず、私たちに成功する要素がすべてそろっていた」おかげだと言っても驚かなかった。

私が驚いたのは、かつて社会の落ちこぼれだったこの人物が、現代のビジネス用語に精通していると知ったときだった。まるで『フォーチュン』誌の「五〇〇人のCEO」の一人か、ウォートンあるいはニューヨーク大のビジネススクールの教授とでも話している感じだった。そういってほめると、かれはこう説明した。「達成したいことに本当に夢中で没頭していれば、その世界の言葉に適応できるものです」

しかし、スティーブは二一世紀のビジネス用語を学んだだけではなかった。学んだことをきわめて高度なレベルで実践したのだ。それは、食品会社、あるいは駆け出しの起業家にはふつうは見られないほど高いレベルであった。

スティーブによると、「起業家の多くは、失敗に対する準備はあるが、成功への備えがない。だから成功すると、ビジネスを競合相手に譲るようなことになってしまう」のだと言う。

一九九八年、スティーブは夢が実現しつつあることに気付き、成功への準備にとりかかった。まず、投資家として、何人かを戦略的ターゲットに定めた。すなわち、シルクの売り上げがこのまま伸び続けたとき、資本と経営面のサポートを提供してくれるターゲットである。業界の然るべきターゲットを選ぶと、つぎは、証券取引をおこなう投資金融業者《インベストメント・バンカー》を通じて、ホワイト・ウェーブの少数株主持分の一部をアメリカ第二の乳製品メーカーに一五〇〇万ドル（約一八億円）で売却した。しかしホワイト・ウェーブは、新しいパートナーになった乳製品メーカーの経営資源を決して使わなかった。

その代わりスティーブは、シルクの製造プロセスを改革した。乳製品業界とそれよりはるかに儲かっているソフトドリンク業界の両方のよい面を取り入れて、新しい製造システムを構築したのである。ホワイト・ウェーブはいま、戦略的に検討してニュージャージー州、コロラド州、ユタ州に建てた、面積二万平方フィート（約一八五〇平方メートル）の三つの自社工場で、きわめて高品質の抽出液の生産を行っている。この大変貴重な抽出液は、牛乳輸送と同じタイプのトラックによって、シルクを製造・包装する五社の大手乳製品メーカーへ運ばれる。これらのメーカーの選択にあたっては、そこの生産量の重要な部分をホワイト・ウェーブ製品が占め、ホワイト・ウェーブがそのメーカーに収益をもたらす顧客の地位を確保できるよう、注意深く選ばれた。こうしたメーカーは、事実上、シルクの無限の生産能力を保証することになった。その上、シルクは、地元のスーパーマーケットの乳製品の棚に並べられるのに必要なトラックと販売網を確保したのである。ホワイト・ウェーブは、いまや、全体的な規模の拡大が可能なモデルを持っている。スティーブはつぎのように言っている。「わが社は、抽出工場を中心として半径五〇〇マイル（約八〇五キロ）の円を描き、製造施設を見つけて、拡大していきます」

今日、多くの人はシルクを牛乳の代替品と考えているが、スティーブは乳製品会社をライバルとは思っていない。「私たちがつくっているのはミルクの代替品ではありません」と、かれは言う。「一つの選択肢です。私は乳製品会社の敵になりたくない。もっと上に行きたいんです。比べる相手がいないくらい。牛乳と同じように、コカ・コーラも狙っていきます」この発言のとおり、ホワイト・ウェーブの新製品は、ソフトドリンクによく似たパッケージで、一二〇日間の常温保存が可能な、一一オンス（約三二五ミリリットル）のペットボトル入りのシルクだ。平均的なアメリカ人は牛乳を年間二四・二ガロン（約九一・六リットル）消費する。同様に、平均的なアメリカ人が飲むソフトドリンクは、年間五四・六ガロン（約二〇六・七リットル）である。

■人々のウェルネスへの関心を高めた、「ベジタリアン・バーガー」

成功すると、ライバルにビジネスを譲り渡すことにならないかとスティーブ・デモスが心配したのには、十分な理由がある。起業家は成功に備えなければならない。

有名なベジタリアンのシェフ、作家、そしてガーデン・バーガー社の創設者でもあるポール・ウェナーの話は、ウェルネス分野の起業家にとって大事な教訓を含んでいる。私がこの本書を執筆している現在、ウェナーの会社は、ベジタリアン・バーガーの市場を開拓したあと、財政的な競争に敗れたかにみえる。しかしながら、ポール・ウェナーは、何百万人もの人生にすばらしい貢献をし、そしてなおも貢献しつづけている、ウェルネスの真の革命家である。

ウェナーは最初、ウェルネスの革命家になることはもちろん、はなばなしい成功すら望んでいなかった。一九八一年、オレゴン州グリシャムで、高級なベジタリアン・レストラン、「ガーデンハウス・レストラン」を開店したとき、かれは長年の夢がついに実現したと喜んだ。かれはこう自著に書いている。「すべてのレストラン経営者と同様、たちまち私は残り物をどうするかという問題にぶちあたった。解決策として考えたのは、残り物の野菜とピラフでつくった、自称「ガーデンローフ・サンドイッチ」だった。[★1]その後、私はそのかたまりを、パテのようにスライスしたらどうかと思いつき、それがきっかけで、ガーデン・バーガーが誕生した。ほどなく、店で出るランチの半分はガーデン・バーガーになった。[★2]

やがて一九八四年、オレゴンを襲った不況で、店はつぶれた。この世の終りだとポールは思った。ところがそれは、今日かれが回想するとおり、「これ以上ないほど最高の出来事」だった。顧客たちは、ガーデン・バーガーをどこで買える

★1 当初のガーデン・バーガーに大豆は入っていなかった。ウェナーは大豆の味がきらいで、大豆製品は消費者に受け入れられないだろうと思ったからだ。今日、ほとんどのガーデン・バーガーには（オリジナル・スタイルをのぞいて）、パテ1枚につき12〜15グラムの大豆タンパクが含まれている。

のかと電話で問い合わせてきた。そしてある日、ウェナーの妹が、彼女の会社のCEOとの面会を手配してくれた。ガーデン・バーガーのビジネスへの出資を打診するためだ。そのCEOはガーデン・バーガーを食べると、開業資金として六万ドル（約七二〇万円）の提供を申し出て、こうたずねた。「いつごろ黒字になるかね？」ポールはまったく見当がつかなかった。そこで、丸一年で利益が出なければどっちにしろ続かないだろうと考えて、「一三カ月で」と答えた。

ガーデン・バーガーの成長とともに、ポールはどんなマイナスの経験もプラスに変えることを学んだ。一〇人のうち九人のレストラン経営者が、「ここにはベジタリアンなんて一人も来ないよ」と言っても、かれはこう答えた。「それは、ベジタリアン向けのメニューがないからでしょう」

ガーデン・バーガー社は一九九二年に上場を果たした。ポール・ウェナーは一九九五年、役員の座とチーフ・クリエイティブ・オフィサーの肩書きはそのまま残して、日々の経営を食品産業のプロたちに引き継いだ。一九九八年までに、ガーデン・バーガー社★3は億単位のガーデン・バーガーを売り、同社の製品は、世界中のあらゆるスーパーや自然食品店に置かれるようになった。

残念なことに、ガーデン・バーガー社は急成長したものの、そのスピードは需

★2　Wenner, Paul, GardenCuisine: Heal Yourself Through Low-Fat Meatless Eating, Fireside, NewYork, 1998.『ガーデン料理　肉なしの低脂肪食で体を癒す』ポール・ウェナー著

★3　ウェナーが最初に設立した会社の名は「ホールサム・アンド・ハーティ・フーズ」だった。「ガーデン・バーガー」に変更したのは1992年の株式公開時。

要の伸びに追いつかなかった。一九九三年には、フロリダ州フォートローダーデールの一人のレストラン経営者が、おいしいベジタリアン・バーガーを自分にもつくれるはずだと考え、「ボカ・フーズ」を興した。同社は一九九八年には、ベジタリアン向けに牛ひき肉、鶏肉、ソーセージなど、一般的な肉製品の代替品をつくっていた。また、もう一つの競合相手、ワーシントン・フーズも、「モーニングスター」というブランド名の大豆主体の製品をそろえて、「肉なしの肉《ミートレス・ミート》」の市場に参入してきた。

一九九八年、ガーデン・バーガー社は一億一〇万ドル（約一二〇億一二〇〇万円）の売り上げを記録した。これは、同社みずからがつくった「野菜を使った肉の代替品」市場のわずか五分の一でしかなかった。

ガーデン・バーガー社を経営していた食品産業のプロたちは、将来の顧客をほかの誰かに奪われる前に、自社の製品をもっと宣伝し試してもらうことが何よりも必要だと確信した。一九九八年、同社は一五〇〇万ドル（約一億八〇〇〇万円）をかけ、「セインフィールド」[★1]の最終回にコマーシャルを流した。このコマーシャルは一億四〇〇〇万人という記録的な数の視聴者の目に触れた。しかし、批評家によれば、メリットの大半は同社の競合企業に流れ、他社でも翌日の店頭売り上げが増えたことを明らかにした。一九九八年の一億一〇万ドル（約一二〇億一二〇〇万円）という売り上げを維持するため、ガーデン・バーガー社はその年、一五〇〇万ドル（約一八億円）という莫大な金額を広告に投じた。また、今後も同じような支出を続けるため、資本をもっと集めようと計画していた。そして一九九九年、三二五〇万ドル（約三九億円）を優先株で売りに出した。しかし、この年の売り上げは一二パーセント落ち、八八八〇万ドル（約一〇六億五六〇〇万円）になった。二〇〇〇年はさらに二一パーセント減の七一〇〇万ドル（約八五億二〇〇〇万円）になり、三二七〇万ドル（約三九億二四〇〇万円）の赤字、すなわち、一株当たり三ドル六七セント（約四四〇・四円）の赤字を計上した。

追い討ちをかけるように、一九九九年にはケロッグ社★2がライバルのワーシントン・フーズを三億七〇〇〇万ドル（約三六八億四〇〇〇万円）で買収し、二〇〇〇年にはタバコ会社のフィリップ・モリス★3がボカ・フーズを買収した。ウォール街は、ガーデン・バーガー社がこうした強敵相手に立ち直れるかどうか弱気を示し、株価は一八ドル（約二一六〇円）から五〇セント（約六〇円）以下に暴落した。その結果、同社はナスダック★4から上場を取り消された★5。だが、うまくいけば、この上場廃止は姿を変えた幸運になるかもしれない。新しいCEOは、株価ではなく、利益のでるビジネスへの改革に集中できるからだ。

ポール・ウェナーは今、ハワイで新しいベジタリアン・レストランを経営している。かれは最近、自著『ガーデン・クイジーン（ガーデン料理）』の販促ツアーを終えた。一部は自伝で、ほかには、いかに事業を起こすか、健康になるか、動

★1　アメリカの人気コメディー番組。
★2　年間売上高90億ドル（約1兆800億円）。設立1922年。世界最大の調理済みシリアル食品メーカー。
★3　年間売上高800億ドル（約9兆6000億円）。
★4　全米証券業協会が運営する株式店頭市場。
★5　数ヵ月にわたって、ナスダックにおける株価が5ドル（約600円）を下回ったため。

物虐待を防ぐか、そして環境を守るかを著した本だ。ウェナーは今でもガーデン・バーガーの株を六〇万ほど持っている。同社のインサイダー取引報告書によると、二〇〇一年を通じて売却したとしても、一株わずか四七セント（約五六・四円）にしかならなかった。

ウェナーの今の収益は、六〇万株がかつて生んだかもしれない一〇〇〇万ドル（約一二億円）ないし一五〇〇万ドル（約一八億円）よりはるかに少ない。しかし、いまでは数十億個のベジタリアン・バーガーが売れ、ウェナーが何百万人もの人生によい影響をあたえたことを考えれば、かれの個人的損失は、取るに足らないものに思われてくる。

■健康食が一般的になる

ウェナーのレストランのような店がアメリカ社会にもたらしたのは、ベジタリアン・バーガーだけではなかった。

レストラン業界は、アメリカ経済のなかで最も起業の盛んな部門の一つであり、過去四〇年間にわたって新製品や革新的な考えが絶えず導入されてきた。過去四〇年のこの業界の成長をみれば、今後一〇年でウェルネス産業に何ができるかがわかるはずだ。

一九六一年当時、外食をするアメリカ人はごくわずかで、レストランの売上高は全国あわせても二〇〇億ドル（約二兆四〇〇〇億円）に満たなかった。今日、アメリカ人の半数以上は毎日外で食事をとり、二〇〇一年のレストランの総売上高は約四〇〇〇億ドル（約四八兆円）だった。もし一九六一年に、レストランの売り上げが二〇倍になることを予測する人がいても、あなたはたぶん、つぎのような理由から信じなかっただろう。

第一に、一九六一年当時は、食事の半分を外でとる余裕があるのは大金持ちだけだった。ところが、先端技術によって生産コストが下がり、二〇〇一年には家で食べるより、外食のほうが安いことも多くなった。

第二に、一九六一年当時は、それほど大勢の人が食事のために座ることができるレストランがなかった。ところが、その後四〇年で、ショッピングセンターがつぎつぎと建ち、今では八四万四〇〇〇もの食事施設がある。

第三に、一九六一年当時は、人々は外で食べることに飽きてしまった。当時の基本的な料理の種類は三つだけだったからだ。ダイナー（簡易食堂）か、カフェテリア（セルフサービス式の食堂）か、フランス料理というふうに。ところが、二〇〇一年までに、あらゆる種類のレストランが無数にできた。多くは、一九六一年当時には国名を口にされることすらなかった、タイのような国々の料理を出す店だ。

第四に、一九六一年当時は、レストランは労働集約型であるのに、アメリカの食事施設で働く労働者が十分いなかった。ところが、先端技術によって、メーカーは何千万人という労働者を解雇しても顧客に製品を提供できるようになり、一一三〇万人の失業者が二〇〇一年までにレストラン産業に流れた。レストラン産業は今日、アメリカ最大の民間雇用部門である。

第五に、最後になるが、たとえあなたが、価格の低下、食事施設の増加、料理の限りない多様化、労働力の確保といった、途方もない変化を予想できたとしても、たびたび外食する時間がないと考えたかもしれない。ところが一九六〇年代に、まったく新しいタイプのレストランが現れたのだ。値段、場所、料理の国籍ではなく、サービスの迅速さを特徴とするレストラン、すなわちファーストフードだ。

今日、レストランの選択は、値段、場所、料理の種類、サービスの迅速さに支配されている。しかし、新しい一つの選択肢が現れつつある。先を見越して今のうちにその分野に飛びこみ、顧客が自分のもとにやってくるのを待てば、やがて富を築いて、未来のレイ・クロック[★1]やデイブ・トーマス[★2]になれるだろう。

念のためにいうと、それはまさしく、一九八一年にポール・ウェナーが健康食専門のレストランを開こうと決めたときにやったことだった。ただ、かれは時代のはるか先を行っていたため、当初考えていたとおりに事が運ばなかったのだ。

今が健康食レストランを開く絶好のチャンスである理由は、今日、アメリカのレストランで支払われている四〇〇〇億ドル（約四八億円）のうち、一番利益の出る部分を払っているのは誰かということに関係している。

アメリカの平均的な家庭は食費の四五・六パーセントを外食に使っているが、年収五万ドル（約六〇〇万円）以上の世帯は食費の七〇パーセントを外食に使っている。年収が一〇万ドル（約一二〇〇万円）以上になると、食費に占めるレストランの支出は七〇パーセントを超える。ベビー・ブーマーはアメリカの人口のわずか二八パーセントだが、年収が五万ドル（約六〇〇万円）を超える世帯の半数を占め、その六〇パーセントは年収一〇万ドル（約一二〇〇万円）以上である。[★3] 一人当たりでみると、今のブーマーたちは親の倍の金を外食に注ぎ込んでいる。[★4]

第二章で説明したとおり、これまで多くのブーマーの支出を特徴づけるものは、若いころを思い出させてくれる製品への欲求だった。レストランはその点、古き時代を雰囲気やメニューを残している店がいくつかある程度で、その欲求を満たすものは、少なかった。しかしちょっと考えていただきたい。ブーマーたちが、実際に若返ったり、将来の老化の影響を遅らせたりできる健康的な料理、たとえ

★1　マクドナルドの創業者。

★2　ウェンディーズの創業者。

★3　「レストラン産業の見通し」全米レストラン協会 www.restaurant.org

★4　1999年、65歳以上のアメリカ人の平均的な外食費が1245ドルだったのに対し、35歳から54歳までの場合は、1人当たりおよそ2583ドルだった。（出典、★3に同じ。）

ば、シルクやガーデン・バーガー社の肉なしパテ、あるいはこってりしたクリームや飽和脂肪を使わずにつくったごく普通の料理を出すレストランがあると知ったらどうなるだろう？

かれらはそうした店に殺到するはずだ。実際、すでにその種の健康食レストランがほぼすべての都市にある。また、きちんとした上流階級向けの店のほとんどは、健康によい、あるいは野菜の主菜を、メニューに一品か二品のせているのだ。

二〇一〇年までに、健康食は、少数派の食物、あるいはレストランのメニューに申し訳程度にのせてあるものではなく、きわめて一般的なものになるだろう。今日では、主に味、値段、利便性でレストランを選ぶのに対し、誰もが、健康によい料理かどうか、あるいは食後にどんな体調になるかを基準に店を選ぶようになる。

今こうした予測を聞くと、第一に、健康食は調理に金がかかりすぎるから消費者が殺到することはありえない、と思われるかもしれない。しかし、とくに食品サービス業界では、先端技術により、消費者の需要に応じて価格がどんどん下がっていくのは歴史がすでに証明している。

第二に、何十万もの健康食レストランを開く場所がないと思われるかもしれない。しかし、今日アメリカにある八四万四〇〇〇軒のレストランの多くは、メニューを一新するか、それをやる新しい経営者に賃借権を譲らざるを得なくなるだろう。健康に悪い食事をだすと思われた店は、たいていの顧客からそっぽを向かれるだろう。それに加えて、今の一流レストランの常連たちは、体重に気をつけているときは外出を控えている。こうした金になる客は、健康食の店の選択肢が増えれば、もっと頻繁に外で食べるようになるだろう。

第三に、健康食だけをくりかえし食べると飽きてしまうと思われるかもしれない。しかし、フランス、イタリア、タイ料理まで、あらゆる種類のレストランは健康的な料理を出すようになるはずだ。そしてすぐに、「健康食品《ヘルス・フード》」という言葉は、今日の「レストラン」と同様、その店の料理の種類を表す意味を持たなくなるだろう。

第四に、健康食はとにかくおいしくないと思われるかもしれない。しかし、いったん加工食品に含まれる毒素、大量のナトリウム、危険な化学物質を体から抜いてしまえば、それまで食べたくてしかたなかったのが嘘のように思えるはずだ。天然の食物、たとえば、バナナ、新鮮な豆類、生野菜といったものほどおいしいものはない。しかし私たちの味蕾は、あまりに長いこと食品加工会社の化学物質の影響にさらされてきたために、多くの人たちは、そのおいしさを感じられなくなってしまっている。

最後に、たとえ今、より安い価格、場所、料理の種類、味に関する私の予言に賛成しても、食習慣は身にしみついたものだから、レストラン業界にこの種の変化は起こらないと思われるかもしれない。しかし、アメリカを皮切りに、こうしたすべての変化よりもっと根本的なことが、私たちの社会の食習慣に起こりつつある。

近いうちに消費者はみな、その日に食べたものが、翌日はむろん、その晩の体の調子と深く結びついていることを知るだろう。

第一章で説明したとおり、高級レストランでメニューを隅々まで検討する「職業上美しい」人たちは、もうこのつながりの一部を理解している。夜のニュース番組から、広告、パッケージにいたるまで、私たちの考えを左右し形作るものを見回してほしい。そうすれば、誰もがヒポクラテスの古来の知恵「食《しょく》をして薬《やく》となし、薬をして食となせ」を受け入れるだろうとわかるはずだ。

第五章へ進む前に　起業家、投資家、流通業者《ディストリビューター》のためのアクション・プラン

①農業に起こる来るべき変化が、自分が選んだウェルネスの三つの各有望分野にどう影響するかを分析する。
②潜在的消費者が乳製品から一気に離れたら、三つの各有望分野はいかに伸びるか、あるいは落ち込むか？
③アメリカの食生活に起きつつある大きな変化の中で、三つの各有望分野はどう位置付けられるか？
④シルク豆乳のスティーブ・デモスはアメリカの食習慣を変えようとして、つまり、豆腐を食べ

させようとして、二一年間苦労した。そして一九九七年、消費者の食習慣を変えなくてよい製品（豆乳）をつくって成功した。自分の三つの各有望分野が乗り越えなければならない、食習慣の大きな変化を検討せよ。必要とされる変化を達成するには、どうすればよいか？

⑤スティーブ・デモスは最大の敵である乳製品業者を、牛乳に代わる健康的な代替品をつくり乳製品業者に流通させることで、最大の味方に変えた。同様に、既存の食品会社または食品産業を説得し、三つの有望分野の製品を流通してもらうにはどうすればよいのかを検討する。いかにして成長に向けた戦略的パートナーを迎え入れればよいか？

⑥ポール・ウェナーのガーデン・バーガー社は、競争が起こる以前に十分な製品を顧客に提供できなかったため、結局は失敗した。現在の三つの各有望分野が、競争にのみこまれず成功するにはどうすればよいか？

⑦同じような関連で、三つの有望分野によって消える製品は何か？　その製品のメーカーや業界は自分に対してどんな行動に出ると思われるか？

⑧三つの有望分野、とくにそのうち一つがレストラン・ビジネスの場合に、健康食品の普及があたえる影響を分析する。

これらの検討結果に基づき、自分が選んだウェルネス・ビジネスの三つの有望分野について、一部またはすべてを、削除するか置き換えることを考える。

第5章 医学分野で富を築く

「食《しょく》をして薬《やく》となし、薬をして食となせ」ヒポクラテス（B.C.四六〇―三七七）

医学にかかわるウェルネス分野で生まれる富の大部分は、疾病産業の外部にいる人々にもたらされることになるだろう。本章では、マルチ・ビタミンを発明した一人の営業マン、伝統医学から出て新しい分野に乗り出した二人の医師、さらに一億ドル（約一二〇億円）のヘルスクラブ・ビジネスをつくりあげた女性スポーツ選手について見ていこう。

多くの消費者はいまだに、医学分野におけるウェルネスが、医師、病院、医薬品会社などの、従来の疾病産業の担い手によって提供されると誤解している。それだからこそウェルネス分野の起業家は、私たちの体を健康に生きいきと若々しく保つための話をするさい、ウェルネスに関する医学の歴史と科学的知識の現状について説明できることが、きわめて重要になってくる。

■人体はブラック・ボックス

人類の歴史の大部分において、人体はブラック・ボックスだった。ブラック・ボックスとは、コンピュータや車のように、なんらかの働きをするのだが、内部

★1　Behe, Michael J., Darwin's Black Box: The Biochemical Challenge to Evolution. The Free Press, 1996.『ダーウィンのブラックボックス　生命像への新しい挑戦』マイケル・J・ベーエ著／青土社

ではどんな仕組みで機能しているのか知られていないものを指す。ブラック・ボックスである理由は、内部の働きが見えないからであることもあるし、その働きが理解不能だからの場合もある。★1

医学の歴史は、人体という名のブラック・ボックスの内部とその機能を探求する歴史である。

石器時代、人類の大部分は、体が衰弱する病気を、何か高い次元の存在が理由もなく引き起こすものとして受け入れていた。それらの人々は医学に関する能力を持ちあわせていなかったので、病気に対して影響をおよぼすことも変化をあたえることもできなかった。一方、当時、医療をおこなう文化を持っていた少数の人々は、治療とは、病気の原因となっている悪魔を体から追い払うことだと信じており、いわゆる呪術医が、頭蓋骨に穴をあける穿頭術などの仰々しい儀式や技術を、治療法としてつくりあげていた。★2

古代ではその後、病気は超自然的な存在からくだされた罰であると信じられるようになった。そして、病気を治すには祈りをささげて、病気の原因になっている、神を怒らせた行為（あるいは怠惰）を懺悔しなければならないと、人々は信じていた。自分や愛する人が、自分の行為のせいで罰せられているのだと考える

★2　穿頭術をほどこした頭蓋骨は、イギリス、フランスなどのヨーロッパ各地、ならびにペルーで見つかっている。それらの多くは、治療、またはおそらく患者の生存のために、穿頭術が行われたことを示している。穿頭術は現在でも、アルジェリアの一部とメラネシアに住む部族の間で行われている。（『エンサイクロペディア・ブリタニカ』 www.britannica.com）

ことは、病気と闘うという苦しい経験をしているさなかの人々に、さらなる心の痛みをあたえた。

■人類ではじめてウェルネスをめざした医者、ヒポクラテス

このように信じられていたことに対して、最初に異議を唱えた一人が、古代ギリシアの医者で「近代医学の父」といわれるヒポクラテス（B.C.四六〇―三七七）だった。★1 ヒポクラテスは、現代の医学生がいまでも卒業にあたって朗誦《ろうしょう》する事のある「ヒポクラテスの箴言《しんげん》」で知られている。残念ながら、今日の医学は、このもっとも有名な医療家の唱えた、きわめて重要な見解からは、ほど遠い地点に進んできてしまった。

ヒポクラテスは人体を、機能する各部分の単なる集合ではなく、全体として一つのまとまりとしてとらえていた。ところが現代の医学はしばしば、個々の臓器や病気を単独の存在として、全体とは切り離して扱っている。ヒポクラテスは一人ひとりの患者を診る場合、その患者の職業から食事にいたるまで、それぞれの環境に照らして観察した。その結果、ヒポクラテスは、健康が自然な状態であり、病気は異常な状態であるから、医者の役割は、自然が本来の自然な状態（すなわち、健康な状態）を回復するのを手助けすることだ、と結論付けた。だが、もっと

★1　ヒポクラテスは紀元前460年の生まれといわれ、非常に多くの本がかれの著作とされている。しかし、現代の研究によれば、そうした一連の著作は、何人かの人間がかれの名前をつかって数世代にわたって書きついだものの集成だとされている。
★2　「適者生存説」と最近の「知的デザイン説」はどちらも、すべての生物はそのＤＮＡの変化によって、それ以前に存在していた生物体から進化したと仮定している。適者生存説を支持する人々は、こうした変化は、生物体の生存率を向上させるが、統計学的に見

も重要なのは、つぎの点である。

ヒポクラテスは、病気の治療だけでなく、病気の予防にも関心を寄せた最初の医者だった。かれは医学のあるゆる分野において、適切な栄養と運動が、病気を回避し健康を回復させるうえで鍵となることを教えた。この病気の回避と予防という点こそ、ウェルネスと、病気の治療をする医学との重要な相違点である。

今日知られている、チャールズ・ダーウィンの「適者生存説」からマイケル・ベーエの「知的デザイン説[★2]」にいたる、人間の進化についての理論を検証してみよう。そうすると、食事と運動に関するヒポクラテスの教えは、いっそう納得のいくものになる。私たちの体がこの地球上において進化したのは、自然な食事と自然な量の運動に基づく自然な状態、すなわち、健康な状態で生存するためなのである。人間の進化と生存の九九パーセント以上は、ほとんど植物性の食物だけで豊富に得られる、さまざまな種類の炭水化物、脂肪、タンパク質、ビタミン、ミネラルを、自然に食べることによって成り立っていた。そして自然な量の運動は、食物と住みかを確保するために、毎日肉体を使って労働することによって実行されていた。

れば無作為の突然変異によって引き起こされると考えている。たとえば、豹がカムフラージュのための体に斑点を持つようになるといった変化である。そして最終的には、変異を起こさなかった生物体は絶滅し、変異を起こした生物体が生存する。知的デザイン説を支持する人々は、こうした変化が、無作為に起こるのではなく、DNAにすでに書き込まれていた遺伝暗号によって、1つの種に属するすべての生物体において同時に一律に起こると考えている。

私たちの健康についてみると、こうした理想的な状態から、いかにかけ離れているかが容易にわかる。今日の西洋風の食事は、祖先の食事とはまったく違っている。今日の食事は、はるかに多くの脂肪を含む一方、必須のビタミンやミネラルが不足している。同様に、祖先が食物と住みかのために日々動きまわって自然に行っていた量の運動を、今日こなしている人はわずかしかいない。

■限られている私たちの視野

ジョン・ゴドフリー・サックス（一八一六―一八八七年）による「盲人と象」の寓話では、目の見えない六人の男がはじめて象に出会う。一人目の男が象のわき腹をさわりながら、「象は壁のようだ」と叫んだ。二人目は牙に触れて、「象は槍に似ている」と叫ぶ。三人目は鼻にさわり、「蛇みたいだ」、四人目は脚に触れて、「木に似ている」、五人目は耳にさわり、「扇のようだ」、六人目は尻尾に触れて、「象は縄にそっくりだ」と叫んだ。目の見えない六人はそれぞれ、自分だけが本当の象の姿を知っていると思い込んでいた。

歴史を通じ、あらゆる文明における医者たちは、ついに自分たちが人類最後のブラック・ボックスの中身と働きを説明できるようになったと考えた。だが、振り返ってみると、かれらは六人の目の見えない人たちと同じようだったことがわかる。医者たちは、人体を観察するさいに、自分たちが利用できる限られた手段によってしか、物事が見えなくなっていたのである。

その上、科学者たちが新しい手段を使って、最後のブラック・ボックスと思われた箱を開けてみると、その中に、それまで知られていなかった新しいブラック・ボックスがあることがわかった。そして、その箱を開けるためにはさらに新しい手段の出現を待たなければならなかった。★1

古代の科学者たちは、すべての物質は、土、空気、火、水の、四つの〝元素〟から構成されていると信じていた。その四つだけが、かれらの目で見ることのできるものだったからだ。初期の生物学者は、すべての生物が、血液、胆汁、黒胆汁、粘液という、かれらの目に見える四つの体液の働きによって機能していると信じていた。そして、すべての病気は、これらの体液のいずれかが、過剰になることよって引き起こされると考えていた。当時、解剖はほとんど禁止されており、観察のための手段は限られていたのである。

ヒポクラテスの時代から一九世紀にいたるまで、医学はあるものがなぜ機能するかには、ほとんど焦点を当ててこなかった。医学はたいていの場合、治療と観察の試行錯誤を重ねながら、何が機能しているのかを発見するこ

★1　Behe, Michael J., Darwin's Black Box: The Biochemical Challenge to Evolution. The Free Press, 1996.『ダーウィンのブラックボックス　生命像への新しい挑戦』マイケル・J・ベーエ著／青土社

とに集中してきた。

あるものが機能していることがわかると、それを書き留める。そういうふうにして医学知識は何世紀にもわたって蓄積され、ときには他の文化に伝達されてきた。

スコットランドの医師ジェームズ・リンドは、船員に柑橘類を強制的に食べさせることにより、イギリス海軍における壊血病を根絶したという功績が認められている。しかし、リンドは、柑橘類を食べることによってなぜ壊血病が消えるのかは知らなかった。オランダ海軍で数百年に渡りそうしているということを読んで、かれの〝発明〟を考え出したにすぎなかった。オランダ人もおそらく、一五世紀から一七世紀にかけての大航海時代に、柑橘類が豊富などこかの民族がそうしているのを取り入れたのだろう。

一五世紀に活字の組換えが可能な印刷機が発明されると、特定の疾病の症状を軽減させる効果的な治療法の情報が、世界中の医者に伝わるようになった。こうして数多くの治療法の知識が蓄積されることにより、一八世紀には、医学が宗教や魔術とは異なる科学として確立した。その当時までに、数千にのぼる医薬や治療法に効き目があることは知られてはいた。しかし、なぜ効き目があるかについては医者たちもほとんどまったく説明できなかったのはいうまでもない。

一七世紀から一八世紀にかけて、ロバート・フックたちによる一大発明により、安価な複合光学顕微鏡が開発された。この新しい道具を使って、一九世紀の科学者は、かつて目に見えなかった細胞の世界を観察できるようになった。当時の人々は、細胞こそ、人体を構成する最小にして〝究極の〝基本要素だと考えていた。

光学顕微鏡によって、細胞の働き、とりわけ侵入するバクテリアと薬に対する細胞の反応を観察できるようになった。そのことにより、生物学者と医者は、医薬になぜ効き目があるのかを発見する手段がついに手に入ったと思った。医学者たちは、それまで人類を苦しめてきた、生命にかかわるさまざまな病気（天然痘、結核、腸チフス、小児麻痺など）の治療法を発見し、世界的な英雄になった。こうした成功の余勢を駆って、西洋のほとんどの開業医と研究者は、数千年にわたって蓄積されてきた伝統的な治療法と薬を傲慢にも排除するようになった。その働きが科学的に説明できないという理由だけで。

当時の科学者達は、人体を構成する最小、もしくは究極の基本要素は個々の細胞であると考えた。しかし、今日、私たちは、そのことがいかに間違っていたかを知っている。光学顕微鏡では、照明光の波長のおよそ半分の距離まで接近している二つの物体を弁別できない。ところが、たとえば一つのバクテリア細胞の大きさは、可視光の約一〇分の一なのである。[★1] ピンの先端を人体の細胞で覆うには約一万個の細胞が必要だが、個々の細胞は数兆個の分子で構成されている。そし

★1　Behe, Michael J., Darwin's Black Box: The Biochemical Challenge to Evolution. The Free Press, 1996 p.10.『ダーウィンのブラックボックス　生命像への新しい挑戦』マイケル・J・ベーエ著／青土社

て、分子はもっとも精密な複合光学顕微鏡を使っても検知できないのだ。さらに、重要なのはつぎの点だ。

今日存在する、タンパク質、ビタミン、ミネラル、栄養補給サプリメントによって引き起こされる重要な生化学的な働きは、細胞レベルではなく、分子レベルで起きている。

また、人間の寿命、活力、体力など、私たちが病気の治療以外で医学に望んでいるもの、すなわち、端的にいえばウェルネスということにおいて、もっとも重視すべきものは、一つひとつの細胞の質である。

私たちの細胞は、毎時間ないし毎月のように常に入れ替わっており、私たちの細胞の質は、細胞を生成するために常に起きている分子レベルの反応の質と、相関関係がある。そうした分子レベルの反応の質は、それらの構成要素の質に依存している。その構成要素とは、細胞を形づくっている何種類ものアミノ酸（タンパク質）とミネラル、そして、原材料から分子を合成する触媒として必要な、何種類ものビタミンとミネラルである。

私たちの細胞が適切に再生されるのに毎日必要な構成要素について、科学者たちの見解はほぼ一致している。それは、一三種類の必須ビタミン、一四種類の必須ミネラル、二〇種類の塩基性アミノ酸である。アミノ酸のうち、一〇種類は体外から摂取しなければならない。しかし、これらの構成要素が体内でどのように合成され、個々の細胞を構成する複雑なタンパク質を生成しているかについては、科学者のあいだで意見がわかれている。これまでに科学者たちは、体内で同じ二〇種類の塩基性アミノ酸から生成された十万種類以上のタンパク質を識別し、さらに数千種類の複雑な構成のタンパク質を識別しつつある。しかし、個々のタンパク質の欠乏症とその治療法についての研究が追いついていない。私たちは、個々の細胞が自己再生するための時間記録装置《タイム・クロック》ともいうべき、生物学的なプログラミング、すなわちDNAを持っていることをようやく発見したところだ。だが、いまのところ、そのプログラミングを解読するまでにはまだ長い時間がかかりそうである。

疾病予防もしくはウェルネスの医学に関して、私たちが今せいぜいできることは、かつてヒポクラテスが提唱したような、自然な形の食事と自然な運動プログラムを追求することである。

それは今日、つぎのことを意味する。

①最適な健康状態を保ち、肥満にならないために、適正な量（カロリー）と適切な種類の食品（不飽和脂肪、大豆、食物繊維など）を食べる。

②食品、なかでも乳製品と動物性食品に含まれている、有害な化学物質とホルモンを避ける。
③人体に必須のビタミン、ミネラル、塩基性アミノ酸（タンパク質）が毎日補給できるような食品（サプリメントを含む）を食べる。
④かつて人間が自然にこなしていたのと同量の運動ができるよう、一日を通じて体を動かす。

これは今日、言うのは簡単だが実行するのはかなり難しい。体に必要なだけのカロリーを食べることは、相当の自制が要求される。ことに人間の体は、毎回の食事があたかも最後の食事であるかのように食べ、あとで消費されるように脂肪を溜め込むようプログラミングされているから、なおさらのことだ。有害なホルモンと化学物質は、それらの大部分が公表されていないから、避けることはほぼ不可能である。なかでも肉類と乳製品に含まれているものはほとんど公表されていない。ビタミンとミネラルの多くが、加工食品には含まれていない。そのため、最低所要量を毎日確実に摂ることは難しくなっている。その上、サプリメント製品には、ラベルに表示された成分が含まれていない製品が少なくない。これについては、この後見ていく。最後に、私たちの祖先と同じように〝自然な〟運動をこなそうとしたら、一日のうち他のことをする時間がなくなってしまうだろう。

幸いなことに、医学分野でウェルネスに貢献しようとする起業家は、少数ながらすでに存在している。しかし、ウェルネスをより容易にすると同時に、テクノロジーによって引き起こされた、ウェルネスにまつわる問題をテクノロジーによって解決するためには、熱心に取り組む起業家がさらに数千人は必要だ。

■マルチ・ビタミンとネットワーク・ビジネスの誕生

カール・F・レインボーグは、一九一五年から一九二七年までコルゲート社の営業部員として中国に赴任した。そして、都市で生活する人々が、ひどい栄養失調の徴候を示しているのに、より貧しい農村地帯の人々には、同様の栄養不足が見られないことに気が付いた。かれは健康と栄養の関係について研究をはじめ、人間の食事には植物性の物質が非常に重要であることを知った。そこでかれは、人間の食事を補う植物性サプリメントをつくることを思いつき、一九二七年にアメリカに帰国すると、カリフォルニアのバルボア島に研究所を設立した。そして、どのようなサプリメントが必要か研究をはじめた。

レインボーグが研究を進めてみると、食事による栄養補給に関する複雑な問題を解決するには、平均的な人々の場合、一つの簡単な解決法ですむことがわかってきた。

数年にわたる研究のすえ、レインボーグは、人体に必要なすべてのミネラルとビタミンをまとめて一つの製品に入れるという、当時としては革命的なアイデアを考えだした。そして、自分の会社に「カリフォルニア・ビタミンズ」という名前をつけ、一九三四年、世界ではじめて、栄養補給のためのマルチ・ビタミン／マルチ・ミネラル・サプリメントを製造した。製品名と会社名は、一九三九年、「ニュートリライト」に変更された。

当時、多くの種類のビタミンとミネラルを単一のサプリメントに入れるという考え方が受け入れられるまでには、多大な消費者教育が必要だった。なにしろ一般の人々は、ビタミンというものが存在することを知ったばかりだったのだ。その上、ニュートリライトが新しく出したマルチ・ビタミン／マルチ・ミネラル製品は、食品と医薬品を混合したような製品だった。そのため、従来のスーパーマーケットや薬局では販売してもらえなかった。

レインボーグの妻は、かれに一つの提案をした。それは、この製品を流通させるため、すでにニュートリライト製品を熱烈に愛用している人々からなる、自前の営業チームを、かれ自身が組織してはどうかというものだった。この戦略を採用した結果、ニュートリライトでは、会社の成長にともなって、つねに新しい販売員を採用して訓練をほどこす必要が生じた。

一九四五年、レインボーグと二人の中心となる販売員は、栄養補給サプリメントのマーケティングに革命を起こした。また、それにとどまらず、まったく新しい数十億ドル規模の流通産業を生むことになる一つのアイデアを考えだした。★1

レインボーグによる第二の革命的なアイデアは、販売員がニュートリライト製品を販売するとともに、新しい販売員を自分で採用《リクルート》して訓練することのできる、マーケティング・プランだった。すなわち、自分自身の製品販売による収入だけでなく、自分がリクルートし訓練した人々による売り上げからも、収入を得られる仕組みをつくったのである。

一人ひとりの販売員（今日では、「ディストリビューター」と呼ばれている）は、自分自身による販売高ならびに自分がリクルートした人々による販売高だけに基づいて、会社から平等にあつかわれる。そうして、ある個人の販売高が一定のレベルに達したならば、その人は自分をリクルートした人のもとを離れ、会社と直接取引関係をもつ独立したディストリビューターになれるのだ。

一九四九年、ミシガン州グランド・ラピッズ出身の二人の若き起業家、ジェイ・ヴァン・アンデルとリッチ・デヴォスはニュートリライトの販売キットを購入後、またたく間に最高の売り上げを記録するようになった。その一〇年後、ジ

★1　2001年9月7日、カール・F・レインボーグの息子である、カール・S（サム）・レインボーグ博士への面接取材による。

エイとリッチは自分たちのニュートリライト・ビジネスを続けながら、似たようなマーケティング・プランに基づいて家庭用品を販売する新会社をはじめる。かれらはその新会社に、〝アメリカン・ウェイ〟を略した「アムウェイ」という名前をつけた。一九七二年、カール・F・レインボーグが八二歳で死去すると、アムウェイはニュートリライト・プロダクツ社を買収した。ニュートリライトは今日でも独立した企業体として年間数十億ドルの売り上げを記録し、世界で最大級のビタミン・ミネラル・サプリメントのメーカーの一つになっている。

　ニュートリライトは、他に先駆けてテクノロジーを活用し、ビタミンとミネラルの一日の最低所要量を一つの製品に入れることで問題を解決した。そして、この会社はまたしてもテクノロジーをいち早く利用し、過体重と肥満に悩む今日の多くのアメリカ人の問題をも解決しようとしている。二〇〇一年、ニュートリライトは、高炭水化物ではなく、高タンパク質の棒状食品《フード・バー》を新製品として発売した。これは、食事を補うサプリメントではなく、完全に食事の代わりとなる食品である。食べやすい一個のバーに多量のタンパク質を入れ、栄養バランスの完璧な食事になるようにつくられている。カール・レインボーグが一九三四年にマルチ・ビタミン、マルチ・ミネラル・サプリメントを出したときと同様、複雑な問題に対するシンプルな解決策となっている。

レインボーグはテクノロジーを利用し、食品加工技術というテクノロジーによって引き起こされた、私たちの食糧供給の問題（ビタミンとミネラルの不足）を解決することに成功した。同様に加工食品業界とファースト・フード業界によって生み出されているさまざまな問題を起業家が解決するチャンスは、何千とある。

■情報の共有はビッグ・ビジネスになる

アメリカの栄養補助食品業界では、ニュートリライトやその他のいくつかのメーカーが、高品質の製品を製造している。それにもかかわらず、七〇〇億ドル（約八兆四〇〇〇万円）の売り上げを誇る今日まで、評判を汚されがちだった。数億の人々が毎日そういった製品を使い、多くの人々が信頼をおいている一方で、数百万の人々が製品についてかんばしくない経験をしていたのだ。そして、サプリメント製品のことを〝高価な小便をつくるもの〟だと非難した。つまり、サプリメント製品の中には、何の効果ももたらさず、消化器官を通過するだけの製品があるというのだ。さらには、サプリメントを摂ったあとで実際に病気になってしまい、それらのサプリメントの販売を禁止するよう求めている人々もいる。そして近年の調査の結果、そうした懐疑的な主張や、災いをまねくものだという見解の中には、正当なものもあることが明らかになった。ただし、否定的な人々が懸念したような理由によってではなかった。

今日アメリカで販売されている栄養補給サプリメント（ビタミン、ミネラル、ハーブ製品）の四分の一ないし三分の一には、つぎのような問題がある。①

レベルに表示された成分が製品に含まれていない。②ラベルに表示されている成分以外に、明示されていない危険な成分を含んでいる。これでは、栄養補給サプリメントを試した人々の約三分の一が、効果がなかったとか、危険だとさえ言っているのも不思議ではない。

アメリカ食品医薬品局（ＦＤＡ）は、一九九四年に施行された「栄養補給サプリメントに関する健康および教育についての法令（ＤＨＳＥＡ）」に基づき、栄養補給サプリメントを監視・規制することになっている。だが、遺憾なことに、ひどい人員不足と限られた予算のせいで、栄養補給サプリメントに関してのＦＤＡによる規制はほとんど実施されていない。その結果、効果のないサプリメントを製造する会社や悪徳業者が、紛れもない不正行為をしながら罰せられずにいるのである。しかし、こうした状況はまた、トッド・クーパマン医師のような、医学分野における熱心な起業家が、人々のウェルネスのために多大な貢献をし、新たな活動によってウェルネス業界で自らの富を築くビジネス・チャンスをも生み出している。[★1]

トッド・クーパマンは、一九九九年、自分でコンシューマー・ラブ・ドット・コム社を設立した。同社は今日すでに、消費者のためにマルチ・ビタミン、マルチ・ミネラル、ハーブ製品を試験する分野では世界的な大手企業になっている。

★1　2001年8月10日、著者によるトッド・クーパマン医師への電話取材による。

コンシューマー・ラブ・ドット・コムは、各種のサプリメントの主要ブランド製品を独自に購入して科学的な試験を行い、それらの製品がラベルに表示されたとおりの成分をきちんと含んでいるかだけを検査している。

コンシューマー・ラブ・ドット・コムは各種サプリメントについての豊富な情報を消費者に提供する。しかし、クーパマンは、特定の製品部門の医学的な効き目については、かれ自身の意見も含めて、いかなる見解も示さないよう留意している。つまり、コンシューマー・ラブ・ドット・コムでは、個々のブランドの製造品質管理を格付けすることに、業務を限定しているのである。

トッド・クーパマンは、最初から、消費者のための栄養補給サプリメントのお目付け役になったわけではない。それどころか、ビジネスマンでも起業家でもなかった。かれはニューヨーク州フラッシングに生まれ、ロングアイランドで育った。公立高校を卒業後、六年間一貫教育によって学士号と医学博士号を取得させることで名高いボストン大学医学部に入学する。だが、二四歳で医学博士号を取得する頃には、医療行為はいささか形にはまった仕事であるように思うようになった。そして、もっと社会に大きな貢献のできる道を見つけたいと願うようになった。

クーパマンは医学校在学中に、ひと夏のあいだ、ニューヨークの投資銀行で働き、新興のヘルスケア企業の評価にたずさわった。そこで、株式仲買人たちがなんの科学的根拠もなくバイオ・テクノジー関連株を無知な投資家に売り込んでいることを目撃する。また、ある年の夏には、ペンシルベニア大学の技術移転室で働いた。そこでの業務は、新しい医療技術を研究所から市場へ導入することであった。クーパマンはそこで、卒業後の最初の仕事を見つけるきっかけとなる経験をする。クーパマンは、医薬分野の巨大企業であるブリストル・マイヤーズ社のバイオ・テクノロジー部門で働くことになったのだ。かれは一九八七年から一九九三年まで、ブリストル・マイヤーズやその他の新しい医療技術にかかわる企業数社で働き、つぎのような重要な事実を認識する。

患者がもっとも必要としているのは、さらなる新しいテクノロジーではない。必要とされているのは、すでに市場で競い合っている、目がくらむほどたくさんある保健プランや新しい医療技術の中から、理にかなった選択を行う能力である。

一九九四年、クーパマンはケアデータ・リポートを創刊した。そして、各種の保健プランと健康医療団体（ＨＯＭ）の格付けを、消費者の満足度だけに基づいて行った。ケアデータ・ドット・コムはその後、業務を拡大して、薬局での給付、歯科医院での給付、眼科医院での給付も評価するようになった。クーパマンは起業家として、消費者が自分自身の健康管理、とりわけ病気予防という観点で行う健康管理のために有益な情報を積極的に提供しようと考えた。一九九七年、ケアデータ・ドット・コムを売却したあとも一九九九年まで同社に留まった（同社は現在、Ｊ・Ｄ・パワー・アンド・アソシエイツ社のヘルスケア部門になっている）。そして、消費者が栄養補給サプリメントについての情報を非常に必要としていることに気が付く。

コンシューマー・ラブ・ドット・コムを創業したときに、クーパマンがまずやったことは、ウイリアム・オーバマイヤー博士を雇い入れることだった。博士は、当時FDAに在籍する、世界でも有数の栄養補給サプリメントの専門家であった。オーバマイヤーはすでに、FDAで九年間に渡りサプリメントの深刻な汚染状況を特定してきたことで知られていた。また、オーバマイヤー自身、消費者を支援するために自分の専門知識を活用する決意をしていた。消費者が何を摂るべきか、そして何を摂るべきでないかを決める手助けをしようというわけだ。というのは、FDAは一般に、深刻な健康問題が生じた事例にだけ対処し、製品の製造品質やラベル表示の正確度にはめったに見解を示さないからだ。

今日までにコンシューマー・ラブ・ドット・コムは、アメリカで販売されているすべてのサプリメントの約九〇パーセントにあたる、二〇部門における四〇〇〇種類の製品を試験してきた。クーパマンによれば、「私たちが試験した製品の四分の一以上が不合格と判定されたが、部門によっては実に六割の製品が不合格になっている」という。コンシューマー・ラブ・ドット・コムはまた、トロピカーナ・カルシウム増量オレンジジュースなどの、人気のある強化食品も試験している。

個々の製品はつぎのような基準に基づいて試験される。

①内容確認と効能
その製品が一般に認められた標準的な品質を満たしており、ラベルが製品の中身を正確に表しているかどうか。
②純度
その製品が汚染されていないかどうか。
③生体利用効率
その製品が人体によって適切に利用されるかどうか。
④一貫性
その製品が毎年変わることなく、同一の内容、効能、純度を保っているかどうか。

試験に合格した製品は、同社のウェッブ・サイト（www.ConsumerLab.com）で紹介される。そのサイトでは、消費者がいくつかの製品やサプリメント部門についての情報を無料で読むことができる。また、年会費一五ドル九五セント（約一九一四円）の登録会員になれば、合格したすべての製品の完全なリストを入手できる。さらに、不合格になった製品の数も知ることができるのだ。それ以外にも、コンシューマー・ラブ・ドット・コムは、主にメーカーの研究所が実施している試験についての技術レポートも販売している。

コンシューマー・ラブ・ドット・コムが年会費一五ドル九五セント（約一九一四円）の会員登録制度をはじめたのは二〇〇一年二月だった。その年の八月までに有料会員数は一万一〇〇〇人にのぼり、サイトが閲覧された回数も百万回を超えた。しかし何よりもクーパマンを喜ばせたのは、適正なサプリメントを選ぶ手助けとなってくれたことに感謝する消費者からの何千通ものEメールが、かれのもとに届いたことだった。ビタミンを増量した老化防止クリームを買ったはずが、実は単なるワセリンだったという女性の話を聞いただけでは、あまり同情しない読者もいるだろう。しかし、つぎのような事例について想像してみていただきたい。

・父親が、人から教えられて、前立腺肥大をノコギリパルメットで治そうとした。しかし、実は単なる砂糖の粒であるものを大量に摂取してしまい、それがわかったときには体調が悪くなっていたケース。
・母親が、よかれと思って四歳の娘に毎日ビタミン剤をあたえていた。しかし、その粒に娘の年齢におけるビタミン許容量の二倍のビタミンが含まれていたケース。
・活力を増すため、父親が薬用ニンジンのサプリメントを飲んでいた。しかし、その製品が発ガン性のおそれのある農薬で汚染されていたケース。
・夜眠れるようにとカノコソウを含有した製品を飲んでいる女性がいた。しかし、実はその製品にはカノコソウがまったく含まれていなかったケース。
・家族全体を悩ますようなうつ病になっていた母親が、抗うつ薬のプロザックを止めて、セイヨウオトギリソウ（セント・ジョーンズ・ワート）を含む製品を飲むようになった。しかし、一年後に、適切でない製品を買っていたことがわかったケース。

こうした人々をはじめ、ウェルネスを望んでいる数十万人の消費者にとって、クーパマンの仕事がいかに重要かおわかりになるだろう。クーパマンはつぎのように述べている。「車や株を買うときに、専門家がどう評価しているかを知らずに買う人はまずないでしょう。それなのになぜ、独立機関によって評価されていないサプリメントを消費しようとするのでしょうか？」

ウェルネス業界は急速に成長しており、医薬品、食品、そして商行為をふだん規制している政府の諸機関はその速度に追いつけずにいる。トッド・クーパマン博士のような、民間の熱心な起業家が、品質管理に関する消費者のニーズを満たす分野に進出することはとても重要である。疾病業界を規制している従来の政府機関が同様のことを行うよりも、消費者にとって、効力があるということになるかもしれないからだ。

■従来の役割を変化させ、ウェルネスをうながしている心臓内科医

フランク・ヤノウィッツ医師は、医学部の四年生につぎのような話を聞かせることにしている。

ハーバード大学医学部の卒業式の日のこと、卒業生総代のマイケルは、かれがふだんから慕っている教授といっしょにチャールズ川のほとりを歩いていた。突然、川の上流から、溺れかけている男が助けを求めて叫びながら流されてきた。マイケルは川に飛び込むと、水の中に三度に渡って潜りつつ、男を水の上に引きあげた。意識を失っている男を川岸に上げてから、非開胸式心臓マッサージとマウス・ツー・マウス人工呼吸をほどこした。やがて男は意識を回復する。マイケルは、教授の目の前で人命を救ったことで大得意になり、教授も、救急車が男を乗せて走り去るのを見届けてから、よくやったねとマイケルをほめた。

マイケルはびしょ濡れになり疲れ果てていたが、教授といっしょに川沿いを歩き続けた。するとまたしても、溺れかけている男が助けを求めながら流れてきた。マイケルはふたたび川に飛び込み、男を救助して、川岸で意識を回復させた。驚いたことに、その後もこうしたことが何度も続き、ついに七人目の男が川を流されてきたとき、いら立ったマイケルが教授に向かってこう言った。「ぼくは献身的に人助けをしようと思っている医者ですけど、これ以上こんなことはやってられません！」

「それならば」と教授が言った。「上流へ走っていって、橋の上からつぎつぎに人を突き落としている者を止めたらどうかね」

心臓内科医のフランク・ヤノウィッツは、ユタ州ソルトレーク・シティにあるハイテク医療センター、ＬＤＳ病院フィットネス研究所の共同設立者であり、医長を務めている。

フィットネス研究所は、アメリカで最高の医師と療法士によって運営されているが、病気にかかった患者を診ることはめったにない。その代わり、フィットネス研究所は、健康な人が病気にならないような予防に力を注いでいる。言い換えれば、ウェルネスをめざす人々が疾病産業の顧客になってしまわないようにしているのである。社内起業家[★1]としてのヤノウィッツ医師個人の経歴と、フィットネス研究所の成り立ちを知ると、医学分野におけるウェルネスの将来をかいま見ることができる。

フランク・ヤノウィッツは、一九三九年、モントリオールに近い、ニューヨーク州北端のマローンという小さな町で生まれた。公立高校に通いながら、音楽を愛好するようになったかれは、クラシック・ピアノとトランペットの練習に励んだ。コーネル大学に進学後、工学系のさまざまな分野をあれこれ勉強した。しかし、生理心理学と比較神経学を履修したことをきっかけに医学を専攻するようになる。そして、一九七一年、テキサス州サンアントニオにあるアメリカ空軍航空医学校に就職し、そこではじめてウェルネスの分野に出会った。

おおかたの心臓内科医の患者と違い、ヤノウィッツがサンアントニオで診た相手は、きわめて健康な人たちだった。ジェット・パイロットであるか

★1　「社内起業家」とは、大きな組織の中で働いている起業家のことである。

れらは、アメリカでもっとも健康で元気な人々だ。かれらは、飛行資格を維持するため、定期的にヤノウィッツの検診を受ける義務があり、健康状態にほんのわずかでも異常があれば、しかるべく報告しなければならなかった。

その上、ヤノウィッツは、パイロットの健康状態を調べたり、飛行に適した健康を維持する研究を共同で行うための予算を、ほとんど無制限にあたえられていた。そのおかげで、ヤノウィッツは、食事と運動が健康にあたえる影響についての推測を独自に検証することができた。

ヤノウィッツはこう振り返る。「あそこにいたおかげで、心臓病の最初期の段階について理解するようになりました。普通の病院で心臓病患者を通常どおり診察していたら、そうしたことがわかるのにもっと時間がかかっていたと思います」こうした経験により、かれは食事と運動と病気の関係について多くのことを学んだ。

空軍に務めたあと、ヤノウィッツは、ソルトレーク・シティのLDS病院にまねかれた。そこで心臓内科医として勤務すると同時に、ユタ大学医学部の講師になった。ユタに来たかれが最初に必要だと思ったことは、心臓手術後の患者向けに、心臓のための特別リハビリテーション・プログラムを導入することだった。しかしその当時、そうしたプログラムに対する支援はほとんど得られなかった。おおかたの人びとの見方は、心臓手術を受けた患者は〝回復〟したのであり、すでに治った人のために時間と金を浪費すべきではない、というものだった。それでもヤノウィッツと、マーリン・シールズという理学療法士はくじけることなく、心臓のためのリハビリ・プログラムをはじめた。しかし、患者はほんのわずかしかいなかった。プログラムに参加した少数の患者からは、健康を取り戻しつつあることや、食事と運動について学べることで大いに感謝された。それにもかかわらず、医学界から照会を受けることはほとんどなかった。医学界の人々は、〝回復〟した患者をリハビリ・プログラムに送る必要性を感じていなかった。

一九七〇年代後半、ヤノウィッツは三人の同僚と協力して新たな活動をはじめる。運動生理学の博士論文を準備中の大学院生（テッド・アダムズ）、整形外科医（トム・ローゼンバーグ）、理学療法士（テッド・アダムズ）の三人だ。四人は一九八〇年にフィットネス研究所を設立。病気予防とウェルネス、心臓病にかかるリスクの高い個人の検査、心臓のためのリハビリテーション、スポーツ医学に焦点をしぼって取り組みはじめた。しかし、フィットネス研究所は、一年目の終わりには、ほぼ全面的に病気予防とウェルネスに集中するようになった。

研究所を設立した当初は、期待に反して他の医者たちからの照会がまったくなく、最初の一〇年間、事業は赤字続きだった。そのため、やむなく、顧客に直接売り込むことを学んだ。今日ではラジオでウェルネスの秘訣について放送したり、地元の大手企業の経営者や重役に直接会ったりするようになった。

私がはじめてかれらの仕事を知ったのは、四七歳のとき、年に一度の健康診断を受けたときのことだった。担当の内科医（メアリー・パーソンズ医師）は、健康状態にはまったく問題ないと告げてから、私自身が体について何か変えたいと思っていることがあるかと尋ねた。私は冗談で、「もちろんありますよ。自転車に乗ってジュピター・ピーク（高さ三一三九メートル）に登ると、登り坂を一六キロぐらい自転車で登ったあとのように息が切れてしまい、地面にバッタリ倒れこんじゃいますからね」と言った。するとパーソンズ医師は、激しい自転車トレーニング・プログラムをはじめるのもいいだろうが、その前にフィットネス研究所というところでＶＯ２マックス検査を受けてはどうかと提案した。ＶＯ２マックス検査というのは、一定の時間に体内を循環する血液から取り出されて、細胞組織によって使われる酸素の最大量を測定する検査である。

フィットネス研究所を訪れてみると、非常に現代的なハイテク・フィットネス・クラブに足を踏み入れたような印象を受けた。しかし、よく見てみると、それぞれの運動用マシンには目まいを起こしそうなほどたくさんの計測機器が取り付けられていた。

ヤノウィッツ医師は私にこう説明した。「ここに来る人たちは運動しに来るのではなく、検査を受けにくるのです」この研究所では完全な内科医療を行うことができる。しかし、慢性病の問題に取り組むのではなく、定期的な健康診断を望む人々や、従来の健康医療団体や初期治療にたずさわる医師に不満を持つ人々のニーズに応えることにほぼ専念している。フィットネス研究所をはじめて訪れる人に対して行われる、六時間におよぶ典型的な検査〔費用は約六〇〇ドル（約七万二〇〇〇円）〕の内容は、つぎのとおりである。★1

・ガン検診を含む、身体の全系統の分析。
・心臓病、糖尿病、感染症、貧血症にかかるリスクを測定するための血液検査と尿検査。
・心臓病検診と健康レベル測定のため、心臓内科医の立会いのもとで行なうトレッドミル最大負荷試験。
・病歴、ストレス度、栄養摂取の妥当性を検討するための書面評価。
・BMIに基づく、理想体重と体脂肪率を算出するための、静水圧による水中での体重測定。
・閉塞性肺疾患を検診するための肺機能検査。
・体力と柔軟性を測り、肢体異常が起きるリスクを評価するため、理学療法士

★1　「エグゼクティブ健康プログラム」パンフレット、LSD病院フィットネス研究所（ユタ州ソルトレーク・シティ）。
★2　Adams, Fisher, Hansen, and Yanowitz, Maintaining the Miracle: An Owner's Manual for the Human Body.『奇跡を維持する：人体に関するオーナーズ・マニュアル』

の立会いのもとで行う整形外科的測定。
・検査結果を見直し、今後必要な、食事、運動、ストレス・マネジメントの改善を提案する、マン・ツー・マンのウェルネス・カウンセリング。
・大腸ガン検診と、乳ガン検診（女性のみ）。
・個人のウェルネスのための百科事典ともいうべき『奇跡を維持する――人体に関するオーナーズ・マニュアル』（フィットネス研究所発行）[★2]を、持ち帰り用として一冊。

当然ながら、フランク・ヤノウィッツ自身もウェルネスに取り組んできた。一九七八年、かれが三七歳のときに、高校の教室で血圧計の使い方を教えていたとき、一人の高校生がヤノウィッツの血圧を測った。その血圧が意外なほど高い値を示し、かれはショックを受けた。クラス全員が見守るなかで何度か測定させなおしたが、結果は変わらなかった。その夜、かれは、ウェルネスに関心を持つようになった自分が、実際には太り気味で、ほとんど運動もせず、不健康で、いまや危険なほど血圧が高くなってしまった皮肉を、はっきりと思い知った。かれは、標準的なプログラムにしたがって、食事に注意し、血圧を下げる薬を服用し、運動するようになった。そして一年もたたないうちに、一週間に六五キロないし八〇キロも走るようになり、一〇キロ走やハーフ・マラソンにも参加するようになった。

現在六二歳のフランク・ヤノウィッツは、子供や大学生のように動きまわれるわけではない。しかし、これまでに四回のマラソンを完走し、週に一六キロないし二四キロ走り、マウンテンバイク、ロードバイク、ハイキング、スキー、雪靴を履いてのウォーキングを楽しんでいる。

ヤノウィッツは今までに、六八点の刊行物を出版し、一八件の大がかりな研究プロジェクトに参加してきた。『冠状動脈性心臓病の予防』と題する長大な著書も出している。ユタ州知事のもとで〝肉体的健康に関する協議会〟の初代会長も務めた。個人的にも、何万人もの患者の生活に影響をあたえてきた。だが、ヤノウィッツがもっとも顔を輝かせるのは、フィットネス研究所で一ヶ月の集団研修を受ける医学生たちについて話すときである。その学生たちは将来の心臓内科医だ。ヤノウィッツは、かれらがいずれ、かれの指導を生かして単に心臓病の症状を治療するだけでなく、心臓病の予防に積極的に取り組んでほしいと願っている。★1

■運動はウェルネス分野における一つの起業チャンス

「医者」を意味するphysicianという英語と「肉体の」という意味のphysicalという英語はどちらも、「自然」というような意味をもつ、physisというギリシア

★1　ヤノウィッツ医師はジャズ・ピアニストでもあり、その話をするときにも表情がほころぶ。これまでに、スタンダード・ジャズ曲だけでなく自作の曲も含めて、LPレコード1枚、CD数枚の録音をしている。

★2　"Physical Activity and Public Health"「身体活動と公衆衛生」Journal of the American Medical Association, February 1, 1995, vol.273, no.5.

語がもとになっている。だが、この二つの関係は語源だけにとどまらない。今日、身体を動かすことは、ウェルネスよりも主に見た目の美しさを保つために取り組むものだという誤った考えを持っている人が少なくない。しかし、これは大間違いだ。アメリカで年間に死亡する二二〇万人のうち約一二パーセント、およそ二五万人の人は、日常的な運動不足が原因で亡くなっているのである。★2

何千もの研究結果が明らかにしているとおり、身体運動の不足と、冠状動脈性心臓病、高血圧、ガン、糖尿病、不安症、うつ病との間には直接の因果関係がある。

ところが驚くべきことに、アメリカ国民の成人のうち、わずか一五パーセントしか激しい運動を定期的にしていない。六〇パーセントの人は、定期的な休暇もしくは長期間の余暇にも、ほとんどまったく運動をしていないといわれている。★3

たしかに、現代人が、〝自然〟な量としてヒポクラテスが提唱したような運動をこなすのは困難である。

デスクワーク中心の職についていて、仕事以外で体を動かす時間に恵まれない

★3 Wee, Christina C., M.D., M.P.H., "Physical Activity Counseling in Primary Care"「初期治療における、身体活動についてのカウンセリング」Journal of the American Medical Association, August 8, 2001, vol.286, no.6.

人は少なくない。私たちの大部分は、気候条件のよくない都会的な環境の中で暮らしている。しかも、いざ肉体を健康的に保ち活性化させる運動をするとなると、一般的な有酸素運動（ランニングや自転車に乗ること）だけでは足りない。特定の目的のための運動（ウエイト・トレーニングや柔軟体操）も行う必要があるのだ。

幸いなことに、テクノロジーを利用して私たちの食事を変え、人体細胞が必要とする最低所要量の栄養が毎日摂れるようにしてくれたウェルネス分野の起業家が現れた。それと同様、テクノロジーを利用して、私たちが運動をおこなう方法と場所に変化をもたらしつつある起業家も現れている。

その中でもひときわ飛び抜けているのが、フィットネス分野の起業家、ジル・スティーブンズ・キニーである。彼女は、「クラブ・インサイダー・ニュース」誌で〝全米ナンバー・ワンの女性クラブ起業家〟[★1]と紹介された。

■全米ナンバー・ワンのクラブをつくった女性起業家

ジル・スティーブンズ・キニーはつねに健康を保ってきた。カリフォルニア州フレズノで農業関連ビジネスにたずさわる家庭で、新鮮な果物と野菜をたくさん

★1　"Jill Stevens Kinney-America's #1 Female Club Entrepreneur"「ジル・スティーブン・キニー、アメリカのナンバーワン女性クラブ起業家」、「クラブ・インサイダー・ニュース」1999年5月号、vol.VI, no.5.

食べながら育った。六歳の時には父親といっしょに定期的にジョギングをするようになる。運動選手（スキーの滑降選手）としても好成績をおさめ、その後、一九七九年にカリフォルニア大学バークレー校を卒業した。

卒業後、キニーは、富裕層の多いマリン郡で成功していた心臓内科医、ジャック・バグショーに出会う。心臓病の治療に飽き飽きしたかれは、全体観的《ホリスティック》アプローチの健康センターを開設し、そもそも心臓病になるのを避ける方法を人々に教えたいと思っていた。バグショーはキニーを営業支配人として雇い、サンフランシスコのベイ・エリアにある企業の重役向けに、〝フィジス〟という名の施設を彼女と共同で開設した。フィジスは、料金三〇〇〇ドル（約三六万円）の三ヵ月プログラムをつくった。その中で、入会時の評価測定、一回九〇分で毎週三回の個人トレーニング・セッション、健康によい料理法やストレス・マネジメントについての教育ワークショップ、修了時の最終進度評価を提供した。

キニーは楽観的な見通しを立てていたが、その彼女でさえ、プログラムがもたらした結果には仰天した。「参加した方たちは、ただ健康になっただけではありませんでした」彼女は当時を振り返り、笑みを浮かべる。「結婚生活もうまくいくようになり、仕事の業績も上がり、人によっては肉体的にだけでなく感情面も含めてすっかり人生が変わってしまったのです。三ヵ月のプログラムが終了する頃には、バランスのとれた運動とウェルネスのための専門的なホリスティック・アプローチが人々の生活にどれほどの影響をおよぼすかを思い、私は夢見ごこちでした！」キニーは、いわゆるヘルス・クラブではなく、ウェルネスをめざす施設で仕事をはじめられたことを、幸運だったと思っている。

「ヘルス・クラブ産業をはじめたのは、お金儲けをたくらんでいた人々であり、なにか人々に影響をあたえようと考える人々ではありませんでしたからね」

まだ二十代のうちにフィジスで最初の成功をおさめたキニーは、その後、全国的なスポーツ・フィットネス・クラブ・チェーンに雇われる。そして、八〇〇人のスタッフをしたがえる最高業務執行責任者にまで昇進する。その後も彼女は、スポーツ・フィットネス・クラブの開設を事業の一部にしたいと考えるいくつかの不動産開発会社から誘いを受けた。そして、一九八五年、彼女は、アメリカで最高級のクラブの一つとなる、〝ザ・スポーツ・クラブLA〟をロサンゼルスに開設するために引き抜かれた。このクラブはまだオープンしないうちに、彼女のスタッフが動いて、採算が合うのに必要な五〇〇〇人の会員を獲得し、大成功をおさめた。これが引き金になり、彼女は、アメリカ各地で同様のクラブを創設する仕事をつぎつぎに引き受けることになる。最高級スポーツ・フィットネス・クラブを地元につくりたいなら、誰よりもキニーを雇うのが一番だということになったのである。

同じ時期、キニーは、国際健康・ラケット・アンド・スポーツクラブ協会（IHRSA）の市場調査委員会の委員長も一九八四年から一九八九年まで務め、市場の変化に気付きはじめていた。彼女のビジネスの主な顧客層であるベビー・ブーマーたちが二十代を過ぎ、スポーツや社交的な活動よりもウェルネスと老化問題にいっそう関心を寄せるようになっていたのだ。一九八〇年代にオープンした巨大なスポーツ・フィットネス・クラブの大部分は、高齢化するベビー・ブーマーにとって不便な場所にあった。しかも家族が増え、仕事も忙しくなったかれらは、運動をする時間が少なくなっていた。キニーが調査した結果、つぎのことがわかった。こうしたブーマーたちは、スポーツや社交活動や巨大な運動施設よりも、(ちょうどドライクリーニング店のように)自宅や職場の近くといった便利な場所にあるクラブを求めているということだ。ところが当時、通うのに便利な場所にある地元のフィットネス・クラブの九八パーセントは、提携先のない小規模経営の施設で、利用料も安いかわりに設備が貧弱だった。スポーツ・クラブLAのような質の高いクラブに慣れ親しんでいるベビー・ブーマーは、そのような場所に、魅力を感じない。一九八九年、キニーは、ジョン・キニーという実業家と共同で、便利な立地にある高級フィットネス施設を求める市場に対応するため、事業計画を策定しはじめた。

一九九〇年、彼女とジョン・キニーは、〝クラブ・ワン〟のための事業計画を書きあげ、その年に結婚した。一九九一年六月一七日、二人はサンフランシスコのシティコープ・センターに、クラブ・ワンの最初の施設をオープンした。そして、同年中にエンバーカデロ・センターに二番目の施設を開設した。

当初、キニー夫妻は、同じように広さ一一一五平方メートルの施設を各地にオープンすることで、フィットネス・クラブの〝スターバックス〟化を考えていた。しかし、ほどなくジョン・キニーは、買収による合併を進めるほうがより多くの収益をあげるチャンスがあると悟る。すなわち、よい立地にある既存の単独経営のクラブを買収し、その設備を新しくするのである。この戦略を採用したことにより、ほとんどの場合、経費の節約になったばかりでなく、地元の競争相手を消しながら、すぐさま会員を獲得することができた。

クラブ・ワンは、便利な立地に焦点を当てることに加え、独自の経営戦略の一つとして、ウェルネスに関する一流の専門家たちにも魅力のある仕組みをつくった。専門家とは、トレーナー、栄養士、ヨガ教師、マッサージ療法士などである。具体的には、かれらを外部の請負業者と見なして契約するのではなく、クラブ専属の専門職社員として雇い入れる。そして、かれらが各種手当や継続的な教育訓練を受けつつ、昇進もできるようにしたのである。フィットネス業界に長年かかわってきたジル・キニーは、そうした一流の専門家たちが、自分自身を売り込み続けなければならず、苦労しているのを知っていた。また、かれらが、継続的に専門教育を受ける必要性を感じつつも収入を維持しなければならず、苦労したあげく業界を離れていくのを目にしていた。一流の医師などの専門家でも、月給をもらって、起業家的な仕事をしなくてもよくなったおかげで、業績のあがる人々がいる。それと同様に、専門家を雇用するというアプローチは、顧客にもフィットネスの専門家たちにも有益なはずだと、ジル・キニーは感じた。彼女はこう述べている。「かれらが自分たちの専門能力を確実に伸ばせるようにしてあげれば、みんなが恩恵を受けられます」

キニー夫妻のアイデアは功を奏した。クラブ・ワンは創業後、たちまちのうちに年間六〇〇〇万ドル（約七二億円）の売り上げを記録した。そして、全米七一ヵ所で施設を運営するようになり、フィットネス・クラブ業界でもっとも急成長した企業の一つに数えられた。キニー夫妻は、クラブ・ワンに所属するフィットネスの専門家たちのことを、もっとも誇りに思っている。かれらは全員、給料をもらっている専門職社員である。クラブ・ワンの顧客は、そうした専門家の教育、経験、専門知識などに応じて、時間あたりの標準料金を支払えば、サービスが受けられるようになっている。

将来有望なフィットネス関連の専門職としては、認定資格を必要とする、つぎのような職種がある。

- フィットネス・トレーナー
- 個人トレーナー
- スポーツ・コンディショニングなどの特殊トレーナー
- 臨床運動スペシャリスト

・カイロプラクティック治療師
・理学療法士
・栄養士
・マッサージ療法士
・高齢者専門トレーナー
・青少年専門トレーナー
・パーソナル・コーチ
・グループ運動インストラクター
・ヨガ教師
・ピラティス・インストラクター
・パフォーマンス訓練コーチ

十分に考え抜かれた事業計画を実行に移していたとはいえ、クラブ・ワンの成功の大部分は、実は一九九五年にジル・キニーにかかってきた驚くべき一本の電話からはじまっていた。それは、世界的なソフトウェア会社で、ベイ・エリアの優良企業であるオートデスク社からの電話だった。内容は、クラブ・ワンがオートデスクの社員専用に独自の社内フィットネス・クラブを設計、開設、運営してもらえないかというものだった。単に新規採用者を惹きつけるための福利厚生の一つとしてではなく、オートデスクが社員のウェルネスを本気で考えた上での提案であることを確かめてから、クラブ・ワンはその業務契約を請け負った。一年後、クラブ・ワンは同様の社内フィットネス・クラブを、ザ・ギャップ社とエレクトロニック・アーツ社にも開設した。二〇〇〇年までにキニー夫妻は、そのような社内フィットネス・クラブ五〇ヵ所の運営をあずかるようになった。これにより、企業に勤めながら施設を利用する人の数は五〇万人にのぼった。こうした人々は、クラブ・ワンが運営する社員専用フィットネス・クラブを無料で使えるのだ。クラブ・ワンは当初から利便性をめざして、職場から五分で通えるクラブをつくろうとしてきた。しかし、社内に専用施設を置くようになって、この目標を超える成果をあげるようになった。

ジル・キニーは、クラブ・ワンの運営する社内フィットネス・センターを、自社にとって最大の挑戦課題であり、研修の場であるととらえている。なぜならば、それらの施設の利用者は、自分でお金を払って民間のフィットネス・クラブにやって来るような人々ではない。つまり、アメリカにおける典型的な従業員像にきわめて近い人々だからである。

こうした社内施設の利用者には、より多くの情報提供と動機付けをする必要がある。ジル・キニーによれば、そのおかげで、「クラブ・ワンは、本当に私たちを必要としている人々、言い換えれば、太り過ぎの人たち、病気や中毒の問題をかかえている人たち、摂食異常に悩む人たちの役に立つことができる。そして、そうした人々に運動してもらうことで、かれらの人生に適切な変化をもたらす手助けができる」のだと言う。

クラブ・ワンは最近、受託運営プログラムをさらに発展させた。そして、カリフォルニア州レッドウッド・シティでは、いくつかの企業の社員がオフィスに隣接する専用施設を共同で利用できるようにした。また、複数のユダヤ人コミュニティ・センターを統合する団体とも契約を結び、各センターのフィットネス施設を運営している。それらのセンターでは、フィットネス相談員は皆、個人トレーナーから栄養士にいたるまで、ユダヤ人コミュニティ・センターの制服を着ている。しかし、かれらの有する資格、継続的に受けている訓練、プロ意識はクラブ・ワンが運営する他の民間または公共施設で働く専門家たちとまったく同一である。

クラブ・ワンに施設運営を委託している法人は、自分たちの従業員のウェルネスを本気で手助けしたいという動機を持っている。だが、そうした利他的な動機の有無にかかわらず、このプログラムには、従業員が自分で費用を払ってクラブ・ワンの会員になる場合にくらべて別の利点がある。税務面で二つも有利な点があるのだ。第一に、会社はクラブ・ワンの運営する施設の費用について、州と連邦に納める法人所得税で控除を受けられる。また、従業員個人はクラブの月会費分に課せられる所得税を州と連邦に払わずにすむのである。

第六章へ進む前に　起業家、投資家、流通業者《ディストリビューター》のためのアクション・プラン

①医学が（ヒポクラテスの提唱したように）人体を全体で一つのまとまりとしてとらえるアプローチに回帰した場合、ウェルネス・ビジネスにおいてあなたが選んだ三つの各有望分野はどのような影響を受けるか分析せよ。

②フィットネス研究所のヤノウィッツ医師と同僚たちは従来の医学分野の中で完全にウェルネスに焦点をしぼったビジネスを展開している。医学が予防にいっそう力を入れるようになった場合、三つの各有望分野はどのような影響を受けるか分析せよ。

③ニュートリライトのカール・レインボーグは、扱う製品が医薬品でも食品でもなく薬局や食料品で販売してもらえなかったので、自前の営業チームを組織せざるを得なかった。三つの各有望分野におけるそれぞれの製品が、どのようにして誰によって流通されるのかを分析せよ。

④レインボーグは、新しい販売員を継続的に教育するもっとも効果的な方法としてネットワーク・ビジネスを考えついた。ネットワーク・ビジネスが三つの各有望分野にどのような影響をおよぼす可能性があるか？

⑤三つの各有望分野の製品を製造品質の観点から分析せよ。コンシューマー・ラブ・ドット・コムと同様の企業が増えた場合、三つの各有望分野は有利だろうか、それとも不利だろうか？

⑥クラブ・ワンのジル・キニーは、以下にあげる要因により、かつて地元の小規模ビジネスだっ

たものを一億ドル（約一二〇億円）の全国チェーンに育てあげることができた。三つの各有望分野が、以下の要因によって同様に影響を受けるかどうか分析せよ。

a．スポーツに適した体づくりから便利さへという、質に対する需要の変化に対応した。
b．スポーツに適した体づくりからウェルネスへという、質に対する需要の変化に対応した。
c．品質の標準化
d．企業経営者への直接営業
e．一般消費者ではなく雇用主が製品やサービスの代金を支払うことにより、税務面で有利になる。

これらの検討結果に基づき、自分が選んだウェルネス・ビジネスの三つの有望分野について、一部またはすべてを、削除するか置き換えることを考える。

第6章 アメリカの健康保険制度

〝ウェルネス保険〟[★1]のような、ウェルネスに関する金融サービスを消費者に提供するビジネスは、起業家にとって、ウェルネス産業そのものと同じぐらい大きなビジネス・チャンスである。

それは、ウェルネスに関連する起業家になるつもりがない人も含めて、ビジネスにたずさわるすべての人が理解すべきチャンスである。なぜならば、すべてのビジネス・パーソンが、いずれ自分の家族のためにウェルネスに関する金融サービスを望むようになるからだ。競争力を保とうとするすべての企業は、社員にウェルネス保険をかける体制を整えなければならなくなるだろう。

ウェルネス分野で起業しようとする人にとって、ウェルネスに関する金融サービスがどのような仕組みなのかを理解し、説明できるようにしておくことは、成功するために不可欠である。というのは、こうした金融サービスが最終的には、ほとんどの企業において給与体系の重要な部分を占めることになるからである。とはいえ、ウェルネスに関する金融サービスを理解するためには、まず、現行の疾病ベースの健康保険システムを理解する必要がある。

◎今日のアメリカでウェルネスのための製品やサービスに対する需要があ

★1　次章のテーマである「ウェルネス保険」は、年間免責額を超える多額の医療費をまかなうと同時に、病気の予防（たとえば、ウェイト・コントロール、ビタミン、サプリメント、運動など）のために発生する費用もまかなう健康保険である。従来の健康保険、すなわち“疾病”保険は、あなたが病気になったときに、その医療費だけを支払うものであり、通常は、病気予防ではなくむしろ病気の症状に対処する費用をまかなう。「ウェルネス保険（Wellness Insurance）」は、ウェルネス・サービスィズ社の登録商標である。

るのは、疾病ベースの健康保険がうまくいっていないせいである部分が少なくない。

◎ウェルネスに関する金融サービスの新システムは、今後の疾病保険制度の崩壊を受けて、つくられることになる。

◎これから起業家になろうとする人々は、独立開業した場合に家族のための健康保険を失うという悪夢に対処しなければならない。

第七章でウェルネス保険について検討する前に、まずアメリカにおける疾病ベースの健康保険制度の現状を概観することにしよう。

前章までにおいて、食品産業と医療サービスをめぐるいくつかの問題点を説明する中で、読者の皆さんには、それらの問題の解決法をウェルネス・ビジネスの観点から検討するよう提案してきた。このあと、現行の医療保障制度の問題点について読み進めるさいには、問題が指摘されるたびにいったん読むのを止め、ウェルネスをめざす新規事業を立ち上げることによって、その問題がいかに解決されるかを考えていただきたい。

■新たな経済的奴隷

かつてマール・トラヴィスが歌った「16トン」という有名な歌の中に、俺の命があるのは〝会社の購買部〟のおかげさと言っている炭鉱夫が登場した。その炭鉱夫ではないが、今日働いているアメリカ人のうち数百万人は、〝会社が費用をもってくれる医師〟を頼りに暮らしている。会社に勤めている人々の大部分は、個人で健康保険料を支払う経済的余裕がなく、支払える人々の中にも、家族が以前から病気がちの人が少なくない。

昔の年季契約の奉公人と同様、こうしたアメリカ人はそう簡単に転職したり退職したり独立開業したりすることができない。もし会社を辞めてしまえば、今の雇用主が費用を一部負担している医療と同等の医療を、経済的な余裕がないせいで、受けられなくなるからである。

このように新たな形の経済的奴隷が生まれた責任の大半は、アメリカ連邦政府にある。連邦所得税法は、過去五〇年に渡り、家族の医療費の五割もしくはそれ以上について国から補助金が得られるのは、本人が雇用主からの医療補助を受けている場合に限ると定めてきた。連邦政府によるこうした大規模な租税補助金があるせいで、個人のニーズに応じた比較的低額の消費者向け健康保険プランを民間部門が開発することが妨げられている。また、現行の健康保険制度がウェルネスではなく疾病を主な対象にしつづけていること、言い換えれば、病気の予防や病気自体の治療ではなく、症状に対する処置に金が支払われていることの責任の一端も、連邦政府にある。

■高騰する医療費

さらに、こうした一九世紀的な奴隷状態を生んだ制度の副産物として、医療費が高騰してきた。医師と患者が医療費の大部分を他人の金に依存している現状では、医療費の高騰が、多くの企業を倒産に追い込むだけでなく、経済全体を破綻させる引き金にもなりかねない。アメリカ国民は現在、疾病に関連して一兆五〇〇〇億ドル（約一八〇兆円）を費やしているが、この費用はアメリカの国内総生産（GDP）の伸びを上まわる勢いで膨れあがっている。アメリカの医療費は二〇一〇年までに二倍になり、現在の伸び率で増え続ければ、二〇五〇年にはGDPそのものを上まわると予測されている。そうなった場合の影響は、一九八〇年代に二〇〇〇億ドル（約二四兆円）の損失を生じさせた貯蓄貸付組合の破綻など比較にならないほど、大規模なものになるだろう。数千万人のアメリカ人が、医療費のために貯金を使い果たすことになるかもしれない。過去一〇年、アメリカ経済は着実に成長してきた。それにもかかわらず、アメリカ人の個人破産申し立て件数は、一九九〇年の約七五万件から一九九九年の一五〇万件へと倍増している。増加分の多くは、家族の医療費が極端に増大したことが原因となっている。

しかし、幸いなことに、変革が起こりつつある。そして、ウェルネスをめざす個人にとっては、来るべき混乱から利益を得る大きなチャンスがある。だが、今後の困難をくぐり抜け、チャンスをものにするためには、まず、企業負担の医療保障がどのように機能し、そもそもいかにして普及したかを理解する必要がある。

■雇用主はどのようにして医療の提供者になったのか

アメリカ人が家族の医療保障について考えるとき、もし関係がなければどんなにいいだろうと思う存在の筆頭は、自分の勤める会社、つまり雇用主だ。なぜなら、今日のアメリカ人は、自分の時間の二五パーセント足らず、すなわち週一六八時間のうち約四〇時間しか仕事に使わないし、平均して生涯に一〇回も転職するからである。百年前はそうではなかった。人々は明け方から日暮れまで週六日働き、同じ雇用主のもとで生涯勤めることも多かった。巨大な工場や鉱山で、会社負担の医療が行なわれるようになり、外部もしくは社内の医師が一人で社員の診療をするようになったのは、その時代のことである。社外での医療費を補助する制度が広がったのは、一九三〇年代だった。当時、連邦政府によって賃金と物価が統制されたため、労働組合は、禁止された賃上げの代わりに、会社側が医療費を支払うよう要求したのである。

第二章で指摘したとおり、個人に対する連邦所得税の限界税率は二〇世紀を通じて増加し、一九六四年までに最高税率が九二ないし九四パーセントに上昇した。その後、一九八〇年代に七〇パーセントになって安定したのである。一九五〇年代、いくつかの州では所得税の限界税率がなんと一〇〇パーセントを超えることがあった。つまり、一ドル（約一二〇円）の収入を得るごとに一ドル（約一二〇円）を超える所得税を払わなければならなかったのである。★1 今日のアメリカでは、高額所得の個人は収入の約五〇パーセントを連邦ならびに州の所得税として支払っている。また、このほかに固定資産税、消費税、ガソリン税なども払う。

高所得の企業重役の場合、収入が増えてもその大部分が最終的には連邦政府のふところに入ってしまう。そのため、一九五〇年代には、費用を雇用主が負担する、給与以外の特典（社員の家族全員の医療費補助など）を非課税でもっと受けられるよう、実業家たちが連邦議会に働きかけた。連邦議会はこうした要求を認め、賃金をもらっている従業員であれ重役であれ、家族全員の医療費補助を雇用主が負担するという考え方が、ほぼ全米に浸透することになった。

当初、企業側はこの方式を、従業員の医療費の約半分を連邦政府が負担してくれるすばらしい制度だと考えていた。ところが、それがまたたく間に、今日私たちの直面している、費用が高騰して手に負えない制度へと変貌してしまったのである。高齢者と貧困層を除く、ほとんどすべての人々が、医療補助を雇用主に負っている。それにもかかわらず、できることなら雇用主が個人の医療にかかわり

★1 このようなことが起きたのは、納税者によっては、収入が1ドル（約120円）増えただけで、所得全体に適用される税率分類の中でさらに税率の高い階層に入れられてしまうことがあったからである。

を持ってほしくないと思っているのだ。

現在、一定の条件付きの医療プランの場合、雇用主は医療保険の保険料について一〇〇パーセントの法人所得税控除が受けられることになっている。そのため、従業員は個人所得税を申告するさい、こうした医療給付を所得として申告していない。実は、この制度はおそろしく不公平なのである。

大企業に勤めるアメリカ人は、連邦政府が（間接的に）支払ってくれる医療費の五〇パーセントないしそれ以上を受け取れる。それに対し、働いている貧困層、自営業者、失業者は、医療費としてつかう一ドル（約一二〇円）を得るために、所得税を払う前の金額で二ドル（約二四〇円）稼がなければならないのだ。★1 すべての国民が税額控除のある医療を受けられるか、さもなければ、誰もそういう恩典を受けられないようにするのが、公平というものだろう。

さらに医療補助は、税額控除★2ではなく、課税控除という形で行れるので、高所得の個人のほうが低所得の納税者よりも多くの恩恵を受けるようになっている。そして、この補助は複雑な税法のもとに実施されているため、自分たちの利益を守ろうとする大手の医療保険会社や医薬品会社によって容易に操作されることに

★1　自営業の個人を考慮して条件が平準化される、2003年施行の新しい税法については、本書の後半で見ていく。
★2　全所得から基礎控除や扶養控除などを差し引いて税率をかけたものが納税額になるが、そこからさらに差し引くことが認められているのが「税額控除」。
★3　内国税収入局・改正規則（68-433, 1968-2 CB 110）には、医薬に対する保険料は、その医薬が処方薬である場合に限り、払い戻しが許される、と定められている。もち

なる。たとえば、うつ病の治療について見てみよう。アメリカの連邦税法では、プロザックのような高価な処方薬を購入した場合には課税控除が認められる。しかし、消費者が自分でセイヨウオトギリソウなどの処方箋のいらない製品を買い、より安く安全な方法でうつ病を治そうとした場合、同じ課税控除は認められないのである。★3 消費者が自分の病気治療のために飲む薬について、国税庁が消費者に指図するような形になっているのは望ましくないだろう。★4

■経費削減のために、医師たちを締めつけている企業

医療費が高騰するなか、医療給付を負担している企業の関心は、消費者の望むウェルネス・サービスや代替医療といった革新的なものを提供することではなく、現在提供されているサービスの費用を削減することに集中している。そうした大企業は、経費削減の一環として、医療にたずさわる専門家たちを強大な交渉力でたびたび押さえつけてきた。今日、ほとんどすべての医師、薬局、病院、その他の医療専門家は、複雑きわまる支払いシステムのもとで仕事をしている。そして、そのシステムは、経済的にもっとも余裕のない人々からもっとも多く絞りとる仕組みになっている。その仕組みについて説明しよう。

たとえばある医師が、諸事情に照らして妥当だと考え、外来診察の個人に対す

ろん、抜け目のないいくつかの製薬会社は、一般用医薬品の“処方箋”版をはるかに高い価格で製造することにより、この規則の適用を回避している。

★4　2001年8月2日、トム・ハーキン上院議員（民主党、アイオワ州選出）とオーリン・ハッチ上院議員（共和党、ユタ州選出）は、「2001年・栄養補給サプリメントに関する適正課税法案」を提出した。この法案が連邦議会で可決されれば、アメリカ税法の下で栄養補給サプリメントが処方薬と同等の扱いを受けるようになる。

る一回の診察料を七五ドル（約九〇〇〇円）に設定したとしよう。すると、その医師の顧客の半分を占める大企業もしくは医療保険会社がやって来て、自分のところの従業員は一回五五ドル（約六六〇〇円）で診察してほしいと交渉する。ほとんどの場合、標準料金の一五パーセントから三五パーセントの値引きが要求される。医師はその要求を飲まざるを得ず、それによって生じる損失を埋めるため、その他の患者に対する診察料を七五ドル（約九〇〇〇円）から九五ドル（約一万一四〇〇円）に引き上げる。今日では、多くの大手企業が、たいていは優先医療給付機構（PPO）を通じて医療給付市場に参入している。その結果、まったく同一の医療に対して、患者ごとに四種類から五種類の違った料金が請求される、ひどく入り組んだ仕組みができ上がってしまったのである。

大部分の医療専門家が、料金の違いにもかかわらず、それぞれの患者に同一レベルの医療を施そうとしているのは、ひとえにかれらの職業倫理のおかげだ。しかし、経済的に苦しい専門家のあいだでは、新しい診療予約制度が導入され、もっとも高い料金を支払うPPOに加入している患者が優先的に予約を取れるようになっている。こうして、低い料金を支払っているPPOの患者はよその医者へ行くか、受診を見送るよう、うながされるわけである。★1

この複雑なシステムは、きわめて不公平であるだけでなく、消費者と医療提供者が消費に関して不合理な決定を行うことを助長している。消費者が支払い、医

★1　優先医療給付機構（PPO）に加入していない患者、もしくは現金で支払いをする人々は、ほとんどの場合、支払いに関する経済的余裕が全然ないと見なされ、診療予約がまったく取れないことがある。

師が受け取る料金が、実際の経費に関係なく決まる傾向が強まれば、自由市場で本来機能するはずの経済の法則が働かなくなる。つまり、医師は、保険で払い戻される金額の高い診療を必要以上に多くほどこすようになり、患者は、自分のために受けたほうがよい診療であっても、料金が高めに設定された診療をあまり受けなくなってしまうのだ。

■病気予防や病気自体の治療ではない、症状に対する処置

現在の医療保険制度のもとでは、医療費の九割以上が、治療法の決定にかかわる患者と医師以外の人々によって支払われている。最大の問題は、支払い対象の中心が、病気予防や病気自体の治療ではなく、主に症状に対する処置の費用になっている点である。

これは、顧客が生涯に渡って使う製品を生産するほうが、医薬品会社により多くの利益をもたらすせいでもある。そのため、病気自体を予防したり治療したりする製品ではなく、症状に対処する製品が生産されることになる。

たとえば、あなたが医薬品会社の取締役、しかもその会社に投資して見返りを期待している年金基金から後押しされている取締役だったとしよう。会社が研究開発に数百万ドルを使うとしたら、あなたは、ある病気を予防したり完治したりする可能性のある、一錠五〇ドル（約六〇〇〇円）の薬を

生産させるだろうか。それとも、顧客が生涯に渡って一年三六五日毎日服用する、一錠わずか一ドル（約一二〇円）の薬を生産させるだろうか？

こういう事情を知れば、今日、新しい医薬技術の圧倒的多数が、予防や完治ではなく、病気の症状に対処することに向けられ、現在販売されている医薬品の九割が、顧客が生涯に渡って毎日服用する維持薬になっていることは、容易に理解できる。しかし、アメリカにおける医療が病気の完治や予防に向けられていない主な理由は、次のようなものである。

保険会社、そして究極的には、雇用主が、従業員の長期にわたる健康について経済的な利害関係をもっていない。

かつて従業員は二五年あるいはそれ以上、一つの会社に勤めた。だが今日の従業員は、四五年の勤労年数のあいだに、平均して一〇回以上も転職する。となると、仮に、雇用主が従業員の将来を思い、肥満による心臓病や栄養不足に原因するガンなどの大病をわずらった場合の医療費一〇〇ドル（約一万二〇〇〇円）をまかなえるよう、今日一ドル（約一二〇円）を費やすとしよう。けれども、たいていの場合、当の従業員がそうした病気をわずらうのは、その会社を辞めたり引退したりした後のことである。そうなると、現実にかかる一〇〇ドル（約一万二〇〇〇円）の医療費は、新たな就職先の雇用主、あるいは高齢者医療保険制度《メディケア》を通じて納税者一般によって、まかなわれることになる。つまり、現在の雇用主が従業員のために思って費やす費用は、無駄になるのだ。

医療費が高騰するなか、雇用主は医療保険会社に対して、被保険者である従業員が仕事を続けられる、もしくは職場に復帰できることに関連する費用についてのみ支払いを行うよう要望している。そしてその費用のなかには、従業員が在籍する期間中にはかかりそうもない疾病を予防するための費用は含まれていない。

減量、栄養に関するアドバイス、ビタミンやミネラルの補給、禁煙、そのほか数多くのウェルネスや病気予防にかかわる処置は、企業や政府が費用負担するほとんどの医療プランから除外されている。だが、こうした状況はまもなく変わるはずだ！

現在のような状況は、医療費の高騰にいっそう拍車をかけている。私が取材した医師たちの多くは、高齢者医療以外の医療費の大半が、不適切な食事と喫煙を原因とする病気にかかわるものだと考えている。しかし、不適切な食事と喫煙への対策は、優先医療給付機構（PPO）や健康医療団体[★1]が支配する今日の環境の中では、事実上、限定的なものになってしまっている。

★1　健康医療団体（HMO）では、医療提供者への支払いを、毎回の診療ごとに行うのではなく、患者1人あたりの年間一律料金によって行っている。

■雇用主も従業員も身動きがとれない

読者は、職場での昇進に関して、もっとふさわしい人物がいるのに、別の人が昇進するという状況に居合わせたことはないだろうか。あるいは、ある人の昇進を推薦したのに、会社のオーナーによって却下されてしまったことはないだろうか。実は、同様のことが、医療保障制度の裏側でも行われている可能性があるのだ。

典型的な例として、従業員一〇〇人のアメリカの会社が、一年あたりの保険料が五〇万ドル（約六〇〇〇万円）かかる団体医療保険に加入しているとしよう。従業員一人あるいはその家族あたりの保険料は五〇〇〇ドル（約六〇万円）である。

ところが仮にその従業員たちが自分で同等の保険に加入した場合、直接払い込む保険料が同じく一人あたり五〇〇〇ドル（約六〇万円）だったとしても、雇用主の負担は二倍になってしまう。それはつぎのような理由による。つまり、従業員個人が自腹を切ってその医療保険に加入できるよう、税引き後の収入として新たに五〇〇〇ドル（約六〇万円）を得られるようにするためには、雇用主は賃金と源泉徴収税込みで新たに一万ドル（約一二〇万円）を従業員に支払わなければならないのである。別の言い方をすると、雇用主負担の医療保険の場合、雇用主は従業員一人あたり五〇〇〇ドル（約六〇万円）の節約になり、残る五〇〇〇ドル（約六

★1　多くの州では、保険業者が、高額の保険金支払いの事例が生じたことを理由に“小規模雇用主”（一般に従業員数50人以下）の保険料を引き上げることを制限している。もしくは、従業員数の少ない団体を対象にあらかじめ定めた“料率帯”の範囲内に収まるよう、保険料の引き上げ幅を制限している。

〇万円）の穴埋めはアメリカの納税者が行っていることになる。こういう事情を知れば、アメリカの勤労者の大部分が雇用主負担の医療保険に加入していることも、雇用主負担の医療保険料が年間六〇〇〇億ドル（約七二兆円）を超えていることも、容易に理解できる。一人あたりの保険料が年間五〇〇〇ドル（約六〇万円）として、全米で一億二〇〇〇万人の勤労者、扶養家族も含めれば一億八七〇〇〇万人が、雇用者負担の医療保険に加入しているのである。

保険というものは、数学における大数の法則に基づいて機能している。保険会社が、巨額の医療費のかかるケースに対して保険金を支払えるのは、圧倒的多数の健康な人々が支払う保険料によって、少数の病気の治療にかかる巨額の費用を支払えると想定しているからである。ちなみに、各企業の従業員の集団は、保険査定の都合上、企業ごとにそれぞれ独立した集団と見なされている。

たとえば、一人の従業員あるいはその子供が、糖尿病のような慢性疾患にかかったり自動車事故で障害者になったりしたとしよう。そして、当の従業員は仕事を続けられる状態だが、薬と治療などの年間医療費として毎年七万五〇〇〇ドル（約九〇〇万円）がかかるようになったとする。最初の年は、雇用主が契約している保険会社がこの七万五〇〇〇ドル（約九〇〇万円）を負担するが、翌年は保険会社が、今後予想される追加費用をまかなうため（さらには、以前の損失を取り戻すため）、それまで雇用主が年に五〇万ドル（約六〇〇〇万円）支払っていた団体保険料を五七万五〇〇〇ドル（約六九〇〇万円）に引き上げてくる。[★1] 雇用主は、ほかの保険会社を探すこともできるが、団体医療保険の引き受け査定に使われる主な基準はその団体の前年の医療費なので、よりよい条件での契約ができる見込みは薄い。

雇用主も従業員もどちらも身動きがとれない。

雇用主としては、団体医療保険の全体の保険料を引き下げるため、その従業員を辞めさせたいと思ったとしても、連邦法によれば、従業員が従来どおり〝その業務を継続〟している場合、医療に関する理由で解雇することは禁止されている。とはいえ、従業員にとっては不幸なことに、慢性疾患にかかっている人や重病の子供をかかえている人が従来どおり〝その業務を継続〟することは、現実には難しい。

一方、そのような従業員が、残業などをして、従来どおり業務を続けられるようならば、自分から退職するということもないだろう。退職した場合、よその雇用主は、〝健康の面で不利な条件を持っている人〟を雇わないことが多いからである。

このような人は、年間七万五〇〇〇ドル（約九〇〇万円）の医療費がかかると予想される自分の状態が、今後の団体医療保険の対象から除外されることを承諾しない限り、新たに雇用されることはないだろう。★1 雇用主負担の医療費給付を受けている一億八七〇〇万人の

★1　法律的には、「1966年・健康保険の移動継続ならびに責任に関する法案」（略称HIPAA）によって、新しい従業員のかかえている健康問題などの状態が、以前の雇用主負担の医療保険で保険対象にされていた場合、新しく引き受ける保険会社がそうした状態を保険対象から除外することに制限が加えられるようになった。しかし例外も多く、たとえば、その従業員が健康保険の適用を受けていない期間が63日を超える場合は、HIPAAは適用されない。HIPAAの施行後、保険会社と連邦政府の間でイタチごっこが行われるようになった。すなわち、保険会社は、表面上はHIPAAやその他の連邦法を守りながら、なんとかして保険契約者にその保険契約をやめさせようと躍起になっているのだ。たとえば、HIPAAの規定によって、個人保険を提供する保険会社は、以前団体保険に申し込んでいた人を受けつけなければならないが、保険料については具体的な規定がない。そこで、個人保険を提供する保険会社は、ほとんど誰も支払えないような保険料を設定した保険の承認

アメリカ人のうち、およそ二二％、四一〇〇万人以上の人々が、以前から健康問題をかかえている家族がいるために、新たな雇用主や保険会社から受ける医療保険に制限を加えられているのが現状である。★2

これが、雇用者負担の医療保障をめぐる汚れた秘密である。小さな会社のほとんどのオーナー社長は、健康問題をかかえた家族のいる従業員の名前を知っている。人情からいえばオーナーとしては、昇進や解雇についての決定をくだすさい、そうした事実を無視したい。しかし、競争と経済的な生き残りの必要を考えると、そうもいかないことがたびたびある。

■政府による表面的な解決策

解雇された従業員の短期の負担を軽減するため、連邦議会は一九八六年、「連結一括調整法案（略称COBRA）」を可決した。これには、解雇せざるを得なかった雇用主の良心の痛みをやわらげるねらいもあったかもしれない。解雇された従業員は、このCOBRAに

をまず受け、その後に、HIPAAを順守すべく、慢性的な健康問題などをかかえているHIPAA対象者に対して、このあまりにも高額な保険を“提供”するのである。

★2　この22パーセントという数字は、著者が複数の保険会社重役や保険代理業者に面接をしたさいに聞き出した、口頭での見積もりによる。アメリカには健康保険加入者が約2億2500万人いるが、その内訳はつぎのとおり。メディケア対象者2300人（うち80パーセントが補足的な保険に加入している）、メディケイド対象者1500万人、そして雇用主負担の保険加入者が1億8700万人である。この1億8700万人のうち、4000万人が自家保険制度のある大企業の従業員、1億4700万人が第三者提供の健康保険を購入している大企業（ならびに中小企業）の従業員である。この中には、合計2400万人を被保険者とする個人健康保険に加入している1600万人が含まれている。

よって、解雇後も最長一八ヶ月間、以前の雇用主から健康保険を受けられることが保証され、そのさいの保険料も団体保険料の一〇二パーセントを超えてはならないと定められた。またいくつかの州では、COBRAの適用された元従業員が、一八ヶ月経過後、自動的に個人医療保険の加入資格を得られる条例を定めている。そのような個人保険とCOBRAでは、以前からかかえている健康問題を保険対象に含めるようになっている。しかし、解雇された従業員でこうした保険に加入できる経済的余裕がある人はほとんどいない。雇用主負担の保険に適用されているような、所得税についての優遇措置がない場合は、なおさらである。そのため現実には、保険加入資格のある解雇された従業員のうち、概算でわずか二一パーセントの人々しか、COBRAによる保険に加入していない。★1 そのうえ、COBRAプログラムでは、解雇された従業員が、一八ヶ月のうちに健康保険を受けられる新たな職を見つけることを、言外に前提としている。だが、慢性病などの健康問題をかかえている人々が新しい職につける機会は、おそらくあまりないだろう。

また、「一九九六年・健康保険の移動継続ならびに責任に関する法案」（略称HIPAA）も連邦議会によって可決されている。この法案により、新しい従業員がかかえている健康問題などの状態が、元の雇用主負担の医療保険で保険対象にされていた場合、新しく引き受ける保険会社がそうした状態を保険対象から除外

★1　連結一括調整法案（略称COBRA）成立から6年後に発表された研究によると、COBRAにより継続的に保険を受ける資格のある労働者のうち、わずか21パーセントしかCOBRAを選択していない。（Mark C. Berger, Dan A. Black, Frank A. Scott, Carolyn Looff and Associates, Health Insurance Coverage of the Unemployed Final Report「失業者の健康保険加入に関する最終報告」, April 17, 1996.）　この報告は、アメリカ労働省年金福祉手当局（ワシントンD.C.）のために作成された。

することに、制限が加えられるようになった。しかし例外も多く、その従業員が保険の適用を受けていない期間（COBRAの適用も受けずに、失業していた期間など）が六三日を超える場合は、HIPAAは適用されないことになっている。

■もっとも安心している従業員が、いちばんあぶない

起業家になることを考えていた人々が結局、独立開業しないことにする理由の一つとして、長年勤めている会社から受けられる一連の医療補助に安心感をいだいていることがあげられる。こうした従業員は、いずれ愕然とすることになる。

企業に勤めている従業員も歳月の経過とともに年をとり、本人（あるいは、その扶養家族）が慢性疾患をわずらうケースが増える。そうした慢性疾患により、団体医療保険の保険料が引き上げられることとなり、従業員本人はよそで雇用してもらえなくなる。その上、こうした慢性病患者が増え、医療費が増加すると、雇用主は最終的には、負担する医療費を削減せざるを得なくなるかもしれない。さらには、より若く健康的で、医療費があまりかからない従業員の多い競争相手に顧客を奪われ、会社が倒産に追い込まれるおそれすらある。

ここに、今日のアメリカの健康保険制度がかかえる、もっとも皮肉な一面がある。もっとも安心している人々、すなわち雇用主負担の健康保険を受

けている個人が、実際にはもっとも危険にさらされているのである。そうした人々の多くにとって、本人または扶養家族の誰かが慢性疾患をわずらうことは、時間の問題だ。仮にそういうことがなくても、急速に変化する現代のテクノロジー社会では、六五歳前に失業してしまう可能性が高くなることも、頭に入れておかなくてはいけない[★1]。

そうした人々が、解雇または早期退職によって六五歳前に失業したとき、保険料の手ごろな個人医療保険に加入することは不可能になるだろう。以前から慢性疾患などをわずらっていなくても、状況は変わらない。その理由はいくつかある。

第一に、大多数のアメリカ人が雇用主負担の医療保険を受けている。そのため、多くの州では、保険料の手ごろな個人保険の市場が形成されるのに必要な、多くの個人がいないのである。しかも、おのおのの個人健康保険の契約タイプと保険料は、それぞれの州の保険監督官によって個別に認可を得なければならない。そのため、潜在的な保険加入申込者が十分にいる比較的大きな州においてさえ、社内に医療給付管理者を置いている企業とつながりのない個人に対して、保険会社が保険を販売し、保険を引き受けて需要を満たしつつ、しかも利益をあげることは困難になっている。

★1　アメリカ国民は65歳になるとメディケアを受ける有資格者となる。ただし、この場合、65歳以下の扶養家族はメディケアの対象にならない。

第二に、雇用主は当然ながら、もっとも生産的な人々を雇い、もっとも非生産的な人々を雇用しないようにしたり解雇したりする。人口の六一パーセントが過体重、二七パーセントが病的肥満で不健康な、今日のアメリカにおいて、雇用されない（あるいは解雇される）人々は、もっとも不健康な人々であることが多い。雇用主は健康保険市場のいちばんいい部分の人々を雇用しており、その数とは比較にならないほど多数の不健康な人々を個人健康保険の市場にまかせている。保険会社は、健康保険にいまだに加入していないという人がいた場合、その人に何か問題があると見なしている。そして、健康保険契約の履歴のない個人申込者の保険を引き受けるにさいしては、通常より厳しい審査基準を適用する。

第三に、そしてこれがもっとも重要な点だが、個人申込者はたとえ保険加入が認められたとしても、団体保険と同じ給付を受けるためには、団体保険申込者より高い保険料を請求されることがある。これにもいくつかの理由がある。その一つとして、個人保険加入者本人またはその扶養家族が慢性疾患にかかった場合に、保険料が引き上げられたり、保険契約を打ち切られることがないよう、個人加入者を保護する法律がいくつもあることがあげられる。

どういうことなのかを、前にあげた団体保険に加入している会社例で説明しよう。団体保険に加入している会社の従業員、またはその子供などが、年七万五〇〇〇ドル（約九〇〇万円）の医療費が継続的にかかる慢性疾患にかかった場合、保険会社は、将来見込まれる費用をまかなうために、雇用主負担の団体保険料を引き上げることが認められている。

ところが、同じ条件にある人が、団体保険ではなく個人健康保険契約に加入していた場合、保険会社が保険料を引き上げたり、保険契約を打ち切ったりすることは認められていない。[★1] その場合、保険会社はどうするかというと、たいていの場合、その州に住む個人全員の保険料を平等に引き上げる。法律では、保険会社が、高額の保険金請求を行う特定の個人の保険料だけを引き上げることを認めていないからだ。

法律による保護のせいで、個人の健康保険契約がかえって制限されている。とはいえ、健康保険の問題点を長期的なウェルネスの観点から解決しようとする起業家にとっては、そのような法律による保護も大きな利点になりうることを覚えておいていただきたい。

どんな利点があるかということに関しては、第七章で見ていくことにする。いくつかの州ではこれまでに、保険会社に個人健康保険契約を強制的に提供させようとして、不首尾に終わっている。たとえばニューヨーク州では、団体健康保険を提供する保険業者は、加入保証付き・地域共通保険料タイプの個人健康保険も用意することが義務付けられている。〝加入保証付き〟というのは、保険業者が査定を行うさい、個人申込者やその扶養家族の健康状態を考慮したり、あるいは質問したりすることさえ認められていないという意味である。妊娠などの、契約後すぐに保険対象になる場合に加えて、以前からつづいている身体の状態に

★1　いくつかの州では、同様の個人保険料に関する保護を、小規模雇用主（従業員数2人から50人）の団体保険にも適用している。

★2　通常の場合に加入保証付きの保険を義務づけている州は、ニューヨーク、ニュージャージー、マサチューセッツ、バーモント、ニューハンプシャー、メーン、ケンタッキーの各州。ワシントン州とオレゴン州は最近、加入保証付き保険の義務付けを撤廃した。

ついても、最長で六ヶ月の猶予期間以後は保険対象に含めなければならないことになっている。〝地域共通保険料〟というのは、請求される保険料の金額が、すべての申込者に対して同額でなければならないという意味である。申込者が完全に健康な一八歳の人であれ、末期疾患をわずらう六〇歳の人であれ、保険料は同額でなければならないのだ。

ニューヨーク州[★2]において、こうした厄介な規制がどのような結果をもたらしたか見てみよう。保険会社は、きわめて高額の保険料〔たいていの場合、三人家族の加入者に対して月額八〇〇ドル（約九万六〇〇〇円）〕の個人保険契約を提示するだけでなく、個人保険契約については外部の保険代理店に委託手数料を払わないなどして、保険の申し込みがないように仕向けている。一方、抜け目のない申込者や保険代理店はこうした制限を回避する手を打ち、保険会社とのあいだでイタチごっこを演じている。たとえば、妊娠八ヶ月で保険に加入し、出産後に解約してしまう女性もいる。保険代理店は、誰でも自由に参加できる民間〝団体〟や〝組合〟をつくり、それを隠れ蓑《みの》にしている。そして、一般の団体保険よりは保険料が高く制限もある団体保険を個人に販売し、〝会費〟と称して手数料も入るようにしている。

■医療保険制度の新しい時代を築く

過去二〇年、私を含む経済学者たちは、ホワイトハウスや連邦議会で発言し、課税控除の健康保険が企業の従業員だけに認められていることの不公正さについて論じてきた。このような不公正な政策は、アメリカの医療保険制度と医療制度全般に弊害をもたらしている。連邦議会はようやく耳を傾けるようになってきた。

近年の法案通過のおかげで、二〇〇一年以降、自営業の個人は、本人、配偶者、扶養家族の健康保険料の六割を課税所得から控除することが認められた。★1 控除の比率は、二〇〇二年には七割に、二〇〇三年以降は一〇割に引き上げられる。★2 こうした措置は、実験的に二〇〇三年まで医療費貯蓄口座を認め、医療費に関するその他の新しい所得税控除も認めた最近の法律とあいまって、企業による疾病保険の独占状態に風穴をあけることになった。

たがいに競い合う、費用効率のよい保険業者の中から、消費者が自由に選択できるようになり、さまざまなウェルネス（ならびに疾病に関する）サービスをあれこれ探しまわれるようになったら、どんなに効率的で、快適でさえあるかは、まだ誰にもわかっていない。だが、まもなく、それがわかるようになるだろう。

アメリカではおよそ五〇〇〇万人が、自営業者であるか、もしくは自営業から所得の一部を得ている。二〇〇三年までにこれらの個人の多くは、大

★1 （内国税収入局規則401項[c][1]で定義された）自営業の個人は、本人、配偶者、および（内国税収入局規則162項[l][1]で定義された）扶養家族にかかった医療費のうち、法定の一定の割合を営業費として、課税控除の対象にできる。

★2 大企業がつねに100パーセントの課税控除を受けていることをかんがみ、連邦議会は、自営業者にもただちに100パーセントの課税控除を認める、「H.R.2488, 1999年・納税者還付および救済法案」を可決した。しかし、この法案に対してはクリントン大統領

企業の従業員とほぼ同等の経済的条件によって、医療の一部または全部を自由に受けられるようになる。★3 こうした消費者は、医療に対して他人のお金ではなく自分自身のお金を賢く使う、はじめての大規模な集団を形づくることになるだろう。

しかも、自営業により収入を得ている個人の多くは、従来の企業負担もしくは政府負担の医療給付プランを受けている世帯に同居して生活しているのである。

いずれ競争が起きてくれば、とにかく経費を削減しようとしてきた企業の雇用主や、圧力団体に支配されている医療団体などの従来の医療保障提供者も、変わっていくだろう。製品やサービスを消費者に押しつけるのではなく、消費者が望むウェルネスや疾病関連の製品などを、消費者に自由に選んでもらおうとせざるを得なくなるからだ。

医療ビジネスの大部分から連邦政府を追い払い、新しい医療保障制度を築けば、私たちの生活がどんなに革新的で効率的なものになるかは、まだ誰にもわかっていない。しかし、ほかの多くの業界（食品サービス、輸送、家庭用電化製品など）の成長を見てみれば、どんなことが可能か、予想がつくだろう。

が拒否権を発動した。

★3　内国税収入局規則は、自営業者の健康保険に関する課税控除を、純勤労所得における控除に限定している（健康保険料を負担している企業には、そのような制限はない）。

昔は外食サービスといえば、味気ないカフェテリアか、値段の高いレストランかのどちらかしかなかった。しかし、革新的なテクノロジーの導入により、レストラン産業はメニューの値段を下げて、品数を驚くほど増やした結果、需要が一〇倍に伸びた。一九五〇年から二〇〇〇年までのあいだに、アメリカ人が外食に費やす費用の一世帯の食費に占める割合は、五パーセントから五〇パーセントに増えている。五〇年前なら、子供が「どこかへ夕食を食べにいかないの?」と訊けば、「何を食べに行きたい?」と尋ねるだろう。外食することは、ほとんどの人にとって、手ごろな料金で楽「うちは億万長者じゃないんだよ」と言われてしまった。だが今日、同じ質問をされた親は、「何をしめる経験になったのである。

同様の例は、航空輸送、休養施設、流行の服、家庭用電化製品をはじめ、かつては一般大衆には手ごろな費用では決して利用できなかった高級なサービスや製品の分野でも、山ほど見られる。

自営業にたずさわる、あるいは自営業から所得の一部を得ている五〇〇〇万人のアメリカ人は、二一世紀における最大の起業のチャンス、すなわちウェルネス産業における、最初の素晴らしい顧客層になるだろう。

第七章では、その大きなチャンスについて検討し、起業家たちが自分自身と家族に対して、効果のあるウェルネス(ならびに疾病関連)の製品とサービスをいかに経済的に提供できるかを見ることにしよう。

※より詳細な情報については、付録A「医療保障改革がウェルネス産業にあたえる影響」を参照のこと。

第七章へ進む前に　起業家、投資家、流通業者《ディストリビューター》のためのアクション・プラン

①現行の健康保険制度が、ウェルネス・ビジネスにおいてあなたの選んだ三つの各有望分野にどのような影響をあたえるか分析せよ。

②医師たちが、三つの各有望分野にどのような影響をあたえるか分析せよ。医療の提供者が継続的に経費削減に努めた場合、三つの各有望分野はどのような影響を受けるだろうか。

③雇用主と従業員は、現行の医療制度の規制や制限を回避するために、イタチごっこを演じている。こうしたイタチごっこが、三つの各有望分野にとって有益なのか、あるいは有害なのかを分析せよ。もし誰もが政府負担の医療を無料で受けられるようになったら、三つの各有望分野はどのような影響を受けるだろうか。逆に、現行の雇用主負担の医療保障が大幅に削減されたら、三つの分野はどうなるだろう?

④健康保険料を一〇〇パーセント課税控除の対象にすることを自営業者に認める法律が二〇〇三年に施行された場合、三つの各有望分野がどのような影響を受けるか分析せよ。

⑤医療費貯蓄口座(MSA)の二〇〇三年までの延長を認めた二〇〇一年施行の法律が、三つの各有望分野にどのような影響をあたえているか分析せよ。また、連邦議会が二〇〇三年以降、M

ＳＡを存続させた場合、あるいは廃止した場合、どのような影響が出るだろうか。
⑥栄養補給サプリメントを課税控除対象にする法律が提案されているが、その法律が施行された場合、三つの各有望分野はどのような影響を受けるだろうか。
⑦雇用主が従業員に、ウェルネスのために手当をあたえたり費用を負担したりするようになった場合、三つの各有望分野がどのような影響を受けるか分析せよ。

これらの検討結果に基づき、自分が選んだウェルネス・ビジネスの三つの有望分野について、一部またはすべてを、削除するか置き換えることを考える。

第7章 ウェルネス保険という ビジネス・チャンス

ウェルネス保険の対象は、年間免責額を超える多額の医療費だけでない。病気を予防するための費用（ウェイト・コントロール、ビタミン、サプリメント、運動）なども対象になる。★1 ウェルネス分野の起業家なら誰でも、つぎの二つの理由により、ウェルネス保険について理解しなければならない。

①ウェルネスのための製品とサービスの購入費用の大部分は、最終的にはウェルネス保険によって支払われるようになる。

②消費者が疾病保険をウェルネス保険に切り換えることに関連して、非常に大きなビジネス・チャンスがある。

自分自身はウェルネスに関連する起業家になるつもりのない一般のビジネス・パーソンも、ウェルネス保険について理解しておいたほうがいい。なぜなら、すべてのビジネス・パーソンが、いずれ自分の家族のためにウェルネス保険への加入を望むようになるからだ。雇用主は、ウェルネス保険を導入した競合他社に、自社の健康な従業員が移籍してしまうのを防ぐために、ウェルネス保険を社員に提供する必要がある。第七章では、第六章で見てきたアメリカの保険制度、税制をもとに話を進めていく。日本とは状況が異なる部分もあるが、あなたと無関係とは限らない。あなたがおかれている状況に応用するにはどうしたらいいか、考

★1　従来の健康保険、すなわち“疾病”保険は、あなたが病気になったときに、その医療費だけを支払うものであり、通常は、病気予防ではなくむしろ病気の症状に対処する費用をまかなう。「ウェルネス保険（WellnessInsurance）」は、ウェルネス・サービスィズ社の登録商標であり、許可を得て使用されている。

★2　「ウェルネス貯蓄口座」とWSAは、ウェルネス・サービスィズ・コーポレーション社の登録商標である。

えながら読み進めていただきたい。

雇用主と健康保険会社は、数年以内に、ウェルネス保険の役割を完全に果たすタイプの商品を提供しはじめるだろう。しかし、あなたはすぐにでも、高額免責健康保険（略称HDHP）とウェルネス貯蓄口座[★2]（略称WSA）との組み合わせにより、あなたの顧客がウェルネスのために投資する費用をまかなえることを顧客に教え、ウェルネス保険と同等のものを提供することができる。

本章では、三つのことを学んでいこう。

◎個人と雇用主が、自分たちのウェルネスのために投資する費用をいかにまかなうか。

◎どうすればあなたの顧客がウェルネス保険をすぐに手に入れ、現在、疾病保険に無駄に費やしている最高で年額三〇〇〇ドル（約三六万円）の費用を節約することができるか。

◎顧客が疾病保険に費やしている三〇〇〇ドル（約三六万円）を、いかにしてあなたの提供するウェルネス関連の製品やサービスの購入に使ってもらうか。

本章は、あなたのビジネス・パートナーや顧客のためというより、むしろウェルネス分野の起業家である、あなた自身のために書かれている。しかし、あなたがウェルネス保険について説明するのに役立つよう、ビジネス・パートナーと顧客向けに、巻末に二つの付録を用意している。

①付録B　ウェルネス保険の要約（あなたのビジネス・パートナー向け）
②付録C　ウェルネス保険についての、よくある質問（あなたの顧客向け）

ウェルネス保険について理解することは、ウェルネス分野の投資家にとっても、従来の健康保険会社に投資している人々にとっても、非常に重要である。ウェルネス業界では、ウェルネス保険で費用がまかなえる商品を設計しなかったというだけで、つまずく会社も出るだろう。健康保険業界では、いち早くウェルネス保険を提供することによって利益をあげる保険会社がある。その一方、健康な顧客を他社のウェルネス保険に取られてしまい、不健康な被保険者しか顧客として残らずに莫大な損失をこうむる会社もあるだろう。

それでは、ウェルネス保険に関するビジネス・チャンスについて見ていくが、まず、そもそもなぜそのような大きなチャンスがあるのかを理解することにしよう。

■多くのアメリカ人消費者が、毎年数千ドルを健康保険に浪費している

ほとんどの人々は自分の車に総合保険をかけている。しかし、ガソリンを買ったり、洗車したり、タイヤやブレーキやオイルを交換したりしても、自動車保険会社に保険金を請求することはない。

もし事故が起きても、保険契約の免責額に満たない費用は、たいていの場合、一〇〇パーセント自己負担になる。

ほとんどの人々は自宅に住宅所有者保険をかけている。しかし、暖房用の燃料を買ったり、家を塗装させたり、屋根を葺き替えたりしても、損害保険会社に保険金を請求することはない。そして住宅保険の場合にも免責額が決まっていて、損害費用が一件あたり五〇〇ドル（約六万円）ないし一〇〇〇ドル（約一二万円）未満の場合には、たいてい被保険者がすべての費用を負担する。

財務アドバイザーなら誰でも、あなたが自分で支払える費用まで、保険金でまかなうようになっている保険に入るのは、ばかげていると言うだろう。個々の事例を処理するための事務手続きの費用、そして保険契約証書を発行し有効にするために保険会社がこうむる費用は、長年のあいだに保険料を大幅に押し上げてきた。このため、払い込む保険料のほうが、将来受け取る可能性のある給付金より、はるかに高くなるおそれさえある。消費者の中には、自動車保険と住宅所有者保険の免責額を引き上げてもらうことにより、年間に数百ドルないし数千ドルが節約にできることに気付いた人々も少なくない。★1

健康保険以外の、住宅所有者保険、自動車保険、生命保険といった保険は、被保険者が十分に自己負担できない多額の費用だけがまかなわれるように

★1　自動車保険の免責額を、たとえば500ドルから1000ドルに引き上げる場合、年間の保険料が500ドルないしそれ以上、下がることがある。そうなれば、被保険者は年に500ドル節約できるし、年に1件以上の大事故を毎年起こさない限り、大きな損失をこうむらない。この状況で損をするのは、保険代理業者である。保険代理業者は、通常、保険料の総額に対して一定割合の取り扱い手数料を得ているが、高額免責保険のような利益率の低い商品の場合、取り扱い手数料の率が低くなることもあるからだ。

なっている。これらの場合、支払われた保険料の大部分は、被保険者とその家族にとって価値ある働きをする。ところが例外的に、健康保険の場合は、支払われた保険金の大部分が、被保険者やその家族にとって価値ある働きをしない。

おおかたの人々が加入している健康保険は、臨時に発生する健康維持費もまかなうようになっている。そうした費用は、医療を受ける消費者にとって本当にまかなってもらわねばならないものではない。このような保険契約は、経済学的に見て、非常にばかげているだけでなく、保険をめぐる複雑きわまる分配システムと支払いの仕組みを支える元凶にもなっており、毎年数千億ドルの浪費につながっている。[★1] 自動車保険の場合に置き換えて考えてみてほしい。ガソリンを買ったりオイルを交換したりするたびに、保険会社に保険金請求を行わなければならないとしたら、どんなに非効率的であろうか。あるいは、ガソリンを買ったり車の整備をしてもらったりするのに、保険会社が交渉して料金を割り引かせた、特定のサービス・ステーション一ヵ所でしか受け付けてもらえないとしたら、どうだろう。

自宅のガス・電気・水道代を支払ったり、カーペットを替えたり、家の塗装をしたりするのに、いちいち住宅所有者保険会社の承認を得なければならないとし

★1　健康保険料の約20パーセントは、間接費に当てられる。

★2　アメリカを代表するホームセンター。

★3　ペットおよびペット関連商品の大型チェーン店。

★4　オフィス用品の大型チェーン店。

たら、どんなにわずらわしいだろうか。その上、カーペットやペンキを購入するさいは、保険会社が選定した一軒の店からしか買えず、保険会社があらかじめ承認したタイプのカーペットや決められた色のペンキしか買えなかったら、どうだろう。

ホーム・デポ[★2]、ペッツ・マート[★3]、ステープルズ[★4]など、量販店や特定分野商品の大型専門店があるおかげで、どれだけ価格が下がり、豊富な選択肢が生まれたかを考えてみてほしい。もしも消費者がそれぞれの分野の店であれこれ比較しながら自由に買い物ができなければ、ここに挙げた小売業者はいずれも存在できなかったはずだ。

ちょっと考えてみれば、医療分野の製品とサービスの流通がいかに非効率的か、そしていくつもの大きなビジネス・チャンスが見逃されているかは、すぐにわかる。ところが、そうした医療サービスの流通システムも、私たちの医療保険とその支払いシステムに比べてみれば、むしろ効率的に見えてしまうのである。

■一家族あたり三〇〇〇ドル（約三六万円）のＨＤＨＰというビジネス・チャンス

アメリカでは、健康保険会社に連絡をとって、今日から自分の医療費のうち年間二五〇〇ドル（約三〇万円）までは自己負担で直接支払いたい、すなわち、保険の免責額を二五〇〇ドル（約三〇万円）に引き上げたいと言えば、保険会社は、年間保険料を約三〇〇〇ドル（約三六万円）引き下げてくれるだろう。そうなれば、仮に毎年かなりの医療費がかかる場合でも、少なくとも年間五〇〇ドル（約六万円）は節約できることになる。
不合理なように思われるかもしれないが、アメリカのほとんどの健康保険業者は、保険の年間免責額を増額した分の約一二〇パーセント分も、年間保険料を引き下げてくれるのだ。金額的には、年間免責額の増額分が二五〇〇ドル（約三〇万円）だとすると、年間保険料は三〇〇〇ドル（約三六万円）引き下げられることになり、いくらか病気にかかったとしても、少なくとも年に五〇〇ドル（約六万円）の節約になる。その理由を説明しよう。

医師またはその他の医療提供者から診療などを受け、五〇ドル（約六〇〇〇円）の費用がかかったとすると、保険会社では七五ドル（約九〇〇〇円）、もしくはそれ以上の費用が発生する。医師に支払う五〇ドル（約六〇〇〇円）のほかに、事務処理費と諸経費として少なくとも二五ドル（約三〇〇〇円）かかるからだ。こういう事情もあって、保険会社は被保険者に対し、健康医療団体（ＨＭＯ）に加入することを強く勧めている。ＨＭＯなら医療提供者に対し、個々の診療ごとに支払いを行わず、患者一人・一年あたりの一律金額（頭割料金）を支払うからだ。

健康保険会社は、一件の事例あたり、平均して約二〇パーセントの諸経費をかけているが、この平均値というものが実態を見えにくくしている。保険会社が病院から一万ドル（約一二〇万円）の請求を一件受け、それを承認して支払う場合、保険会社は病院に連絡をとって小切手を書くだけだ。処理費用は五〇〇ドル（約六万円）、つまり五パーセントしかかからない。しかし、一人の医療提供者から請求される五〇ドル（約六〇〇〇円）の医療費を承認して支払うために、保険会社の処理費用として二五ドル（約三〇〇〇円）、つまり、五〇パーセントあるいはそれ以上の金額がかかることがある。場合によっては、諸経費が医療そのものの実費よりも高くなってしまうこともあるのだ。

一家族の年間医療費が二五〇〇ドル（約三〇万円）かかるとしても、たいていの場合、一回あたりの医療費は五〇ドル（約六〇〇〇円）ないし一二五ドル（約一万五〇〇〇円）である。そうした支払いが二〇回ないし三〇回あるということになるだろう。ところがその場合、保険会社のほうでは、二五〇〇ドル（約三〇万円）に加えて、五〇〇ドル（約六万円）から一五〇〇ドル（約一八万円）の事務処理費用などが発生してしまうのだ。

したがって、年間の免責額を二五〇〇ドル（約三〇万円）引き上げることに同意すれば、保険会社が保険料を三〇〇〇ドル（約三六万円）引き下げてくれるのも道理なのである。実際、ほとんどの保険会社はすでに、そのような一二〇パーセントもしくはそれ以上の保険料の値引きがあることを公表した商品を出している。

たとえば、ユタ州のブルークロス・ブルーシールド健康保険組合では、月額保険料四一五ドル

［表③］ブルークロス・ブルーシールド健康保険
（年齢35歳の両親と子供3人の場合）

	年間免責額	年間保険料
従来の保険	0ドル （0円）	4980ドル （約59万7600円）
HDHP	2500ドル （約30万円）	1908ドル （約22万8960円）
年間差益額		3072ドル （約36万8640円）

（約四万九八〇〇円）、年額にして四九八〇ドル（約五九万七六〇〇円）の、免責額なしの個人健康保険を出している（年齢三五歳の両親と子供三人の場合）。一方、ほぼ同じ契約内容で免責額が二五〇〇ドル（約三〇万円）の保険★1も出しており、そちらの月額保険料は一五九ドル（約一万九〇八〇円）、年額にして一九〇八ドル（約二二万八九六〇円）である。年間の免責額を二五〇〇ドル（約三〇万円）引き上げたことで、年間保険料が三〇七二ドル（約三六万八六四〇円）、つまり、一二三パーセント安くなっている。

その上、このHDHPの場合、アメリカにおける大部分のHDHPの場合と同じく、被保険者は保険会社指定の優先医療給付機構（PPO）ネットワークに加入している。そのため、二五〇〇ドル（約三〇万円）未満の費用については、被保険者が直接支払う

★1　高額免責健康保険、略称HDHP。
★2　実際、保険会社は通常、被保険者がPPOを利用することを義務付けている。そうしておけば、累積医療費が年間免責額の2500ドル（約30万円）に達した場合に、免責額未満において支払われた金額の記録と承認過程を確認することができるからだ。

金額に対して、一五パーセントないし三五パーセントの協定割引率が適用される。★2

実際、従来の健康保険に加入している人々の七八パーセントの年間医療費は、二五〇〇ドル（約三〇万円）に遠くおよばない金額である。このような七八パーセントの人々は、年間の疾病保険料を四九八〇ドル（約五九万七六〇〇円）から一九〇八ドル（約二二万八九六〇円）に引き下げてもらうだけで、年三〇七二ドル（約三六万八六四〇円）の節約ができるのだ。現実にはそこから、年に何回かの検診費用として数百ドルが引かれるだろうが。

アメリカ人全体でみると人口の約七割の人々は、年間医療費として一五〇ドル（約一万八〇〇〇円）もしくはそれ以下の金額しか使っていない。★3すでに保険会社各社が、保険料を一二〇パーセントあるいはそれ以上割引するHDHPを提供している。それなのに、なぜおおかたの人々はいまだに免責額がゼロまたは低額の保険に加入しているのだろうか。従来の保険の場合、医療にまつわる事務処理費が実際の医療費を上まわることもあるというのに、どうしていまだに存続しているのだろう。

一つには、単に民間健康保険の加入者の大部分を占める雇用主と従業員の怠慢

★3　「いかなる地域においても人口の70パーセントは、年間医療費として150ドル（約1万8000円）以下しかついやしていない」85万人の個人加入者がいるブルークロス医療保険組合カリフォルニア支部の支部長、マーク・ワインバーグはこう述べている。（「医療費の急騰にさらされる消費者」2000年12月10日付「ニューヨーク・タイムズ」）

のせいである。雇用主は、事業経営に費やすほどの時間と能力を、医療給付の管理には費やしていない。その上、一つの工場に一人の医師がいるだけの職場でほとんどの労働者が働いていた時代以来、従業員たちは、一〇〇パーセントの医療給付を雇用主から受けることに慣れっこになっている。しかも、医療給付に変更が生じ、それらの変更が従業員にとって有益なものであっても、そうした事実に目を向けようとしない従業員が少なくない。その傾向は、就職しようとする会社の賃金だけでなく、医療給付額についても比較検討する低賃金の人たちにおいて、とりわけ顕著である。

多くの人々が、免責額ゼロまたは低額の、無駄の多い保険に加入しているもう一つの理由は、アメリカの税法にある。もし雇用主が、加入している団体保険について、従業員一人あるいは一家族あたりの年間免責額を二五〇〇ドル（約三〇万円）に引き上げ、二五〇〇ドル（約三〇万円）未満の医療費については雇用主が従業員に直接支払うことにすると、その直接支払う費用は課税控除の対象にならないのである。すなわち、かかった医療費と同額分を従業員が受け取れるようにするには、州税と連邦税で差し引かれる分も含めて、実際の医療費の約二倍を従業員に支払わなければならないのである。★1

★1　明敏な医療給付担当マネージャーは、こうした所得税をめぐる障害を避けて通ることができるかもしれない。まず雇用主が、保険料で節約できた一人あたり3000ドル（約36万円）のうち2500ドル（約30万円）を保険業者に支払っておき、その後、年間2500ドル（約30万円）未満の“免責額に達しない”請求については、いかなる従業員に対しても保険業者が自動的に（事務処理を経ずに）支払うよう、要求できる場合もあるだろう。しかし、本書でこのあとすぐ見ていくように、団体保険に加入している場合、そうはいかないのだ。なぜならば、通常、従業員の22パーセントは、保険料の安い、高額免責健康保険への加入資格がないからである。

しかし、雇用主が従業員に対して、HDHPを提供していない最大の理由は、従業員全体に健康保険を提供しなければならない立場に置かれている雇用主が、身動きできなくなっていることにある。雇用主としては、一人あたりの年間医療費が五〇〇〇ドル（約六〇万円）を超える、二三パーセントの従業員にも、健康保険を提供しなければならないのだ。

雇用主負担の健康保険を受けている従業員のうち、約二三パーセントの人（あるいは、その扶養家族）は、以前から継続的に医療を受けている。アメリカでは、そうした状況にある人々が、現在の会社を離れると、個人健康保険に加入したり、医療保険を提供しているよその会社に再雇用されることは困難である。このような人々は、雇用主が負担する年間五〇〇〇ドル（約六〇万円）の保険料をはるかに上まわる費用のかかる医療を受けている。一人あたり、平均して、その約四倍の金額、二万ドル（約二四〇万円）が毎年かかっているのだ。

保険会社が、年間二万ドル（約二四〇万円）の費用のかかっている、健康に恵まれない二三パーセントの従業員の保険も引き受けるのは、比較的健康で、年間医療費がほとんどかからない七八パーセントの人々について、一人あたり年間五〇〇〇ドル（約六〇万円）の保険料を受け取っているからだ。

健康保険と生命保険の起源は、一八世紀から一九世紀にかけて労働者階級のあいだで生まれた〝共済組合〟にある。そうした組合では、たまたま健康な多数の人々が、たまたま健康でない少数の人々の手助けをすることに合意していた。このような仕組みでは、その集団の不特定の誰でもが、保険対象になる災難に見舞われる可能性があることを前提にしていた。しかし、今日の医療の状況は、当時とは異なっている。

人口の二七パーセントが肥満、六一パーセントが過体重である今日のアメリカにおいて、老人病以外で発生する医療費の圧倒的多数は、食事、体重、喫煙の習慣を見れば容易に特定できる人々によるものである。

ウェルネスを志向している従業員も、同僚の子供がたまたま白血病にかかったのであれば、収入の一部を喜んで出そうとするだろう。しかし、そうした従業員でも、同僚が栄養バランスの悪い食事のせいで病気になったり、暴飲暴食のあげく四五キロ以上も太り過ぎて高血圧になったり、禁煙を拒否して肺を病んだりした場合、話は別だろう。できることなら、そういった治療のために自分の収入の一部を渡したくはないと言うかもしれない。しかし、現在までのところ、アメリカの税法のために、ウェルネス志向の従業員たちが自分の金をいかに使うかを選択することはできないのである。

■顧客を疾病保険からウェルネス保険に転換させる

第六章で説明したとおり、二〇〇一年から二〇〇三年にかけて施行される連邦法によって、アメリカでは企業の従業員と自営業者に対する健康保険の条件が平準化される。すなわち、自営業者についても、健康保険が課税控除の対象として認められるようになる。このおかげで、現在健康で、ウェルネスを志向する個人は、有利な選択を行えるようになりつつある。たとえば、〝崩壊した〟保険制度から抜け出すといった選択だ。

従業員全体の七八パーセントを占める、継続的な医療などを受けていない健康な人々は、いまや、雇用主負担の疾病保険制度から自主的に飛び出すことができる。雇用主負担による健康保険の独占状態から抜け出すことができるのだ。

こうした選択をするウェルネス志向の人々は、家族にかかっていた年間約三〇〇〇ドル（約三六万円）の疾病保険の費用を節約することが可能になる。

そのようにして生まれた節約分は、個人が直接受け取ることもあるだろうし、雇用主との財務協定によって間接的な形で受け取ることもあるだろう。しかし、いずれにせよ、それを丸々、貯蓄に

まわしてしまうわけではない。★1

おおかたの個人は、三〇〇〇ドル（約三六万円）の節約分の一部を、かれらがもっと大切に思っている健康とウェルネスに投資し、残りを将来のウェルネスの投資用として貯蓄するだろう。

個人としてウェルネス保険に加入した人々は、年間三〇〇〇ドル（約三六万円）の節約分の一部を、継続的なウェルネスのために投資するだろう。ウェルネス関連もしくは病気予防のための方策としては、ビタミン、フィットネス・クラブ、ミネラル、ウェイト・コントロール・プログラム、そのほかに数百種類もある。

ウェルネス保険に加入した人々はまた、残りの節約分を、ウェルネス貯蓄口座（略称WSA）という特定口座に貯金するだろう。その口座に貯めた資金によって、将来のウェルネスのために投資を行ったり、家族に多額の医療費がかかったさい、HDHPの年間免責額に満たない費用の支払いをしたりすることになる。

こうした二つの現象が組み合わさることで、消費者は、ウェルネス関連の製品やサービスに、毎年、数千億ドルを費やすことになるだろう。とりわけウェルネス貯蓄口座を持つ消費者を満足させるようなウェルネス関連の製品やサービスを

★1　節約分を間接的に受け取る形の1つとしては、雇用主との財務協定によって、それまで給付を受けていた従業員が、より高い報酬を得る個人の請負業者扱いになり、自分の給付分を自分で支払うことになる場合もあるだろう。あるいは、のちほど見ていくように、従業員の配偶者と子供だけをウェルネス保険に切り換えることになるかもしれない。

購入するようになるはずだ。

■HDHPとWSAを組み合わせるウェルネス保険

ウェルネス志向の個人が、疾病保険料として自分（または雇用主）が払っている五〇〇〇ドル（約六〇万円）のうち一年あたり三〇〇〇ドル（約三六万円）を、ウェルネス関連の製品やサービスにの購入に支払った場合の具体例を示そう。

前にとりあげた、免責額なしのブルークロス・ブルーシールド保険に年間四九八〇ドル（約五九万七六〇〇円）の保険料を払っている健康な家族の例で見てみることにする。この家族が、ブルークロス・ブルーシールド保険を免責額二五〇〇ドル（約三〇万円）のHDHPに切り換えると、年間保険料として一九〇八ドル（約二二万八九六〇円）を払うだけになる。これで、年に三〇七二ドル（約三六万八六四〇円）の節約になる。この一年あたり三〇七二ドル（約三六万八六四〇円）の節約分を、地元の金融機関に開設したWSAに預けるとしよう。

この家族は月々、疾病保険では通常まかなわれないウェルネス関連の製品やサービスの費用を、WSAを通じて支払うだけでなく、HDHPの免責額二五〇〇ドル（約三〇万円）に満たない医療費もWSAから支払うことになる。こうしたウェルネス関連の費用は、たいていの場合、合計しても免責額に達しないから、この家族はいざというときの準備金として、できるだけ早く二五〇〇ドル（約三〇万円）を別途に貯めておくとよい。地元の金融機関は、顧客がWSAからの引き出しを容易に行えるよう、VISAタイプのデビットカードと小切手帳を発行するだろう。そのデビットカードは、ブルークロス・ブルーシールド指定の優先医療給付機構（PPO）ネットワークにおいて割引料金で提供されるサービスの費用支払いにも使える。

このようなプログラムを実行すると、最初の一年で、例年の身体検査の医療費として四〇〇ドル（約四万八〇〇〇円）、ウェルネス関連の製品とサービスに六〇〇ドル（約七万二〇〇〇円）使ったとしても、WSAには二〇七二ドル（約二四万八六四〇円）の残高がある。そのため、免責額に達しないその他の医療費が発生したとしても、まかなえるだろう（P268表④参照）。

翌年の期首残高は、前年からの繰越分二一五四ドル（約二五万八四八〇円）、預入額二〇七二ドル（約二四万八六四〇円）と利息八二ドル（約九八四〇円）になる。このように年間医療費も毎年四〇〇ドル（約四万八〇〇〇円）を維持していく。そうすると、二年目は、保険免責額に満たない医療費の支払い用として二五〇〇ドル（約三〇万円）をWSAに維持しながら、ウェルネス関連の製品とサービスの費用として年間二六七二ドル（約三二万六四〇円）も使えるようになる（P268表⑤参照）。しかし、仮にウェルネス費として月五〇ドル（約六〇〇〇円）のみ、年間で六〇〇ドル（約七万二〇〇〇円）だけ使うことにして、WSAの残高を毎年二〇七二ドル（約二四万八六四〇円）ずつ増やしていくとすると、短期間で数万ドルの貯蓄ができることになる。

このまま八パーセント複利で運用していくと、わずか一〇年後に残高が三万一〇〇〇ドル（約三七二万円）を超える（P268表⑥参照）。今後働いているあいだ、家族がほとんど、疾病保険のお世話にならないとすると、この残高の利息だけで年間疾病保険料一九〇八ドル（約二二万八九六〇円）

をまかなえてしまう。また、三万一〇〇〇ドル（約三七二万円）を貯金しておいて、メディケア（六五歳以上対象の医療健康保険）を補ったり、子供に遺したりすることもできるだろう。

二〇代の健康な夫婦であれば、五〇代になるまでに、将来のウェルネスに備えて二五万ドル（約三〇〇〇万円）以上の貯蓄ができるはずだ（P269表⑦参照）。

同じ夫婦がその後も健康を維持すれば、七〇代になったときには、将来のウェルネスに備えて一三〇万ドル（約一億五六〇〇万円）以上の貯蓄ができているだろう（P269表⑧参照）。

このシナリオにしたがえば、将来のウェルネス費として数十万ドルの貯蓄ができるわけだ。実は現在、先に示した数字よりさらに有利になる状況がある。

二〇〇一年に施行された法律のおかげで、二〇〇二年一二月三一日以前に適用を受けた最初の七五万世帯のアメリカ人家庭には、「医療費貯蓄口座（MSA）」と呼ばれるWSAタイプの特別口座が開設される。引退までにそこに預け入れた資金については、年額三八〇〇ドル（約四五万六〇〇〇円）まで全額が所得課税控除を受けられることになっている。自営業者の場合、HDHPの年間保険料に対する課税控除額に加えて、この年間三八〇〇ド

ウェルネス貯蓄口座（WSA）

[表④] 1年目

WSA期首残高	0ドル	（0円）
受取利息	＊82ドル	（約9840円）
年間預入額	3072ドル	（約36万8640円）
医療費	（400ドル）	（約4万8000円）
ウェルネス費	600ドル）	（約7万2000円）
WSA期末残高	2154ドル	（約25万8400円）

[表⑤] 2年目

WSA期首残高	2154ドル	（約25万8480円）
受取利息	＊260ドル	（約3万1200円）
年間預入額	3072ドル	（約36万8640円
医療費	（400ドル）	（約4万8000円）
ウェルネス費	（600ドル）	（約7万2000円）
WSA期末残高	4486ドル	（約53万8320円）

[表⑥] 10年目

WSA期首残高	2万7235ドル	（約326万8200円）
受取利息	2343ドル	（約28万1160円）
年間預入額	3072ドル	（約36万8640円）
医療費	（400ドル）	（約4万8000円）
ウェルネス費	（600ドル）	（約7万2000円）
WSA期末残高	3万1649ドル	（約379万7880円）

[表⑦] 30年目

WSA期首残高	23万6084ドル	(約2833万80円)
受取利息	*1万9676ドル	(約236万1120円)
年間預入額	3072ドル	(約36万8640円)
医療費	(400ドル)	(約4万8000円)
ウェルネス費	(600ドル)	(約7万2000円)
WSA期末残高	25万7832ドル	(約3093万9840円)

[表⑧] 50年目

WSA期首残高	126万2600ドル	(約1億5151万2000円)
受取利息	*10万4873ドル	(約1258万4760円)
年間預入額	3072ドル	(約36万8640円)
医療費	(400ドル)	(約4万8000円)
ウェルネス費	(600ドル)	(約7万2000円)
WSA期末残高	136万9545ドル	(約1億6434万5400円)

p258表③の家族が、ブルークロス・ブルーシールド保険を免責額2500ドル(約30万円)のHDHPに切り換えたすると、年間保険料として1908ドル(約22万8960円)を払うだけになる。この1年あたり3072ドル(約36万8640円)の節約分を、地元の金融機関に開設したウェルネス貯蓄口座(WSA)に預けた場合の貯蓄。

*平均残高に対する月あたり複利8パーセントで計算。

ル（約四五万六〇〇〇円）の課税控除を受けることができる。

こうした七五万世帯はおのおの、今後一〇年間に自分のMSAに非課税で最高五万八〇〇〇ドル（約六九六万円）貯蓄をすることになる。[★1] つまり、将来のウェルネス費として総額四三〇億ドル（約五兆一六〇〇万円）あまりが貯金されるわけである。もし、MSAプログラムの対象が拡大されれば、自営業からなんらかの収入を得ている五千万世帯にのぼるアメリカ人家庭が、同様に今後一〇年間で将来のウェルネス費として最高で総額二兆九〇〇〇億ドル（約三四八兆円）の貯蓄をすることになる。

ウェルネス分野の起業家たちは、MSAを持っている消費者が、ウェルネス関連の製品とサービスの〝超優良顧客〟であることに、すでに気付いている。それはつぎのような理由からである。

◎MSAを持っている消費者は、HDHPへの加入が必須になる。かれらは、健康に関して理にかなった選択をみずから行い、将来のウェルネスのために投資することに慣れ親しんでいる。

◎MSAを持っている消費者は、ウェルネスに関する有効な投資によって、金銭的な利益を享受する。かれらは、余った金額をMSAに残しておく

★1　年に3800ドル（約45万6000円）を預け入れ、月8パーセントの複利で運用された場合、10年後には約5万8000ドル（約696万円）になる。

★2　実験的にMSAを認める最初の法案が通過した1997年時点では、2000年12月31日で期限切れになる予定だったが、2000年12月に、2003年12月31日まで延長された。

ようになるし、六五歳以降は医療以外の目的にもそれらの余剰資金を使うことになる。
◎MSAを持っている消費者は、自分たちが将来、病気になったときに、もろもろの費用を払うことになるのを承知している。それが、自分たちのウェルネスのためにさらに投資する動機付けとなる。

■MSAはどのように機能するか

連邦議会は、七五万世帯のアメリカ人家庭がMSAを開設することを実験的に認可する法案を通過させた。現在の予定では、この実験は二〇〇二年一二月三一日に期限切れとなる。[★2] つまり、二〇〇二年一二月三一日までにMSAを開設してこの法律の適用を受ける世帯以外は、MSAによる恩恵、ならびに六五歳まで有利に貯蓄できる権利が、一生、認められないことになる。

MSAは、すでに説明したWSAの口座に似ているが、重要な特典が一つ追加されている。それは、MSAに預け入れた資金が一〇〇パーセント課税控除になるという点だ。MSAに預け入れられた資金については、調整総所得の課税控除対象になる。つまり、自営業にたずさわる個人は、この税制上の優遇措置を受けるために収入の申告を行う必要がないのだ。[★3]

★3　このような場合、医療保険料は、他の納税年度に繰り戻し、または繰り越しすることができる。

MSAを開設する個人は、HDHPに加入している自営業者か、従業員向けにHDHPを設けている小規模企業の従業員でなければならない。

二〇〇二年一二月三一日までにMSAを開設した個人は、六五歳になるまで毎年、課税控除となる貯蓄として最高三八〇〇ドル（約四五万六〇〇〇円）をMSAに預け入れることが認められる。さらに、控除対象額はインフレに応じて年に五〇ドル（約六〇〇〇円）引き上げられる。★1 かれらは、VISAタイプのデビットカードや小切手帳を利用して、医療費の資金をMSAから自由に引き出すことができる。あるいは将来の医療費に備えて、MSAに預けたままにし、非課税の利息を得ることもできる。なお、最近成立した別の法律により、自営業者の健康保険料が課税控除の対象になった。その適用を受ける個人は、二〇〇三年以降、HDHPの年間保険料が一〇〇パーセント課税控除の対象になる。失業したりCOBRAの適用を受けたりするなどの、経済的困難に見舞われた場合には、MSAの非課税の資金を引き出して、医療保険料の支払いをすることも認められている。

そして何よりも有利なのは、六五歳でメディケアの適用を受けるようになったさい、それまで使わずにMSAに預けていた資金の全額をどのような目的で引き出しても、いっさい罰則がない点だ。個人退職年金の場合と同様、引き出した金額に応じて所得税を納めるが、退職者向けの低い税率が適用されるのだ。しかし個人退職年金よりずっといいのは、メディケアやその他の健康保険でまかなわれ

★1　今日までにMSAを開設した個人がもっとも多い職種は、医師であると見られている。おおかたの保険会社の重役たちは、これまでにMSAを開設した納税者の数が少ないことに驚く。そうした重役たちは一様に、保険代理業界を非難する。ある世帯が免責額ゼロの保険から高額免責保険に切り換えた場合、通常、保険代理業者の受け取る取り扱い手数料が850ドル（約10万2000円）、つまり、5000ドル（約60万円）の17パーセント、ないし340ドル（約4万800円）、つまり、2000ドル（約24万円）の17パーセントに減っ

ない医療費の支払いのために貯金を引き出した場合、その金額には所得税がいっさいかからない点だ。
私たち夫婦は、MSAを開設してから一年間に、課税控除になる最高額を預け入れた。しかし、愚かにも、数回の医療費の支払いをするために合計約一〇〇〇ドル（約一二万円）の引き出しを行ってしまった。それがなぜ愚かかというと、課税控除になる最高額三八〇〇ドル（約四五万六〇〇〇円）を預け入れたままにしておけば、その金額がまるごと課税控除の対象になったからだ。それなのに他の資金で支払えたはずの医療費のためにMSAから一〇〇〇ドル（約一二万円）引き出したため、その一〇〇〇ドル（約一二万円）については課税控除の対象にならなくなってしまったのである。しかも、MSAの残高自体が一〇〇〇ドル（約一二万円）減ってしまった。その一〇〇〇ドル（約一二万円）をそのまま預けてあれば、八パーセントの非課税の利息を受け取れるとして、三〇年後には一万一〇〇〇ドル（約一三二万円）に増えていたはずなのである。MSAには、個人退職年金にあたえられる特典に加えてさらに有利な点がある。経済的に余裕のある消費者はMSAに課税控除になる最高額を毎年預け入れるといい。預けたままにしておいて非課税の利息をもらうようにし、一家にとっての究極の貯蓄手段として利用すべきである。

てしまうので、保険代理業者がMSAについて消極的だというわけだ。

一家の非課税貯蓄の手段としてMSAを利用する消費者は、実質上、ウェルネスのために年間三八〇〇ドル（約四五万六〇〇〇円）の課税控除を受けていることになる。

MSAは、個人が自分と家族のために正しい選択を行うことを可能にしてくれる、究極の貯蓄手段である。大企業に勤めていない個人であっても、MSAのおかげで、大企業の従業員と同様に、医療費のほぼ全額が課税控除になるのだ。そうした個人が、自分自身のお金の使いみちを自分で決め、市場において自分で取引交渉を行うこともできるだろう。今日使わなかった資金を、将来の医療費、退職後の資金、あるいは子供たちへの遺産として貯めておくこともできる。しかし、何よりいいのは、つぎの点である。

MSAを持つ個人は、自分自身の継続的なウェルネスのために、理にかなった投資の決定を行うことができる。別の言い方をすると、先々慢性病になって治療にかかる費用と、今日ビタミンやその他の栄養を摂るための費用を比較検討して、決定がくだせるのである。

MSA、そして、その開設条件として加入するHDHPを持つ個人は、ウェルネス関連の起業家にとって超優良顧客になる。だからこそ、MSAとHDHPの開設方法を消費者に教えることが、ウェルネス・ビジネスに取り組む上で重要なのだ。

■連邦議会はMSAの対象者拡大をせまられる

ウェルネス・ビジネスに資金や時間を投資しようと考えている投資家にとっては、連邦議会がMSAプログラムを終了させてしまうのか否か、もしくは、二〇〇三年になる前にMSAの実験段階（すなわち、七五万のMSA口座が開設される時点）で市場に参入しなければ手遅れになってしまうか否か、という懸念があるかもしれない。ここで、そうした懸念を払拭していくことにしよう。

第一に、現行のMSAの実験は二〇〇二年一二月三一日をもって終了する予定だ。しかし、それ以前にMSAを開設した個人は、六五歳になるまで資金の預け入れが毎年できる権利を含め、MSAに付随するすべての特典を享受することになる。

第二に、私は、連邦議会がほどなく、MSAを全国民が恒久的に利用できるようにすると確信している。一般国民がすでにそれを求めており、議会としては選択の余地はないはずだ。

一九三一年から一九七六年まで、連邦法は、銀行が当座預金に対して利息を支払うことを禁止していた。一九七六年、ニューイングランドの小さな貯蓄銀行が当座預金に利息を付けはじめた。その銀行は、当座預金に利息を付けたのではなく、普通預金口座に当座預金口座の働きを付けたという表現をしていたが。それは不当であると競争相手が訴えて、連邦政府に対応を求めた。だが、連邦政府がようやく対策に乗り出したときには、すでに非常に多くの人々が問題の口座を開設してお

り、連邦議会としては、すべての当座預金に利息を付けることを認める法律を可決せざるを得なかった。★1

同じように連邦法は、ほぼ五〇年間にわたり、小売業者がメーカー品を販売するさい、メーカーの決めた定価を下まわる価格で販売することを禁止していた。しかし、ウォルマートなどの大型チェーン店がこうした法律を無視して、メーカー品の安売りをはじめると、一般国民がおおいに歓迎した。その結果、連邦議会は一九七五年、当時のいわゆる再販価格維持法を廃止せざるを得なかった。

猟犬というものは誇らしげにハンターの前方を進みながら、後方にも常に目配りし、ハンターが後ろからついて来ているかどうか注意している。そしてハンターが反対方向に行こうとすると、全速力で駆けだしてハンターの前方へ行き、先頭に立って進んでいることをふたたび誇示する。今日の政治家は、いわば猟犬のような存在である。一般国民がどの方向に進みたがっているかを見るため、最新の世論調査を注意深く読み、〝リーダー〟としての地位を保とうとしているのだ。

家族の病気と健康にまつわるお金の使いみちに、より多くの選択肢を求めている人は多い。

MSAやWSAが廃止に追い込まれることはあり得ない。連邦議会が近い将来

★1　当初、連邦議会は、当時「NOW口座（NOWはnegotiable order of withdrawalの略）」と呼ばれた、利息付き預金口座をニューイングランド連邦準備区に限って認める法案を可決した。しかし、数年後には、適用範囲がアメリカ全土に拡大された。

どのような動きを見せようとも、ＭＳＡは自営業の個人に恒久的に適用されるようになるだろう。これらの口座を禁止している法律や規制はあいまいな点が多く、一般国民の利益に反している。このため、自営業の個人や先見の明のある起業家たちは、自分たちと多くの一般消費者のため、ＷＳＡタイプの貯蓄手段をつくりだしはじめているのだ。

連邦議会が新しい法律によって認可するかどうかにかかわりなく、ウェルネス保険はすでに、自営業の個人と大企業の従業員に利用されつつある。

■ウェルネス保険のビジネス・チャンスを構築する

ウェルネス分野の起業家は、ウェルネス保険を制限している現行の法律と規制について、以下の二つの重要な理由により、理解しなければならない。

①ウェルネス分野の起業家は、自分たちの製品を買うための資金を顧客が用意できるよう、独自のウェルネス保険的な手段を構築することを望むようになる。

②ウェルネス分野の起業家は、自分たちの製品やサービスを、第三者の提供するウェルネス保険に加入している消費者が購入するよう、適格な製品やサービスにしようとする。

アメリカでは約五〇〇〇万人が、収入の全部または一部を自営業から得ている。そうした五〇〇〇万人の潜在顧客のために、税制上有利なウェルネス保険を用意すれば、ビジネス・チャンスが生まれる。また、すでにウェルネス保険に加入している人たちのために、保険を使って購入しやすいウェルネス製品を提供するのもいい。今日利用できるチャンスの具体例を三つ挙げてみよう。これらの例は、団体や組合が、自営業で収入を得ている会員のために、課税控除の付いたウェルネス保険商品を構築しようとするさいにも参考になるはずだ。

■チャンスその① HDHPの課税控除を増やす

アメリカの内国税収入規約第一六二項によれば、自営業の個人は、本人、配偶者、扶養家族の医療保険の保険料のみについて課税控除が認められる[★1]。つまり、健康保険の年間免責額に満たない、自己負担の医療費や保険適用外の医療費など、保険料以外の医療費は、課税控除対象から除外されているのだ。

そのため、二〇〇三年には、通常の健康保険料として五〇〇〇ドル（約六〇万円）を支払う自営業の個人の場合、その五〇〇〇ドル（約六〇万円）については全額課税控除になる。しかし、仮にその人が、保険料二〇〇〇ド

★1　2001年は60パーセント、2002年は70パーセント、2003年以降は100パーセント。

ル（約二四万円）で年間免責額二五〇〇ドル（約三〇万円）のＨＤＨＰに切り換え、その他の医療費として二五〇〇ドル（約三〇万円）かかったとしよう。そうすると、医療費の総額四五〇〇ドル（約五四万円）のうち保険料分の二〇〇〇ドル（約二四万円）についてしか、課税控除が適用されなくなる。

幸いにも、内国税収入規約は、保険と保険金を具体的に定義しておらず、課税控除対象の保険金を受け取る保険業者からの医療費払い戻し金額にも制限を定めていない。

そこで、ＨＤＨＰを提供する保険会社などは対策として、年間保険料を二〇〇〇ドル（約二四万円）から四五〇〇ドル（約五四万円）に引き上げる。その一方で、医療費やウェルネス費の支払い用に最高二五〇〇ドル（約三〇万円）まで引き出せるＶＩＳＡタイプのデビットカードや小切手帳を被保険者に渡す。そして、毎年使われずに余った金額は、被保険者への将来の給付金用に積み立てることができるようにしている。これにより、終身保険としての金銭的価値が、事実上、増すことになる。

このようにすれば、被保険者は、単一の財務手段によってＷＳＡやＭＳＡと同等の恩恵が受けられる。その上、終身保険的要素が加わることで、終身保険や終身年金にとってきわめて有利な税法上の特典を受けることさえできるようになる。さらに、こうした保険を提供する保険会社などは、優先医療給付機構（PPO）のネットワークを拡大し、疾病に関する費用だけでなくウェルネスにかかわる費用もカバーすることになる。そうすれば、顧客にいっそうの購買力をあたえると同時に、PPOに加入したウェルネス関連の業者からも収益が得られるようになるのである。

なお、保険会社と被保険者は、ウェルネス手当として規定した二五〇〇ドル（約三〇万円）が、内国税収入局によって課税控除対象と認められた医療費として使われるよう、留意する必要がある。それは、四五〇〇ドル（約五四万円）に引き上げられた保険料全額が確実に課税控除になるようにするためである。

■チャンスその②　ウェルネスへの投資を課税控除対象にする

ウェルネスへの投資を課税控除対象にすることを、内国税収入局は再三にわたって阻止しようとしている。しかし、租税裁判所の判例によれば、免許のある医師によって合法的に処方された医療の費用は、課税控除の対象になる。豪華な船旅でさえ、それが医師の処方によるならば、その費用は課税控除対象の医療費として認められるのだ。内国税収入局は現在、配偶者の同伴が医療上必要であれば（たとえば、患者が車椅子を使っている、など）、配偶者の費用にも課税控除を認めている。

ほとんどの医師は、減量プログラム、フィットネス・トレーニング、特別のビタミンやミネラル、その他のウェルネスを目的にした製品やサービスのために、こころよく〝処方箋〟を書いてくれるだろう。処方してもらう製品やサービスの医学的効果を明示する文書を提供した上で依頼すれば、なおさら望ましい。

今日まで多くの医師がそのような処方箋を書かなかったのは、単にそうした依頼を受けなかったからだろう。さもなければ、ウェルネスを目的とした多くの製品やサービスについて、その効果を示す科学的なデータが提供されてこなかったためである。また、過去においては、ウェルネス目的の大部分の製品やサービスが、従来の雇用主負担の疾病保険の対象外だったせいもある。

ウェルネス分野の起業家は、免許のある医師によく相談し、自分たちの製品やサービスについて、医学的な処方箋を書いてもらうようにする必要がある。

租税裁判所がいくつかの判例を通じて、医師が合法的に処方したほぼすべてのものが課税控除の対象となるという判断をくだしているのは事実だ。しかし、内国税収入局は別の見解を示しており、処方箋なしで入手できる売薬ではない処方

★1　内国税収入局・改正規則（68-433, 1968-2CB110）

薬の費用だけが、課税控除の医療費として認められるという裁定をくだしている。[★1（前頁）] この裁定は長年にわたって大手製薬会社に利用されてきた。店頭販売薬と同等の内容で、価格ははるかに高い、処方箋向けの医薬品が生産されることになったのである。こうした処方薬であれば、内国税収入局を満足させると同時に、雇用主負担の疾病保険でも費用をまかなってもらえるからだ。実は、ウェルネス分野の起業家も、この裁定を同じように活用することができる。

ウェルネス分野の起業家は、自分たちの製品とサービスについて、医師の処方箋がある場合にのみ利用できる特別バージョンをつくるといい。そうすれば、現行の税法の優遇措置を受けられると同時に、製品やサービスを購入した顧客が、従来の疾病保険業者から費用の払い戻しを受けることができるのである。

栄養補給サプリメントの処方箋専用バージョンをつくろうとするなら、上院議員のトム・ハーキン（民主党、アイオワ州選出）とオーリン・ハッチ（共和党、ユタ州選出）が提出した「二〇〇一年・栄養補給サプリメントに関する適正課税法案」の成り行きに、注目すべきだ。もし可決されれば、この法案によって、栄養補給サプリメントはアメリカ税法の下で処方薬と同等の扱いを受けることになる。同時に、栄養補給サプリメントの処方箋専用バージョンの製造にはある程度の制限が加えられることになるだろう。しかし法案が成立したとしても、たいていの場合、疾病保険は処方薬のみが保険の対象になっている。そのためウェルネス目的の製品を提供するのなら、処方箋がある場合にのみ入手できる特別バージョンの製品を販売し、顧客が従来の疾病保険から費用の払い戻しを受けられるようにしたいところだろう。

■チャンスその③　自社の製品とサービスだけを対象にしたウェルネス保険

多くの場合、ウェルネス保険を提供するのは、自分のところでウェルネス目的の製品やサービスを提供している企業や団体ということになるだろう。たとえば、ビタミンを生産しているネットワーク・ビジネス企業が、自社のディストリビューターのために、ウェルネス保険を提供するといった具合である。その場合、競合他社のビタミンや製品まで適用対象にした保険を提供するのは、ばかげているだろう。

従来の健康保険会社は、特定の医療提供者と医薬品を適用対象にして、消費者の選択に制限を設けてきた。同様に、革新的なウェルネス保険の提供者もまた、独自ブランドのウェルネス目的の製品やサービスだけを適用対象にしたウェルネス保険を提供すればよい。

このような制限は、消費者にとって必ずしもマイナスではない。ウェルネス製品の提供者が、そうした制限を設けることと、自社の製品を課税控除対象にすることを結びつけるならば（「チャンスその②」参照）、自社のウェルネス関連の製品をそのディストリビューターに対してだけ課税控除対象とすることもできるだろう。あるいは、自社製品または関連会社の独自製品の購入にあたって、ウェルネス保険を利用した会員に対してのみ、価格を割引くという方法もある。

〈フィットネス・クラブがウェルネス保険を提供する場合のヒント〉
◎毎月の会費を適用対象に含めるだけでなく、その会費をウェルネス保険のHDDP保険料とセットで扱い、課税控除の対象になるようにする。
◎独自ブランドの栄養補給サプリメントを割引価格で提供する。

〈ネットワーク・ビジネス会社がウェルネス保険を提供する場合のヒント〉
◎自社の栄養補給サプリメントの購入用として、毎月二〇〇ドル（約二万四〇〇〇円）の給付金を付ける。
◎フィットネス・クラブの毎月の会費と、そこでのトレーニング費用をまかなう。

以上、わずか三例を挙げただけだが、ウェルネス関連の起業家や企業が現行税法の規定を利用しつつ、顧客に満足をあたえるためのチャンスについて説明した。これらの例は大規模なウェルネス関連企業にだけあてはまるものではないことを忘れないでほしい。ウェルネス分野における個人の起業家も、自身の通常の製品をもとに、処方箋専用バージョンをつくり出すことが可能だ。ウェルネス分野の起業家をめざす法律家なら、独自のウェルネス保険をつくり上げて販売することもできるだろう。たとえば、単純信託契約を準備するさい、一般に販売されているＨＤＨＰや預金口座を付けるという方法もある。

■企業の従業員の扶養家族向けウェルネス保険

ウェルネス分野の潜在顧客の中には、企業の従業員として勤めていて、雇用主負担の団体医療保険に自動的に加入させられている人も少なくないだろう。そのうちの七八パーセントにあたる健康な人々は、団体保険をやめて、個人でウェルネス保険に加入したいと思っているかもしれない。しかし、現実にはそうすることができずにいる。団体保険をやめても、それによって特別な補償があるわけではない。その上、団体医療保険に加入する資格を有しているがゆえに、有効なウェルネス保険に加入する資格が制限されることもあるからだ。ＭＳＡを開設し、自営業者向け健康保険について新たに認められた課税控除を受けるための重要な資格の一つとして、申込者が現在、団体医療保険に加入する資格を有していないことという条件があるのだ。

このため、パートタイムで収入の一部を自営業から得ている勤め人の中には、ＭＳＡを開設したり、ＨＤＨＰに加入したりするさいに、制限を受ける人が少なくない。しかしながら、つぎのような変化も起きつつある。

大部分の企業における団体保険は、従業員の配偶者や扶養家族にかかる費用をもはや十分にはまかなわなくなっている。そのため、大企業に勤める人々であっても、配偶者と扶養家族のために、税制上有利なウェルネス保険に加入できるようになりつつある。

かつて雇用主は、従業員およびその配偶者と扶養家族の健康保険料を全額負担していた。ところが昨今、アメリカのおおかたの雇用主は、保険料全額負担の対象を従業員のみにするようになった。その結果、従業員の配偶者と扶養家族は、たいていの場合、自分たちの分の追加保険料を雇用主が一部または全部負担する場合に限り、会社の団体保険に加入できるようになっている。

大部分の企業の団体健康保険は、免責額が低額の（すなわち、保険料が高い）タイプである。配偶者や扶養家族の保険をＨＤＨＰに切り換えれば、生涯にわたって更新可能で保険料が手ごろな健康保険を配偶者や扶養家族にかけることになる。同時に、従業員にとってはお金の節約になることもある。

第六章で説明したとおり、アメリカでは、個人保険の場合、法律の定めるところによって、保険会社が、高額の医療保険金を請求した特定の個人の保険料だけを引き上げることは認められていない。値上げする場合は、ある特定の集団に属するすべての個人の保険料を平等に引き上げなければならない。

どんな団体や企業でも、従業員（またはその扶養家族）の約二二パーセントが高額な医療費のかかる状態にある。その分、保険料が高くなっている。配偶者や子供が健康ならば、かれらの健康保険を企業の団体保険から個人のHDHPに切り換えるほうが、従業員個人にとってはより少ない費用ですむ。

もちろん、あなたの顧客の扶養家族が健康な七八パーセントのほうに入っているなら、できるだけ早く個人のHDHPに加入できるよう手助けしてあげるべきである。あなたとしては、その家族がお金を節約するのを手伝うと同時に、あなたの扱うウェルネスの製品やサービスの超優良顧客をつくり出すことになるのだ。しかし、もっと重要なのは、かれらの扶養家族の誰かが将来、個人のHDHPへの加入を制限される健康状態になるかもしれないということだ。そうなればかれら自身がよその会社に就職する選択肢がせばめられてしまうおそれがある。

あなたが保険代理店に依頼してHDHPやその他の健康保険の見積もりを出してもらうさいに、

覚えておいてほしいことがある。それは、免責額が低額またはゼロの保険を取り扱う場合に代理店が受け取る手数料のほうが、HDHPを取り扱う場合の手数料よりもはるかに高いということだ。

MSAとHDHPが、期待されているほど売られていないことには理由がある。主な理由の一つは、保険代理業者の中に、自分たちの受け取り手数料の低い、HDHPへと顧客が切り換えることをよしとしない代理業者がいることである。★1

アメリカにおいてほとんどの保険は、買われているのではなく、売られていることを忘れないでほしい。たいていの場合、顧客は、自分のニーズにもっとも合った保険を市場全体から選んで買っているのではなく、保険代理店から提示された中でもっともいい保険を売られている。数社以上の保険会社の保険を扱っている代理店は少ない。ときとして、もっとも高い取り扱い手数料が代理店に支払われる保険が、消費者にとってはもっとも価値の低い保険である場合もある。

あなた自身が保険代理店であるならば、ウェルネス目的の製品やサービスの流通ビジネスとウェルネス保険を組み合わせることは、大きなビジネ

★1　前述の例では、免責額ゼロの保険から免責額2500ドル（約30万円）のHDHPに切り換えた場合、代理業者の取り扱い手数料は、996ドル（約11万9520円）、すなわち保険料4980ドル（約59万7600円）の20パーセントから、382ドル（約4万5840円）、すなわち保険料1908ドル（約22万8960円）の20パーセントに減ってしまう。保険代理業者の取り扱い手数料は、通常、初年度の保険料の約20パーセントである。

ス・チャンスになる。健康保険において節約した資金が、あなたの扱うウェルネス目的の製品やサービスへの投資資金に振り向けられる可能性があるからだ。

現在、六七〇〇万人のアメリカ人が、配偶者や親に対して雇用主負担の健康保険をかけていると推定されている。したがって、約五二〇〇万人の配偶者や扶養家族（六七〇〇万人の中の、健康な七八パーセントの人々）は、保険をＨＤＨＰに切り換えてお金を節約できる。また、そのうちいくらかをウェルネスのための製品やサービスに使ってもらえるかもしれない。一家の稼ぎ手が、自分自身については一〇〇パーセント雇用主負担の団体健康保険を受けながら、家業からもパートタイム収入を得ているとしよう。そのパート収入を配偶者の名前で受け取ることにすれば、新たに加入する自営業者向け健康保険に適用される課税控除額を最大にできる。いずれＭＳＡを開設する資格も得られるようになる。

■大企業もウェルネス保険を提供することになる

雇用主はいずれ最終的に自社の健康保険のあり方を再構築し、雇用主が負担する保険金の使いみちを従業員が選べるようにするだろう。そうなると大部分の従業員は、自分自身と扶養家族のためにウェルネス給付の付いているＨＤＨＰを選択するはずだ。この再構築の流れは、訴訟によって加速されるだろう。そして、慢性病などの健康問題をかかえているためによそで健康保険に加入できない、二二パーセントの従業員たちは、厳しい状況に追い込まれる結果になるだろう。

医療費と疾病保険料はこのところ急騰し、二〇〇一年だけで一二パーセントも上昇している。これを受けて雇用主たちは、団体健康保険でまかなう医療の数を削減してきた。削減された医療の中には、早期治療や高額な検査にかかわるものが含まれている。これまで起こされたいくつかの裁判では、そのような検査や早期治療が受けられなかったためにさらに大きな損害をこうむった従業員に対して、雇用主に賠償責任があるとする判決がくだされている。かつて、雇用主たちは大部分の医療費を思いやりをもって負担しているのだと考えていた。しかし、皮肉にも、いまや、数件の医療費について支払う経済的余裕がなくなったせいで、数十億ドルにのぼる訴訟を起こされているのである。

こうした訴訟が起こされた結果、雇用主たちは、企業負担の医療保険でまかなわれるものとそうでないものの決定について、雇用主が責任を負わないようにする措置を求めはじめている。この問題の唯一の解決策は、多くの雇用主がすでに気付いているように、保険をカフェテリア型にすることである。雇用主が各従業員の医療保険料として一律に定額を払い込む一方、保険対象については従業員にリストを示して選択させるようにするのである。いまのところ、従業員が保険金の支払い対象を選択できるこうした方式は限られた範囲でしか採用されておらず、たいていは保険会社のほうからそういった方式が提示された場合に限定されている。なぜなら、保険業者としては、全体の七八パーセントを占める健康な人々のために払い込まれた保険料が確保できなければ、健康でない二二パーセントの人々に給付する費用をまかなえないからである。しかし、こうした状況は、ウェルネスの製品とサービスに対する需要が増加していることを受けて、健康な七八パーセントの人々にとってはいい方向へと急激に変わりつつある。

新しいビジネスを立ち上げている起業家たちは、年間二〇〇〇ドル（約二四万円）のウェルネス給付金付きHDHPという形で、すでにカフェテリア型ウェルネス保険を提供している。前に述べたとおり、適切な枠組みをつくっておけば、このようにして提供される非課税のウェルネス給付は、フィットネス・クラブの会費、栄養補給サプリメントの購入費、ウェルネス・カウンセリングの料金などに使うことが可能になる。雇用主がこのタイプのウェルネス保険を提供すれば、現在健康でウェルネス志向の個人が職を求めて、やってくるだろう。というのは、こうした求職者は、年間二〇〇〇ドル（約二四万円）のウェルネス給付を、四〇〇〇ドル（約四八万円）の税引き前賃金と同等のものと見なすからである。一方、さほど健康でない個人、あるいは慢性的な健康問題をかかえる扶養家族のいる個人は、医療費に対して二五〇〇ドル（約三〇万円）もしくはそれ以上の免責額の付いた健康保険を会社が用意しても、加入を断られてしまうだろう。

最終的には、大部分の従業員が、年間二〇〇〇ドル（約二四万円）の非課税のウェルネス給付を受け、ウェルネスの製品やサービスのためにその給付金を使えるようになるだろう。こうした動きこそ、今日約二〇〇〇億ドル（約二四兆円）規模のウェルネス産業を、二〇一〇年までに一兆ドル（約一二〇兆円）あるいはそれ以上の規模に発展させる、最大の経済的要因なのである。

カフェテリア型医療保険は現在、ほとんどの大企業に急速に行き渡りつつある。これは、健康な七八パーセントの従業員が治療を受けている二二パーセントの人々の費用を払うという、雇用主負担の団体健康保険制度が崩壊しはじめたことを示すものだ。連邦議会はほどなく、医療保障の形が変わりつつあるという冷厳な現実に直面せざるを得ないだろう。

・健康なアメリカ国民は、課税控除対象となる、ウェルネスに関する選択肢が増えることを求めている。また、将来の節約となるようなウェルネスに関する決定を今日くだせるだけの、経済的余裕が生まれることを望んでいる。

・少数の従業員にかかる無制限の医療費の支払い（それも、継続的な支払い）を、民間の雇用主に期待することは難しい。しかも、こうした状況が生じた責任の一端は、ウェルネスではなく疾病に対して補助金を出してきた政府の政策にある。

すでに連邦議会はこうした問題を検討するため、ＭＳＡの実験をはじめている。

小規模企業（一般的には従業員五〇人未満の企業だが、場合によっては最高二〇〇人まで含めることもある）は現在、会社提供のＭＳＡを設立し、雇用主が個々の従業員のＭＳＡに課税控除対象となる給付を行うことを認められている。一方、従業員は、自分のＭＳＡを開設できるとともに、解雇された場合には、その口座を別の会社に移すことも認められている。

こうしたタイプの貯蓄口座は、組合労働者や大企業の従業員が将来まさに要求するはずのものである。会社提供のＭＳＡによるこうした貯蓄口座が、すでに小規模企業の従業員に認められたとなれば、要求はなおさら高まるだろう。前に述べたとおり、二〇〇二年一二月三一日までにＭＳＡを開設した個人と企業は、ＭＳＡへの給付を従業員の勤続中続けることが認められているのだから。

第8章 ウェルネス分野の流通で富を築く

歴史を通じて、特定のモノを製造したり管理したりする分野では、富が築かれることもあれば、富が失われることもあった。その一方、最先端の技術によって生まれるさまざまな製品を流通させる分野は、つねに成功をかち得てきた。

大部分の製品やサービスにおいて流通コストが小売価格の約七〇パーセントを占める今日、流通ビジネスはいっそう繁栄している。さらに重要な点は、ウェルネス分野の大部分の製品やサービスでは、流通コストが小売価格の約八〇パーセントを占めていることである。

とはいえ、ウェルネス分野の起業家としては、ウェルネス関連の流通ビジネス・チャンスについて検討する前に、つぎのことを知る必要がある。それは、今日までほとんどのビジネス・チャンスの基盤となってきた、〝無限の富〟に関する、生活者として当然の考え方について、理解することだ。

■無限の富に関する二つの原則

私が無限の富の概念について学生に教えるときの演習をご紹介しよう。まず教室にいる学生に、自分たちの乗っていた船が難破し、食糧を持たずに無人島に漂着したという架空の状況で、ロール・プレイを演じてもらう。生き延びるためには、生活共同体をつくった上で、食物を集めたり、住居をつくったり、薪を集めたりといった、日常の仕事を分担しなければならない。

最初、学生たちは、島における新しい共同体において、交代でせっせといろいろな仕事をこなす。しかし、さまざまな仕事を体験するにつれて、各人が専門化したほうがずっと効率的であることを学ぶ。

たとえば、リンゴを探しに出かける者を決めれば、その人は月曜日には、リンゴを持ち帰るだけでなく、火曜日にどこへ行けば必ずリンゴが採れるかを知るだろう。水曜日までには、リンゴのありかを知っているだけでなく、袋や手押し車のような道具をつくって、採り入れたすべてのリンゴを、一回で仲間のところに持ち帰れるようになる。木曜日には、高いほうの枝で熟しているリンゴを、地上に落ちない前に収穫する道具をつくる。金曜日になると、前日に一日かかった仕事を一時間もかけずに終われるようになり、リンゴのサイダーや砂糖煮のつくり方を学びはじめるだろう。

ついには、生活のために必要な仕事（食物や住居や燃料を手に入れるといった仕事）は、それらを終えるのに最初かかっていた時間と人数の一部を使うだけでこなせるようになる。そのおかげで共同体の中には、新しい仕事を探し求める人々が現われ、かれらは、新しい製品やより多くの道具を生産したり、娯楽を提供したりさえするようになる。

共同体が発展してくると、多種多様なモノが大量に生産されるようになり、新たなニーズが発生する。すなわち、モノやサービスすべての流通が必要になるのである。ほどなく、フルタイムで流通にたずさわる人々が現れ、他の人々が何をやっていて、どんなモノやリービスが入手可能なのかをみんなに教えるようになる。こうした流通業者、すなわち商人は、もっとも多くの付加価値を生み出すので、最終的に、その島の社会でもっとも富裕な人々になるだろう。さらにその島の社会が別の島の社会と出会い、モノや道具の貿易をはじめたならば、商人たちはますます豊かになるはずだ。

以上のような授業の中で、私の学生は、現代経済の基礎をなす、無限の富に関する二つの主要な原則を学ぶことになる。

第一に、人々は、時間の経過にともなって、専門化されたすぐれた技術を利用できるようになる。その結果、単一のモノやサービスを量の制限なしに生産すること、すなわち無限の富を産み出すことが可能になる。

第二に、一つの社会における富の総量は、流通によってのみ、制限を受けることになる。つまり、特化した製品や道具を消費したり売買したりする個人の数によって、富の総量は制限される。★1

アメリカの経済力の一部は、流通に関するいくつかの法律に依存している。それらの法律は、アメリカをモノとサービスの世界最大の自由市場にしてきた。ちなみに、アメリカ合衆国憲法は、原則として各州がその州を統治することを認め

★1　この時点で、私は学生たちに、通りかかった船に乗っていた困窮した外国人50人を島へまねいていっしょに暮らし、それまでに生まれた新しい富を共有する場合の経済的影響についても質問する。その後の議論を通じて学生たちは、新しい人々を島の社会に歓迎した場合、自分たちと新しい移民のどちらもが、経済的にさらに豊かになることを認識する。

ているが、重要な例外が一つある。どの州も、市民が他の州の市民と自由に商取引をすることを侵害するような州法や条例を定めてはならないということだ。

アメリカだけでなく、西ヨーロッパ、北米、日本、その他のアジア諸国（台湾、韓国、シンガポールなど）も同様である。それらの国々の経済力も、そこで暮らす合計約一〇億人の市民に、ほぼ自由な通商が認められていることに依存している。

西ヨーロッパ、北米、日本、その他のアジア諸国からなる一〇億人の通商圏は、ごく近い将来、国際的なウェルネス市場を形づくることになるだろう。

一方、低開発国では、経済情勢が激変すると、政情不安が起こりがちである。低開発国としては、そうした政治情勢に対処しながら、それらの国々に住む合計五〇億の人々にいかにして自由通商を認めていくかが課題となる。

■流通業が、製造業のビジネス・チャンスを凌駕《りょうが》する

一九六七年公開の映画「卒業」の中で、主演のダスティン・ホフマンは、経済的な成功をおさめる方法を教えてやろうという自信たっぷりな知人から、「プラスチックだ」という、たった一言の

助言を受ける。当時は短期的な原材料不足が起こっており、それが一九七〇年代にピークに達した。そうした状況があったため、多くの人々にとって経済的成功をおさめる方法は、比較的安価なモノづくりの方法を見つけだすことだった。

しかしながら、プラスチックやその他のモノをつくる技術が進歩した結果、もはや製造分野で経済的成功をおさめるのは難しくなった。今日の経済において、もっとも大きなチャンスがあるのは流通部門である。

一九六七年に、たとえばカメラや流行の服など、三〇〇ドル（約三万六〇〇〇円）で販売される製品があったとしよう。この製品の場合、おおまかにいって一五〇ドル（約一万八〇〇〇円）が製造コスト、一五〇ドル（約一万八〇〇〇円）が流通コストだった。製造コストが小売価格の約五〇パーセントを占めていたから、製造コストを下げることにより、大きな利益を生むことが可能だった。当時なら、製造コストをせいぜい一〇パーセントないし二〇パーセント削減すれば、小売価格を一五ドル（約一八〇〇円）ないし三〇ドル（約三六〇〇円）下げることができたのである。

一九六〇年代、起業家として富を築いたのは、プラスチックを利用したり生産施設を海外へ移転したりするなどして、製造コストを、たとえば一五〇ドル（約一万八〇〇〇円）から三〇ドル（約三六〇〇円）、あるいはそれ以下へと大幅に削減する方法を見つけた人々だった。

［表⑨］小売される製品の典型的なコスト内訳

	1976年		2002年	
製造コスト	150ドル（約18000円）	50%	30ドル（3600円）	30%
流通コスト	150ドル（約18000円）	50%	70ドル（8400円）	70%
小売価格	300ドル（約36000円）	100%	100ドル（12000円）	100%

それからおよそ三五年後の今日、似たような品質の同じ種類の製品が、たいていの場合、約一〇〇ドル（約一万二〇〇〇円）で小売りされている。とはいえ、一般の人々は、より高品質の製品を購入するようになっているので、そういう点に気付かないこともある。似たような製品の価格がこのように三分の一に値下がりしたのは、技術の進歩によって製造コストが一五〇ドル（約一万八〇〇〇円）から三〇ドル（約三六〇〇円）かそれ以下に下がったからだ。

同じ製品の流通コストも一五〇ドル（約一万八〇〇〇円）から七〇ドル（約八四〇〇円）ぐらいに下がってきたが、結果的に、現在では流通コストが、小売価格一〇〇ドル（約一万二〇〇〇円）の製品のおよそ七〇パーセントを占めるようになっている。

製造に適用された革新的な方法の多くは流通には適用

されなかった。そのため、相対的な流通コストは相対的な製造コストほど下落してこなかった。[★1]

今日、製品の小売価格一〇〇ドル（約一万二〇〇〇円）のうち、製造コストは約三〇ドル（約三六〇〇円）しか占めていない。そのため、製造コストを一〇パーセントないし二〇パーセント削減しても、一〇〇ドル（約一万二〇〇〇円）の製品の小売価格は三ドル（約三六〇円）ないし六ドル（約七二〇円）しか下がらないことがある。

一方、今日、流通コストは、製品の小売価格一〇〇ドル（約一万二〇〇〇円）のうち約七〇ドル（約八四〇〇円）を占める。流通コストを一〇パーセントないし二〇パーセント削減すれば、一〇〇ドル（約一万二〇〇〇円）の製品の小売価格が七ドル（約八四〇円）ないし一四ドル（約一六八〇円）下がる可能性がある。流通コストを五〇パーセントないしそれ以上削減することは、工場から消費者にいたる流通網のリンクを一つなくせば可能な場合もある。そうなれば、一〇〇ドル（約一万二〇〇〇円）の製品の小売価格が三五ドル（約四二〇〇円）ないしそれ以上値下がりするかもしれない。

小売価格に占める流通コストの割合が増えたことが原因で、かつて何年か前にアメリカ国外へ移転した製造施設が、またアメリカ国内に戻ってきている。アメリカで販売されている外国車の大半は、現在アメリカで製造されている。たとえ

★1　私の旧著を読んだ方は、私が、1990年における流通コストの割合を80パーセントと推定したことをご記憶かもしれない。今日では、70パーセントに落ちている。これは、インターネットの出現、すなわち、リアルタイムでの情報の共有によって、小売売上高における流通コストの割合が、1990年代を通じて減ったことによるものだ。しかし、同じくインターネットの出現により、製造コストはいっそう大きな割合で下落している。

ば、世界最大の自動車工場はオハイオ州メアリーズビルにあるホンダ・アコード工場であり、そこで生産される車の多くは日本にも輸出されている。メルセデスSUVの新しい人気車種は、アラバマ州で生産されている。

このように、流通コストの割合は増してきた。そのため、過去三〇年間に個人で富を築いた人々の過半数は、モノをつくるためのよりよい方法ではなく、モノを流通させるためのよりすぐれた方法を見つけた人々が占めている。

四四歳で起業家になった、ウォルマートのサム・ウォルトンは、一九九二年、世界一の大金持ちになった。サム自身はモノづくりをした経験はなく、ウォルマートは、サムの経営のもとで、名のある他社製品を流通させただけである。一九八〇年代、EDS社のロス・ペローは、他社のハードウェア製品とソフトウェア製品を流通させる、よりよい方法を発見し、成功をおさめた。一九七〇年代には、フェデラル・エクスプレス社のフレッド・スミスが、旅客輸送ではなく製品輸送専用の航空会社を設立し、億万長者になった。こうした例はたくさんある。

最近の例をあげれば、雑誌『タイム』で一九九九年のマン・オブ・ザ・イヤーに選ばれた、アマゾン・ドット・コムのジェフ・ベソスなど、インターネットを利用して億万長者になった人々が、巨万の富を築いている。インターネットを利用して起業家になった人々は、インターネットという新しい道具をつかって、モノをより効率的に流通するようにしたのである。

■二一世紀になって変化した流通

富が築かれる、最近の例をつぶさに観察してみると、流通におけるビジネス・チャンスの性質に変化が生じていることがわかる。

流通とは、二つのプロセスから成り立っている。

◎消費者の生活を向上させる製品とサービスについて、消費者を教育する。

◎製品とサービスを物理的に消費者のもとに届ける。

サム・ウォルトンやフレッド・スミスなど、二〇世紀に流通分野で億万長者になった人々の大部分は、消費者が手に入れたいとすでに思っている製品を物理的に消費者のもとに届ける、より効率的で安価な方法を見つけることによって富を築いた。

他方、ジェフ・ベソスなど、二一世紀において流通分野で億万長者になっている人々は、新しい製品やサービス、すなわち、たいていの場合、そういうものが手に入ることを消費者がまだ知りもしない製品やサービスについて消費者を教育することによって富を築いている。

ウェルネス分野の起業家と投資家としては、そのような流通に関するビジネス・チャンスの性質の急変が、過去に少なくとも一度は起きたことを理解しておくことが重要である。

一九世紀になる以前、完成品の流通の仕事には、ほとんどの場合、消費者の生活を向上させる製品やサービスについての消費者教育が付随していた。当時は、行商人であろうと、大通りに店をかまえる商人であろうと、販売する製品についての知識があることを誇りにしていた。また、大半の時間を製品について消費者に説明することに割いていた。

一九世紀になると、こうした行商人や店をかまえる商人が、シカゴのマーシャル・フィールズ（一八六五年創業）やボストンのフィリーンズ（一八八一年創業）のような、デパートに発展する。デパートは、二〇世紀の流通業の特徴をほとんど備えていた。テクノロジーの進歩により、信用販売、店舗などの不動産、仕入れ等の機能が集中化され、デパートは、その源となった行商人や大通りの商店に、またたく間にとって代わった。

これらのデパートは、テクノロジーを利用して商品の販売コストを引き下げただけではなかった。デパートは、小規模の小売業者のようなこまやかな顧客サービスについても誇りを持っていた。その結果、従来の経済の論理に反して、消費者需要が際限なく刺激されることになった。つまり、なにか欲しいものを買いにデパートに行くのではなく、今まであることを知らなかったけれども、いったんそれについて知ってしまうと、なくては生活が不便に感じられるモノについて、デパートを訪れることで知るようになったのである。それは、電球、皿洗い機、製氷機、セルフ・クリーニング・オーブンなどである。

テレビとマスメディアが登場する以前のことを振り返ってみると、デパートは、今日の流通の二つの機能をみごとに果たしていた。デパートはまず、消費者の生活が向上するような新製品について、消費者を教育した。そうして、どんな製品が入手可能かを消費者に教え、ニーズに合った適切な製品を消費者が選ぶ手助けをしたあと、今度はその製品を工場から消費者のもとへ物理的に配達したのである。

では、ここからは、〝知的流通〟と〝物的流通〟という二つの言葉をつかって話を進めよう。

■「知的流通」と「物的流通」

「知的流通」とは、製品とサービスについて、消費者を教育するプロセスのことである。とりわけ、それらが存在していることや手ごろな価格で入手できることを消費者が知らない製品やサービスについて教えることを指す。

「物的流通」とは、すでに需要のある製品やサービスを消費者が物理的に手に入れるのを手助けするプロセスのことである。

ウェルネス分野の起業家は、今日の他のあらゆるビジネスと同様、この二つの流通の機能を果たして、顧客を満足させなければならない。

一九五〇年から二〇〇〇年までの間に従来のデパートは衰退した。その原因の一端は、ショッピングモールやどこでも利用できるクレジットカードなど、新しいテクノロジーが登場したためだ。

その結果、掛売り勘定など、かつてデパート独自の新機軸だったものが時代遅れになったことにも衰退の一因がある。

しかし、デパートが衰退した最大の原因は、デパートが、物的流通サービスのレベルを知的流通サービスと同等に保てなかったことである。

消費者が小売店から購入するモノの中心は、従来の耐久消費財（大型家電製品や家具など）から消耗品（洗剤、ペーパータオル、電池など）へと変化した。それにつれて、消費者は、手に入れたいとすでに思っている製品を、できるだけ速やかに、日常的に手に入れたいと望むようになった。こうした要望に応えるには、高層ビルであることの多いデパートは、物理的なレイアウト上、適していなかった。また、レイアウトを改善するにも時間がかかった。フィルムを一本買いにデパートに駆け込んだところ、レジ係の店員が他のお客に対して新製品のカメラの説明をしていたために、二〇分も待たされたという経験のある人は、少なくないだろう。

こうした状況を打破するため、サム・ウォルトンのような起業家たちは、知的流通ではなく物的流通にほぼ全面的に重きをおいて、量販店をオープンした。これらの量販店は、消費者が店に来る前にすでに手に入れたいと思っているそのものズバリの製品だけを店頭に並べた。そして、できるだけ時間をかけず、できるだけ安い価格で販売した。量販店の登場は、旧来のデパートに大打撃をあたえた。★1（次頁）

量販店は、ラジオとテレビの発達の恩恵もこうむった。幅広い層に売れる製品をつくるメーカーは、マスメディアを利用した。そうすることによって、従来のようにデパートを通じてではなく、顧客層に情報をじかに伝えられるようになったのだ。今日、ほとんどの製品について、多くのメーカーがマスメディアを通じて顧客と接するようになっている。小売店として生き残っているのは、ウォルマート、Kマート、ターゲットなど、コストを最低限に抑えて効率をもっともよくしている物的流通業者である。顧客がひいきにするのは、個々の小売業者（シアーズ、メイシーズ、J・W・ロビンソンズなど）ではなく、個々のメーカー（ソニー、リーバイス、プロクター・アンド・ギャンブルなど）になった。

こうした傾向がはじまったのは、今から三〇年前である。当時の買い物客がよく口にした苦情は、売っている商品について店員よりも顧客のほうがよく知っているというものだった。しかし、今日、多くの小売店の店員は、商品のことは顧客のほうがよく知っていると当然のように思っている。

かつて強大だったデパートがこのように衰退していった話には、ウェルネス分野の起業家にとって重要な教訓が含まれている。

物的流通サービスは、知的流通サービスと同じレベルに保たなければならない。さらに、その逆もまた同様であり、流通サービスの性質の急変には

★1　すべてのデパートのオーナーがぼんやりしていたわけではない。約1世紀の歴史を持つデイトン－ハドソン・コーポレーションは、それまでのデパートを改善して、よりファッショナブルな品揃えをすると同時に、1962年には、「ターゲット」という名の店舗を創設し、世界最大の量販店に育て上げた。1999年にはターゲットの販売高が会社全体の売上高330億ドル（約3兆9600億円）の78パーセントを超え、ついに2000年には会社名を「ターゲット・コーポレーション」に改めた。

つねに遅れをとらないようにしなければならない。

■過去に起きた変化は、未来では、より短時間で起こる

前述のデパートと量販店の変遷をめぐる話など、ビジネスの歴史には、ウェルネス分野の起業家にとって多くの重要な教訓が含まれている。しかし、それらのビジネスの歴史を研究し、ウェルネス関連の製品やサービスの流通に応用しようとするさいに、一つ重要な注意点がある。

かつて五〇年ないし一〇〇年かかって起こった変化が、今日では五年ないし一〇年の間に起きてしまうということだ。

七〇年の歴史があった気化器《キャブレター》産業は、一九八一年以降、わずか七年で電動燃料噴射器にとって代わられている。五〇年の歴史があったレコードは、一九八五年以降、わずか五年でコンパクト・ディスクにとって代わられた。三〇年の歴史があったファックスは、一九九五年以降、わずか三年でEメールにその座をほぼ奪われた。

過去のことを研究し、将来のウェルネス・ビジネスに適した応用を考えるさいには、時間を短縮して考えなければならない。現在五年かかって起き

ている変化が、将来は五ヵ月もしくはそれより短期間で起こるかもしれないのだ。

■大型専門店における、ウェルネス分野のビジネス・チャンス

近年、小売業界では、いわゆる〝カテゴリー・キラー〟と呼ばれる新しい傾向の店舗が伸びてきている。こうした店舗は、量販店の物的流通の強みを保持しながら、知的流通サービスにおいては旧来のデパートをしのいでいる。

ホーム・デポ、ペッツ・マート、コンプUSA、トイザラス、ベビーザラスなどのカテゴリー・キラーは、事実上たった一つの分野における量販店の役割を果たしている。こうした店では、特定分野における品揃えを最大限にしつつ、それらの商品を最低価格で販売している。そのため消費者は、郊外など遠方にあるこうした店にわざわざ足を運ぶようになる。その結果、カテゴリー・キラーのほうは、いっそう広い店舗をオープンして品揃えを増やしながら、価格をさらに引き下げられるようになっている。

こうした店では、ある特定分野の商品だけしか扱わないことで、かえって、その分野の製品自体に関心を持つ人々を惹きつけ、従業員として雇い入れられるようになってもいる。さらに、ほとんどのカテゴリー・キラーでは、その分野の製品についてもっと学びたいと思っている従業員や顧客向けに、店内に教室を設けている。カテゴリー・キラーは、製品のことや製品の使い方について、

メーカーより詳しく知っている場合がよくある。

きわめて強力な購買力と販売力に加えて、そうした豊富な知識を持つカテゴリー・キラーは、小売業界に新しい現象を生み出した。特注のメーカー品が、平均的な一個あたりの製造コストよりも安い価格で販売されるようになったのである。その結果、通常の卸売価格より小売価格のほうが安い商品が登場した。

そうしたことがどんな仕組みで成り立っているのか、一例を挙げて見てみよう。

一九九二年、あるメーカーが、一般の工具店で六〇〇ドル（約七万二〇〇〇円）の高性能機として小売される工具用エアコンプレッサーを、卸売価格三〇〇ドル（約三万六〇〇〇円）で卸していた。当時の年間販売個数は、二〇万個である。メーカーはこの製品を一個二〇〇ドル（約二万四〇〇〇円）で生産していた。内訳は、人件費と原材料費などの変動費として五〇ドル（約六〇〇〇円）、五年で償却する設計費、工具費、金型費として一五〇ドル（約一万八〇〇〇円）だった。五年間で一〇〇万個生産するために、このメーカーは工場、研究、工具類の金型、技術設計などに一億五〇〇〇万ドル（約一八〇億円）の先行投資を行わなければならなかった。

一九九三年、ホーム・デポは、この製品の小売価格を六〇〇ドル（約七万二〇〇〇円）よりもずっと安く、たとえば二〇〇ドル（約二万四〇〇〇円）にすれば、自社のチェーン店で五〇万個販売できるという見通しを立てた。ホーム・デポは、五〇万個仕入れる代わりに卸売価格を一個一〇〇ドル（約一万二〇〇〇円）にしてくれないかと提案した。メーカーは最初、一個あたりの製造費だけでその二倍もかかるんですよと言って、あざ笑った。しかし、よく検討してみると、数字の上では、最低限ながら利益が出ることがわかった。また、この提案を断れば、ホーム・デポはより生産量の多い競合他社に話を持っていき、自分たちは倒産に追い込まれかねないと認識した。このメーカーはその提案を受け入れ、ホーム・デポは最終的に八〇万個を売り切った。その後、メーカーはこうした予想以上の売り上げを活かして、工場の機械設備を改善し、当初一個あたり一五〇ドル（約一万八〇〇〇円）だった固定費を五〇ドル（約六〇〇〇円）未満に低減させることができた。

こうした展開によりもっとも恩恵をこうむったのは、消費者だ。なにしろ、かつて六〇〇ドル（約七万二〇〇〇円）した製品を、当初の卸売価格三〇〇ドル（約三万六〇〇〇円）よりも安い、二〇〇ドル（約二万四〇〇〇円）で購入できるようになったのだ。★1

同様の改革により、カテゴリー・キラーや革新的な量販店は、従来の卸売価格より安い価格で、一流の品質のモノを販売しつづけられるようになっている。改革とは、たとえば、メーカーの業績が鈍っている時期などに大

★1　ホーム・デポは、従来の供給メーカーに対して、いかにすれば年20パーセントのコスト削減もしくは品質向上ができるかについての計画を、毎年提出するよう義務付けることにより、そのような改革を“制度化”してきた。もし従来の供給メーカーがそうした指針に従えない場合、そのメーカーとの取引関係全体について、他のメーカーに呼びかけて公開競争入札が行われる。こうしたことがあるので、各供給メーカーは、土壇場になってではなく継続的に改革に取り組まざるを得なくなっている。

量買付けを行うなどである。

一例を挙げれば、コストコのような量販店は、特定商品の在庫を継続的には持たない。コストコは、ふだんフル稼働している有名メーカーの工場で遊休時間があるときに、指し値で注文を入れる。メーカーとしては、遊休時間があるときにも人件費その他の間接費の支払いをしなければならないから、通常の卸売価格よりもかなり低い指し値の注文も受けることになる。さらに、コストコに納入している業者は、通常、ある一定の短い期間に売れ残った品物については、（運賃込みで）返品を受け付けるよう義務付けられている。そのおかげでコストコは、もっとも流行している一流の商品だけを確実に販売することができるのだ。

昨今のカテゴリー・キラー各社は、小売に関する最先端技術を駆使して、一流品を卸売価格より低い価格で継続的に販売する能力と、最高の消費者教育や物的流通サービスを結びつけようとしている。しかし現時点では、ウェルネス分野において強力なカテゴリー・キラーはまだ登場していない。

ここに、ウェルネス分野の最大のビジネス・チャンスがある。すなわち、一ヵ所で用が足りる巨大店舗かモールをオープンし、ウェルネス分野の数多くのモノとサービスを扱って、最高度の知的流通と物的流通を結合させた場をつくり出すのである。

その上、ウェルネス分野の多くの製品には独自の特徴があるから、カテゴリー・キラーとしてのビジネス・チャンスは、とりわけ大きいものになり得る。これについて、本章で見ていこう。

■限界生産費用ゼロという新時代

今日、カテゴリー・キラーが一流品を卸売価格よりも安い値段で販売し利益をあげられるのは、経済状況に著しい変化が起こりつつあるためだ。

私たちは今、生産コストと流通コストの限界費用[★1]が実質的にゼロになる時代に入ろうとしている。

これは、あらゆる産業の供給業者と小売業者に多大な影響をおよぼすが、とりわけウェルネス産業においては、製品やサービス（ビタミン、サプリメント、フィットネス・クラブの会費など）の限界費用が低くなったりゼロになったりすることとの意味は大きい。

今日、単位あたりの原材料費、ならびにオートメーション化された労務の費用は、大幅に低減してきている。多くの形態の製品において、単位あたりの償却研

★1　生産量や流通量を一単位増加するときにかかる総費用の増加分。

究開発費と償却マーケティング費が、経費のほとんどを占めるようになっているのだ。
原材料から最終製品にいたるまでには、つぎの四つの段階を経る。

①研究開発
②物理的な製造あるいは生産
③知的流通
④物的流通

モノにせよサービスにせよ、従来、経費のもっともかかるのは、単位あたりの物理的製造コスト（②）と物的流通コスト（④）だった。高価な原材料費と手作業の労務費が製造コストの大部分を占め、一単位（あるいは千単位）を生産するごとに、それらの費用が上下していた。同様に、最終製品の貯蔵、運送、配達にかかる物的流通コストが流通コストの大部分を占め、一単位（あるいは千単位）を流通させるごとに、それらの費用が上下していた。

しかし今日では、製品やサービスをつくり出す費用の大部分を研究開発コスト（①）と知的流通コスト（③）が占めている。この徴候は、ソフトウェア、娯楽、通信、そしてウェルネスといった、新しい製品やサービスの分野には、ほぼ一〇〇パーセントあてはまる。すなわち、そうした分野の製品の費用は、ほとんどが研究開発コストとマーケティング・コストなのだ。同様の傾向は、カメラ、衣服、その他の消費財など、旧来のモノやサービスでも見られる。

このように、製造と流通の占める割合と性質が変わりつつある。とりわけ、限界製造コストあるいは物的流通コストの低い、ウェルネス分野の製品やサービスにおいては、その傾向が顕著である。

製造業におけるビジネス・チャンスはいまや、単位あたりの物理的生産コストを単に削減する方法を見つけだすことにはなく、製品の設計もしくは発明の分野にある。そして流通部門におけるビジネス・チャンスはいまや、物的流通ではなく知的流通の分野にあるのである。

量販店各社は、小売業者としては真っ先に、こうした変化を感じとっている。数百万人の消費者は、家庭用の消耗品を購入するさい、インターネットを使うことの便利さを知りつつある。あるいはなんらかの形で工場から家庭へ直接配達される自動補充発注システムを利用したりすれば、いかに効率よく買い物ができるかに気付きつつある。大量仕入れとメーカーからの直接配送によって価格が引き下げられるためだ。さらに、宅配便によるモノの配達コストは、消費者が買ったモノを小売店から自宅まで自分で運ぶのにかかる時間と距離のコストより安いこともたびたびある。

こうした変化による省力化は、今後さらに進んでいく。家庭用消耗品の直接配送を歓迎する消費者がさらに数百万人増えれば、メーカーはゆくゆくは、大半の製品を量販店などの中継点に置かなくなるだろう。そして、メーカーから家庭へ直接届けるようになるかもしれない。その数量が増えれば、価格はさらに下がるはずだ。

私はこのような傾向を予想して、自宅を建てるさいに、囲いで仕切ってガラス扉をつけたスペースを玄関に設けた。留守中でも配達員がモノを置いていけるようにするためだ。そこには、冷蔵庫、ヒーター、ドライクリーニングされた衣服をかける横棒、そして内部に人がいると稼動する電動カメラを備え付けてある。磁気カードを使って出入りできるような、こうした電子管理人室は、いずれはどこの家庭でも当たり前の設備になるだろう。

二〇世紀のはじめ、加工品と原材料の物的流通の全国網は、鉄道が支配していた。しかし、鉄道会社は他の業種と協力しない態度（運送業と対抗する鉄道という姿勢）をとったために重要性が減じてしまった。その結果、顧客との関係を活かせず、鉄道の時代からトラックの時代への移行に乗り遅れた。いま量販店各社は、同じ轍《てつ》を踏むまいとかたく決心している。

物的流通を専門にしている、ウォルマート、コストコ、その他の量販店は、テクノロジーの進歩に乗り遅れて廃業に追い込まれてしまわないよう、つぎの手を打っている。ウォルマート・ドット・コム、コストコ・ドット・コムなどのオンライン・ショップを急速に構築しつつあるのだ。しかし量販店業界は、全体のコスト構成の中で縮小しつつある要素である物的流通に、依然としてビジネスの重点を置いており、今後厳しい戦いを強いられるだろう。現在そして予測可能な将来の小売業において、最大のビジネス・チャンスは知的流通の分野にあるのである。

知的流通分野の中で、起業家にとってもっとも大きなチャンスがあるのは、ウェルネス関連の製品とサービスにかかわる分野だ。なぜならば、消費者はそうした製品のほとんどについて、その存在すら知らない。その上、ウェルネス関連の製品とサービスの多くは、単位あたりの限界製造コストが低いか、実質的にゼロだからである。

■ハイタッチとハイテクを結合させる

新しい製品やサービスを普及させるには、その製品等を熟知した人間でなければできない、マン・ツー・マンの消費者教育が必要とされる。すなわち、〝人間的ふれ合い《ハイタッチ》〟と〝ハイテク〟を結合させなければならないのだ。そうした例をいくつか挙げると、一九七〇年代のビデオデッキ、一九八〇年代の長距離電話サービスや留守番電話などがある。そしてもちろん、一九九〇年代のすぐれたビタミン製品や栄養食品なども例外ではない。

過去数十年間、消費者がそれらの新しい製品やサービスに費やす金額は毎年増えつづけてきた。だが、カテゴリー・キラーが近年成長してきたとはいえ、消費者がそうした製品の使い方はもとより、存在そのものを知る場はまだまだ足りない。

このように、新製品を普及させるためにはハイタッチとハイテクの結合が必要であり、それが、対面で直接販売を行う企業を成長させてきた大きな要因となっている。このことは、新しいテクノロジー、とりわけウェルネスの分野にとくにあてはまる。

一九八〇年代、アムウェイは、アムヴォックス・サービスを独自開発した。これにより、アムウェイのディストリビューターたちは、自宅で使える電子ボイス・メール・サービスを導入したり、MCIと提携して、割引料金で使える消費者用長距離電話サービスを開始したりした。

一九九〇年代、ビタミンや栄養補給のサプリメント製品でもっとも成功をおさめたのは、ダイレクト・マーケティング会社を通じて販売されたものだった。マオウ（減量用）、ピクノジェノール（抗酸化作用）、エキナシア（風邪とインフルエンザに）など、人気のあるサプリメント製品の多くは、店頭販売される製品になる前に、ダイレクト・マーケティング会社を通じて手に入るようになっていた。

ウェルネス製品と新しいテクノロジーのおかげで、ダイレクト・マーケティング会社の近年の販売高は、いちじるしい伸びを示した。アメリカだけで一九九五年の約一七〇億ドル（約二兆四〇〇億円）から二〇〇〇年の二六〇億ドル（約三兆一二〇〇億円）へと、五〇パーセントも増えている。この増加率は、ほぼ同じ期間における従来の小売業による販売高の伸びのおよそ二倍にあたる。★1

★1　アメリカの小売販売高は、1995年の2兆3590億ドル（約283兆800億円）から1999年の2兆9950ドル（約359兆4000億円）へと、27パーセント増加した。(Statistical Abstract of the United States, 1999, U.S. Census Bureau.『現代アメリカデータ総覧〈1991〉』アメリカ合衆国商務省センサス局編集、鳥居泰彦監訳／原書房)

このようにダイレクト・マーケティング業界は五〇パーセントの伸びを示している。しかも、競争相手である従来の小売業がいま経験している飽和状態に達するまでには、これから先まだまだ成長する余地がある。

アメリカにおけるダイレクト・マーケティングの現在の年間販売高三〇億ドル（約三六〇〇億円）は、従来のアメリカの小売業による三兆ドル（約三六〇兆円）を超える販売高に比べれば、その一パーセントにも満たない。量販店チェーンでは、ウォルマート一社だけでも、二〇〇〇年の販売高が一六五〇億ドル（約一九兆八〇〇〇億円）を超えているのである。

ダイレクト・マーケティング各社もカテゴリー・キラー各社も成長している。とはいえ、まだ利用されていないが、もっと効果のある消費者向け製品の数は、毎年増え続けている。まだ、その存在自体すら知られていない新しい製品やサービスが数十種類はありそうだ。最新のデジタル・カメラから、教育用ソフトウェア、すぐれた健康食品や栄養補給サプリメントにいたるまで、従来よりも優れた消費者向け製品を使いはじめた家庭にとっても、例外ではない。

消費者に、まだ知られていない製品やサービスについて教えること、つまり知的流通の分野には、起業家にとってきわめて大きなチャンスがある。

ダイレクト・マーケティング会社の中には、自分たちのビジネスを十分に理解していない会社がある。そうした会社はいまだに、自社の製品を使う消費者のことを、製品を売る相手であるお客さんと見ており、教育する対象としての得意客とは見ていない。

ダイレクト・マーケティング会社のディストリビューターは、販売と教育の違い、物的流通と知的流通の違いを理解する必要がある。さもなければ、旧来の小売業に対して持っている、ハイタッチという強みを活かすことはできないのだ。

■インターネットとドット・コム企業の影響

すべてのビジネス・パーソンは、インターネットによる影響を理解しなければならない。自分のビジネスではインターネットをどう利用し、インターネットを主に利用している企業が自分のビジネスにとってどのような競争相手になるかを、知る必要があるのだ。

とくにウェルネス分野の起業家は、インターネットの歴史と、流通におけるインターネットの役割を理解しなければならない。その上で、インターネットを自分のビジネス・プランに組み込み、投資家やビジネス・パートナーからのインターネットについての質問に答えられるようになる必要がある。

今日あるインターネットの原型は、一九六〇年代にアメリカ国防総省の兵器研究者たちによってはじめられた。かれらは、核兵器による壊滅的な大惨事があっても生き残れる通信システムを開発しようとしていた。そのシステムは、中央の処理施設を持たずに、離れ離れにある場所をつないで通信できるよう設計された。したがって、システムのうち相当の部分がどんなに破壊されても、生き残ったシステムは恒久的に利用できるようになっていた。[★1]

インターネットは、こうした特徴があるので、すべての送信者と受信者が、独自のクライアント兼サーバーもしくはメインフレームのような扱いを受けることになった。そして、今日あるような、民主化を促進する素晴らしいシステムへと進化をとげた。世界の強国や経済大国は、関心の中心を組織から個人へと変えることになった。

インターネットの最初の接続ポイント《ノード》は、一九六九年、カリフォルニア大学ロサンゼルス校（UCLA）に設置された。そして、UCLAのネットワーク内にある複数のコンピュータとスタンフォード・リサーチ・インスティテュートのもう

★1　アメリカ国防総省が、1960年代はじめに、マサチューセッツ工科大学（MIT）、ランド研究所、イギリスの国立物理学研究所の3つの組織に、インターネットの研究を別々に委託した。その後に起きたことは、本当に興味深い。かれらは厳格な守秘指針の下で作業を進め、おたがいの作業については知らなかった。それにもかかわらず、1968年、規格について合意するため、一同がワシントンに集まってみると、パケットと独自のクライアント／サーバーに関して、3者がまったく同一の結論に達していたのだ。

一台のコンピュータが接続された。その後まもなく、さらに二つのノードが追加され、カリフォルニア大学サンタバーバラ校とユタ大学にそれぞれ設置された。ARPANETと呼ばれた、当初アメリカ国防総省の資金で作られたこのネットワークは、たちまち発展を遂げ、世界中の数千にのぼる科学者と大学を結びつけた。そして一九八三年には、TCP／IPという略語で呼ばれる、通信に関する新しい基準が設けられた。

さまざまな政府機関から資金を得ながら、初期には国防関係の科学者だけをつなぐネットワークになっていた。一九八五年、大学に所属している、資格のあるユーザーであれば、専攻分野に関係なく利用を認めるという決定がくだされた。これをきっかけに、インターネットの基幹通信回線、すなわち各大学のネットワーク同士を接続する高速通信回線を民営化する九年計画がはじまった。この民営化が達成される頃までには、インターネットは七大陸と宇宙空間にある五万を超えるネットワークをつなぐまでに成長した。しかし、今日私たちが知っているようなインターネットは、まだはじまっていなかった。

一九九五年、インターネットで情報サービスを利用できる資格、〝アカウント〟を個人ユーザーが独自に、つまり、所属している大学や組織とは独立した形で取得することを認める、歴史的決定がなされた。

すでに指摘したとおり、小売価格に占める流通コストの相対的な割合は、一九六〇年代末の約五〇パーセントから今日の約七〇パーセントへと過去三〇年に渡り高まっている。この間に最大の富を築いたのは、モノづくりの新しい方法ではなく、モノを流通させる新しい方法を他に先駆けて見つけだした人々であった。そうした先駆者たちは、リアルタイムの電子通信を利用して小売業者と生産者を自分たちがつなぐことによって、成功をおさめてきた。たとえば、ウォルマートは現在、アメリカ国防総省に次ぐ巨大なデータベースを持っている。★1 そして、流通コストを大幅に削減する一方で、顧客が望むモノを希望された時間に希望された場所へ配達することにより、顧客サービスを向上させた。

一九九〇年代はじめ、こうしたジャスト・イン・タイムの流通テクノロジーを利用できるのは、流通業者のメインフレーム・コンピュータとの間に独自の通信回線を設置するだけの経済的余裕のある大企業に限られていた。とはいえ、そのようなリアルタイム高速通信は、一九九〇年代を特徴づけた景気拡大に火をつける役割を果たした。そして一九九五年の歴史的な決定により、個人ユーザーが自分のインターネット・アカウントを持てるようになると、火にガソリンを注いだような効果をもたらした。

瞬時にリアルタイム通信が行えることの経済的ならびに生活面での恩恵を、突如として、誰もが享受できるようになった。ごく小規模の起業家もフォーチュン500にランキングされるような巨大企業も、通信環境については平準化されたのである。独自の通信システムをすでに構築していた企業は、通信システムを一からつくり直さなければならなかった。数千社にのぼる小口の供給業者のみなら

★1　故サム・ウォルトンは、知る人ぞ知る、情報時代のCEOの草分け的存在だった。1962年、44歳で創業した後、ウォルトンは、1966年にIBMのコンピューター・スクールに通った。その目的は、クラスでもっとも優秀な人間を雇い入れることだった。

★2　別の言い方をすれば、今日、最終製品における経済的価値もしくはコストの大部分は、従来の労働や原材料のコストではなく、製品をつくるためのツールに存在するというわけだ。

ず、最終的な顧客である消費者がこぞってインターネットを直接利用することに対応するためだ。

この歴史的決定の影響は、停留所でバスを待つことから、食料品の買い物にいたるまで、一般の町なかでも、そこかしこで見られるようになっている。アメリカでは、バスと停留所は電子的につながっており、バスの運転手は乗客が待っている場合だけバスを道の脇に寄せる。今後、店舗と電子的に接続された食糧貯蔵室が自宅にある買い物客は、スーパーマーケットに行けば、補充すべきモノ（ペーパータオル、牛乳、卵など）がすでにカゴに入れられているかもしれない。あるいは、食料品などは自動的に家庭に配達されるようになる可能性もある。

しかし、同じ歴史的決定の影響は、アメリカの金融市場ではすでにはっきりと現われており、抜け目ない投資家たちが、まもなく一般社会で起こることを予測している。

今日、アメリカ株式市場で上位一〇位ないし上位一〇〇位にランクされている、膨大な時価総額（すなわち純資産）を有する企業の大半は、ハイテクの〝ツール・メーカー〟である。こうしたツール・メーカーは、末端の消費者が望むような、衣食住や輸送、治療、教育、情報などを直接提供する単一の製品を生産しているわけではない。

その代わりツール・メーカーは、他の企業が末端の消費者の望む製品を効率的に生産するのを助ける製品をつくっている。その効果はきわめて大きく、生み出される付加価値のおかげでツール・メーカー企業は、顧客企業よりも高い評価を得ている。[★2] 今日、アメリカの株式市場でもっとも高く評価されている企業のうちの五社（シスコ、マイクロソフト、インテル、オラクル、ボーダフォン）は、二〇年前には存在しないも同然の企業だった。しかし、現在これらの会社の純資産合計額は一兆ドル

（約一二〇兆円）を超えているのである。

インターネットを利用するドット・コム企業について、もっとも誤解されている点がここにある。いま挙げた企業をはじめ、テクノロジーを基盤に活動している数千社の企業は、ツール・メーカーなのである。かれらは、末端の消費者が望むような製品をつくってはいない。その代わり、他の企業が末端の消費者向け製品をつくったり流通させたりするさいに、コストを削減し顧客をより満足させる手助けをしているのである。

とはいえ、ゆくゆくは、末端の消費者向け製品やサービスをつくって流通させ、消費者とつながりを持つ企業が、最終的な決定権を持つようになるだろう。二〇〇一年初頭、ウォルマートは、販売額と従業員数においてアメリカ最大の企業になった★1。まさにジョン・メイナード・ケインズがかつて述べたとおり、「消費は、あらゆる経済活動の唯一の目的である」ということだ。

インターネットそのものを一つのビジネスとしてとらえるという、不幸な過ちをおかしてきた起業家や投資家は少なくない。実はインターネットは、ほかのビジネスにおけるさまざまなチャンスを活かすために利用できる、強力なツールなのだ。

インターネットを利用するビジネス、とりわけインターネットを利用する

★1　Kaufman, Leslie, "As Biggest Buisiness, Wal-Mart Propels Changes Elsewhere"「最大の企業、ウォル・マートは、他分野の変革を促進する」2000年10月22日付「ニューヨーク・タイムズ」

ウェルネス・ビジネスの成否は、ビジネスの主体となる製品と顧客にかかっているのである。

第九章へ進む前に　起業家、投資家、流通業者《ディストリビューター》のためのアクション・プラン

①過去数百年かけて起こった変化が現在では数十年で起こり、ここ数年で起こっている変化は将来数ヵ月で起こるだろう。このように変化のペースが加速していることが、ウェルネス・ビジネス関連であなたの選んだ三つの各有望分野にどのような影響をあたえるか分析せよ。

②三つの各有望分野の潜在顧客に対して、どのように教育する計画をあなたは立てているか。その教育を行うコストを分析せよ。あなたは、そのような教育を行うことで収入を得るのだろうか。それとも、そうした教育はビジネスを行う上での経費だろうか。もし経費であるならば、そのような教育の経費はあなたのビジネスにとって採算が合うものだろうか。

③「知的流通」とは、製品とサービスについて、とりわけ、それらが存在していることや手ごろな価格で入手できることを消費者が知らない製品やサービスについて、消費者を教育するプロセスのことである。「物的流通」とは、すでに需要のある製品やサービスを消費者が物理的に手に入れるのを手助けするプロセスのことである。三つの各有望分野における流通のタイプを分析せよ。起業家にとって流通に関する最大のビジネス・チャンスは、いまや物的流通ではなく

知的流通の分野にあることを覚えておこう。

④ウェルネス分野において、ホーム・デポやペッツ・マートのようなカテゴリー・キラーが登場したと仮定しよう。その場合、三つの各有望分野がどのような影響を受けるか分析せよ。あなたはそうした競争で生き残れるだろうか。あなた自身は、ウェルネス分野のカテゴリー・キラーになにかを提供する業者になれるだろうか。

⑤三つの各有望分野における各製品の限界費用はいくらだろうか。その費用はゼロに近づいてゆくだろうか。ゼロに近づいてゆく、あるいは近づいていかないのは、なぜか。同一の製品やサービスをもっと低いコストで提供する業者が現われる可能性はあるだろうか。もしあるなら、あなた自身が真っ先にそうした供給業者になるにはどうすればいいのか。

⑥三つの各有望分野に関して、インターネットはどんな役割を演じるだろうか。この強力なツールをあなた自身が各分野でどう活用できるか分析せよ。インターネットを利用してあなたの顧客をより満足させられるような、別のタイプのビジネスや個人が存在し得るだろうか。もし存在し得るなら、あなた自身が真っ先にそうした別のタイプのビジネスに取り組んだりそのような個人になったりするには、どうすればいいのか。

これらの検討結果に基づき、自分が選んだウェルネスビジネスの三つの有望分野について、一部またはすべてを、削除するか置き換えることを考える。ここまで書いてきたメモと、七つの章の終わりでつくったアクション・プランを見直し、いままで考えてきた潜在的なビジネス分野のすべてについて再検討せよ。

第9章　自分が参入する分野を絞り込む

これまで見てきた一兆ドル（約一二〇兆円）のウェルネス産業の中で、自分が参入するべき分野を絞り込むにあたり、おそらくあなたは、つぎのように自問しつづけていることだろう。この新興の一兆ドル（約一二〇兆円）産業の中で、自分の取り分が信じられないような富になる、最高の分野はどこなのかと。

スティーブ・デモス（シルク豆乳）やポール・ウェナー（ガーデン・バーガー）のように、ウェルネス製品のメーカーになるのがよいのか。ジル・キニー（クラブ・ワン）やフランク・ヤノウィッツ医師（フィットネス研究所）のように、ウェルネス分野のサービス提供者になるべきか。ウェルネス専門のコンサルタントになって、友人や同僚に最高のウェルネス製品を提供する、すなわち、物的流通ではなく知的流通に焦点を絞るべきか。この新興の活力ある産業を専門にする投資家、あるいは投資金融業者になったほうがよいか。それとも、ウェルネス関連のさまざまな分野に参入したり専門職についたりする他の人々へのツール提供者、たとえばトッド・クーパマン医師（コンシューマー・ラブ・ドット・コム）のようになるべきか。さもなければ、こうしたいくつかのビジネス・チャンスを同時に追い求めるのはどうだろうか。

個人的なレベルでは、ちょうど外科医がまず患者本人を診察してみなければ、どんな種類の手術を行うべきか言えないのと同様、私も一人ひとりの質問にここで答えることはできない。しかし、あなた自身が自分の過去の経験を評価しつつ自分で解答を見つける上で手助けとなりそうな、一般的な要素を説明することはできる。

まず、重要なことは、ウェルネス産業が今後、私たちの食べ物や医療から、呼吸する空気や夜寝るときの寝具にいたるまで、経済のほぼ全部門になんらかの形でかかわるようになるということだ。つまり、ウェルネス革命というゴールド・ラッシュに参加するには、ウェルネス産業（たとえば、食品や医学の分野）に必ずしも直接参入する必要はないのである。

ウェルネスをめぐり築かれる富の多くは、銀行家、弁護士、会計士、マーケティング担当の会社重役、流通業者、保険代理業者など、ウェルネス産業にツールやサービスを提供する数千人の専門家にもたらされることになるだろう。

■ウェルネス産業にツールとサービスを提供する

一八七六年以降、「ゴールド・ラッシュ」という言葉は、〝新しい分野あるいは儲かる分野で突如生まれた富〟の中で自分の取り分を確保することの婉曲表現になっている。[★1] しかし、カリフォルニアでのゴールド・ラッシュ時代に生まれた富の多くは、金の採掘によるものではなかった。それらの富は、ゴールド・ラッシュ産業に各種のサービスを提供した事業家たちによって築かれたのである。ヘンリー・ウェルズとダニエル・ファーゴといえば、ゴールド・ラッシュ産業と同義

★1 Merriam-Webster's Collegiate Dictionary.Springfield, MA: Zane Publishing, Inc., and Merriam-Webster, Inc., 1996.『メリアム・ウェブスター・カレッジ英英辞典』丸善

語のように思われているが、実はどちらの人物も自分では一オンスの金も採掘したことがない。二人はニューヨーク州西部で貨物輸送の代理店をいとなんでいた。一八五〇年、アメリカン・エクスプレス・カンパニーを共同で設立し、バッファロー（ニューヨーク西部の港市）より西への貨物輸送を取り次ぐようになった。[★1] 一八五二年、二人は輸送に関する専門知識を活用して、得意客であるカリフォルニアの鉱山業者たちのニーズに応えることを決意し、ウェルズ・ファーゴ・アンド・カンパニーを創業した。その後、二人は駅馬車業者と、金の輸送と、鉱山業者への金融を結びつけることにより、一般銀行、旅行、保険の業界で大立者になっていった。かれらとその後継者たちは、一八八二年にアメリカン・エクスプレス送金為替をはじめた。そして、一八九一年にアメリカン・エクスプレス・トラベラーズ・チェック、一九一五年にアメリカン・エクスプレス・トラベル・デパートメントをそれぞれ開始した。実はアメリカン・エクスプレス社は、一九七〇年まで貨物輸送業を続けていたのである。

金鉱業者に融資し、その産出物を輸送し、銀行業務を行うことを通じて、ウェルズとファーゴは、金鉱業で成功した顧客の大半よりも金鉱業に精通するようになった。

同様に、ウェルネス産業にサービスを提供している人々の中にも、自分自

★1　ヘンリー・ウェルズは、ニューヨーク州オールバニで貨物輸送の代理業者として働いた後、リビングストン・ウェルズ社、および1843年にはポメロイズ・エクスプレス社を共同で設立して、バッファローとオールバニ間の貨物を扱うようになり、ダニエル・ファーゴを代理業者の一人として雇った。

身ではウェルネス製品を生産したり流通させたりしていないにもかかわらず、ウェルネスの専門家として頭角を現しきている人々がいる。

そうした専門家の一人として有名なのが、ビデオプラス社のスチュワート・ジョンソンである。ジョンソンがはじめてウェルネスと自己啓発に出会ったのは、かれが一五歳のとき、アラバマ州フェアホープでのことだった。かれは勧誘されて、ビタミンその他のサプリメントや家庭用品のメーカー、オールド・ワールド社のディストリビューターになった。〝あなたは、あなたが望むどんな人物にもなれる〟とか、〝あなたの経歴ではなく、あなた自身とあなたの選択が、運命を支配する〟という言葉をかれが聞いたのは、そのときがはじめてだった。ディストリビューター登録したかれは、一六歳になる頃には、毎月五〇〇〇ドル（約六〇万円）分の製品を売り、月に一〇〇〇ドル（約一二万円）以上のパートタイム収入を得るようになった。かれは、潜在能力について自分が学んだことを他の人々に教えることに大いにやりがいを感じ、その見返りを喜んで享受した。

二一歳のとき、ユナイテッド・サイエンスィズ・オブ・アメリカという別のウェルネス企業のディストリビューターになっていた数人の友人から、声をかけられた。その友人たちは、ディストリビューターの候補者向けに、自分たちの製品やビジネスについて詳しく説明するためのオーディオテープやパンフレットといった、さまざまなツールを開発していた。

ジョンソンは、それらのツールをまとめれば、〝遠距離スポンサー・キット〟なるパッケージをつくれると、すぐさま思った。そのパッケージは、ネットワーク・ビジネスに取り組む人が、国内各地にいる人々のスポンサーになろうとするさい、ディストリビューター候補の人々に直接会って教えなくてもすむという働きをするものだった。その後、かれらがディストリビューターになれば、ビジネスを発展させるため、さらなるトレーニングが必要になる。ということは、さらなるツールも必要になるのだ。

一九八七年、ジョンソンはネットワーク・ビジネスを離れ、ビデオプラス社を設立する。ビデオプラスは、そのほとんどがウェルネス産業にかかわっている、ダイレクト・マーケティングやネットワーク・ビジネスの企業のために、スポンサー用キットをつくり、製品の受注から発送まですぐに行えるようなツールを用意した。そして、各社の特注に応じてスポンサー用キットを作成し、そのネットワーク・ビジネス会社の名前で電話を受け、ディストリビューター候補者にキットを直送した。しかも、ネットワーク・ビジネス会社や個々のディストリビューターが自分たちでやるよりも、もっと迅速に、より安いコストで行ったのである。ビデオプラスがこうした業務を代行してくれるおかげで、ビデオプラスの顧客企業は、その時間をディストリビューターのリクルートとトレーニングに費やせるようになった。ビデオプラスはその後ほどなく、ネットワーク・ビジネス各社のツールを製造・出荷するだけではなくなった。ウェルネス・ビジネスやダイレクト・マーケティングに役立つような一流の内容をそなえた、独自の動機づけツールや教育用ツールをブランド名なしてつくりはじめたのである。

今日、ビデオプラスは、ネットワーク・ビジネスとウェルネスに関する業界用にツールを提供する企業の最大手である。ビデオやオーディオテープの複製を年間一二〇〇万本も生産し、一〇〇万個を超える遠距離スポンサー・キットを出荷している。ジョンソン自身はネットワーク・ビジネスのディストリビューターではないが、二〇〇〇年八月には雑誌「ネットワーク・マーケティング・ライフスタイル」のカバー・ストーリーで取り上げられた。ジョンソンを「ネットワーク・ビジネスのE・F・ハットン」と呼んだその記事は、「スチュワートが語ると、業界のリーダーたちが耳を傾ける」と伝えた。★1 ビデオプラスの顧客企業には、エイボン、フリーライフ、マナテック、ニュー・イメージ、ニッケン、NSA、ニュートリション・フォー・ライフ、シャクリー、それに（アムウェイ本社から分離した）アクセス・ビジネス・グループスの大半など、世界的な大手ダイレクト・マーケティング・ウェルネス企業が含まれている。それらの会社の年間販売高は総計で一二〇〇億ドル（約一兆四四〇〇億円）を超えている。

今日スチュワート・ジョンソンは、本人が想像だにしなかったほどの成功を、三七歳にして、おさめている。いまやダイレクト・セリング協会の理事であり、青年起業家機構（YEO）の創立時から最年少の理事もつとめ、フロリダ州サラソータの海の見える家で妻と二人の子供と暮らしている。しかし、かれ自身は、

★1　アメリカの証券会社E・F・ハットンがかつてコマーシャルで、「E・F・ハットンが語ると、誰もが耳を傾ける」というコピーを使ったことがある。

まだはじまったばかりだと感じている。自分の人生における本当の目的は、〃あなたは、あなたが望むどんな人物にもなれる〃とか、〃あなたの経歴ではなく、あなた自身とあなたの選択が、運命を支配する〃という自己啓発のメッセージを、一五歳のティーンエージャー全員に届けることだと思っている。その目的のために、かれは〃ザ・ライト・スタッフ財団〃を共同で創立した。そこでは、前向きな自己啓発のメッセージが今日の若者に届くような現代的な音楽のプロデュースを行っている。

ネットワーク・ビジネスを通じてであれメーカーとしてであれ、ウェルネス・ビジネスをはじめるならば、どのような難題があるかを調べてみよう。そして、自分と同じ道を歩む人々も同様の難題をかかえているかどうか自問してみてほしい。その答えが「イエス」なら、自分や他の人々が成功をおさめる上で助けとなり、あなた自身で開発できるようなツールのリストをつくろう。

そうすれば、スチュワート・ジョンソンと同様、ウェルネス・ビジネスをはじめる他の人々を助けることによって、自分自身が同様のビジネスに取り組むよりも大きな成功をおさめられるかもしれない。

■ウェルネス関連の金融分野で成功する

金融に強い関心を持つ個人にとって、各家庭が疾病保険からウェルネス保険に切り換えることは、ウェルネス・ビジネス全体に劣らぬほど大きなビジネス・チャンスがある。今日このビジネス・チャンスは、二〇年前に生命保険業界の様相を一変させ、現在推定四億ドルの資産を持つアート・L・ウィリアムズがつかんだチャンスに匹敵する。★1

アート・L・ウィリアムズは、高校のフットボール・コーチの息子としてジョージア州ウェイクロスに生まれ、長じてからは父と同じ道を歩むつもりいた。だが、アートが大学でフットボール・コーチをめざして学んでいたとき、不幸にも父親は心臓発作で亡くなり、生命保険もほとんどなかったために、一家は一文なしになってしまう。のちに高校時代の恋人と結婚し、自分の家庭を築きはじめたウィリアムズは、父親と同じ過ちを犯すまいと決心した。

一般の顧客として生命保険に加入しようとしたアート・ウィリアムズは、当時の消費者が生命保険会社にどれほどつけ込まれているかを知って驚く。

★1　Cronan, Carl, "Art the Revelator"「預言者アート」1998年9月28日付「ザ・ビジネス・ジャーナル・オブ・タンパ・ベイ」

一九五〇年から一九八〇年までの間、大手の生命保険会社は、おもに労働者階級の人々に対して終身保険を販売していた。当時の生命保険会社は個人を代理店として採用し、地元の共同体やその人の属する少数民族社会の中で、友人や隣人を対象に保険商品を販売させていた。そうした代理店は、財務上の利点を説明して終身保険を売るのではなく、感情に訴えて売るよう教えられていた。つまり、見込み客の台所のテーブルにつき、その奥さんに向かってこう言うのだ。「ご主人がご家族のことを大切に思っていらっしゃれば、ご自分にもしものことがあった場合に奥さんと子供さんを守るため、この契約書にサインしてくださると存じますが」そうした代理店は、実は他の保険で同等かもっとよい条件の保障が受けられるとか、代理店は一年目に払い込まれる保険料と同額ないしそれ以上の手数料を受け取っているなどということは、決して口にしないのだった。

終身生命保険というものは、実質的には、法定最低利息の付く貯蓄口座と一体となった、通常の生命保険と変わらない。たとえば、健康な三〇歳の男性に対する通常の生命保険の場合、死亡保険金一〇万ドル（約一二〇〇万円）の保障を付けるなら、年間保険料としておよそ一四〇〇ドル（約一六万八〇〇〇円）を払い込むことになる。一方、同額（一〇万ドル）の保障が付く終身生命保険の場合、年間に約五〇〇〇ドル（約六〇万円）の払い込みが必要になる。死亡保険金の保障にあてられる分として一四〇〇ドル（約一六万八〇〇〇円）、それに、終身保障にあてられる分として三六〇〇ドル（約四三万二〇〇〇円）がかかるのだ。そして、終身保障分として払い込まれた金額の一部は、金銭的価値が増えていくことになっている。理論上は、被保険者が毎年五〇〇〇ドル（約六〇万円）払い込むと、死亡した場合には、払い込み金額のうちの年一四〇〇ドル（約一六万八〇〇〇円）に対する保険

金（一〇万ドルの死亡保険金）を受け取れる。さらに生存期間中は毎年、残りの払い込み金額である年三六〇〇ドル（約四三万二〇〇〇円）に対する〝金銭的価値の増加分〟を受け取ることになる。最終的には二五年後に、保険の金銭的価値が一〇万ドル（約一二〇〇万円）まで増加し、保険は自己資金でまかなえるようになる。つまり、被保険者はそれ以降、毎年の保険料を払い込む必要がなくなり、死亡した場合には、自身の金として預けてある一〇万ドル（約一二〇〇万円）を受け取れるというわけだ。理論としてはそういうことになる。

しかし実際には、①たいていの場合、加入後一年目ないし二年目は、保険会社が手数料として三六〇〇ドル（約四三万二〇〇〇円）ないし七二〇〇ドル（約八六万四〇〇〇円）を販売員に支払ってしまうので、金銭的価値の増加はなかった。②その後も三六〇〇ドル（約四三万二〇〇〇円）の一部しか、金銭的価値の増加分にはまわされなかった。③増加した金銭的価値に対しては非常に低い利息（通常、二パーセントないし三パーセント）しか支払われなかった。何も疑っていない見込み客に保険の販売員が決して言わなかったこと（あるいは販売員自身も知らなかったのかもしれないが）は、同じ保険会社が販売する同じ条件の生命保険に年間保険料一四〇〇ドル（約一六万八〇〇〇円）で加入できることである。そして、残りの三六〇〇ドル（約四三万二〇〇〇円）は連邦政府の保険で保護された銀行口座に預ける手もあるということだった。そのようにすれば、同じ年間五〇〇〇ドル（約六〇万円）が、アメリカ連邦政府の保護を受けながら、二五年後には二〇万ドル（約二四〇〇万円）に増えるのだった。他方、すでに見たように、民間の保険会社が二五年後に保障してくれるのは一〇万ドル（約一二〇〇万円）にすぎない。★1（次頁）

いとこからこうした説明を聞いたアート・L・ウィリアムズは、賢い顧客となって定期保険に加入しただけでなく、パートタイムで友人や隣人に定期保険を売りはじめた。

ウィリアムズは、「定期保険に加入して、あとは投資にまわすべきだ」と率直に話し、顧客を教育していった。これが非常にうまくいったので、かれはまもなく高校のフットボール・コーチを辞め、フルタイムの保険販売員になった。一九七七年、かれは、同じ考えを持つ八五人の保険代理業者といっしょに、A・L・ウィリアムズ・アンド・アソシエイツ社を創立した。そして、「定期保険に加入して、あとは投資にまわすべきだ」という考え方を広めた。その後またたく間に、数千人にのぼる会計士、弁護士、財務プランナーが保険代理業者になった。

一九九〇年までに、ウィリアムズ・アンド・アソシエイツ社は二二万五〇〇〇人の販売員を擁するようになり、アメリカ最大の個人生命保険販売会社になった。その規模は、あとに続く競争相手二社（ニューヨーク生命とプルデンシャル）を合わせた規模の二倍以上である。

★1　連邦政府の保険で保護された、利息5.25パーセントの預金口座に、月々300ドル（約3万6000円）、つまり、年に3600ドル（約43万2000円）預け入れると、25年後に残高は18万5474.03ドル（約2225万6883.6円）になる。利息が7パーセントで、同じ保険会社の発行する長期債券の利率と等しい利息だとすると、25年後の残高は24万3021.51ドル（約2916万2581.2円）になり、終身生命保険をかけて生命保険会社から払い戻される10万ドル（約1200万円）よりはるかに多くなる。

ついに、すべての大手生命保険会社が、顧客を誤った方向に導くセールスをやめ、Ａ・Ｌ・ウィリアムズの商品と財務的に競合するような商品を提供せざるを得なくなった。一九九〇年、ウィリアムズは、三億ドル（約三六〇億円）以上の生命保険契約を保持するかれの会社を、プリメリカ社に売却した。★2

Ａ・Ｌ・ウィリアムズが成功をおさめたのは、数字を示せば、「定期保険に加入して、あとは投資にまわす」ほうが有利なことが明らかだったからだ。仮に見込み客が、現在加入している終身生命保険を解約することによって、違約金を払ったり金銭的増加分の受け取りができなくなったりしても、なお有利だったのである。Ａ・Ｌ・ウィリアムズの代理店が成功したもう一つの理由は、毎年いくら節約できるかを知った顧客が、たいていの場合、その資金を、ウィリアムズ・アンド・アソシエイツ社が販売する個人年金やその他の商品に投資したことにある。それらの商品の販売によって代理店が受け取る手数料は、通常の定期生命保険の場合より、かなり高かった。

第七章で説明したように、ほとんどの人々は現在の疾病保険が提供する保障の一部を必要としていない。したがって、健康保険の場合も、「高額免責健康保険（ＨＤＨＰ）に加入して、あとは投資にまわすべきだ」という手法をとれば、同様のビジネス・チャンスがある。

★2　それ以降、かれは、慈善家ならびに目立たない立場での指南役として活動している。1998年、ウィリアムズは、ホッケー・チームの“タンパ・ベイ・ライトニング”を1億1700万ドル（約140億4000万円）で買収し、リバティ大学に7000万ドル（約84万円）を寄付した。（Cronan, Carl, "Art the Revelator"「預言者アート」1998年9月28日付「ザ・ビジネス・ジャーナル・オブ・タンパ・ベイ」）

ともあれ、今日では、ＨＤＨＰに加入した消費者が年に最高三〇〇〇ドル（約三六万円）節約できたとすれば、その三〇〇〇ドル（約三六万円）は、家族にとって金銭よりも重要なもの、すなわち家族の継続的なウェルネスに投資されることになるだろう。ウェルネス製品のディストリビューターとしてはまず、健康な顧客にＨＤＨＰを紹介する。それから、ＨＤＨＰで節約した金額の全部または一部をウェルネス分野の製品やサービスにいかに投資し、健康維持にも役立てるかを説明すればよい。

ウェルネスに関する財務分野で、「ＨＤＨＰに加入して、あとは投資にまわす」というアプローチによりビジネス・チャンスを最初にものにするのは、おそらく現在、保険代理業にたずさわっている人々ではないだろう。むしろ、こうした製品を流通させるための、新しい保険販売の仕組みや会社が登場するようになるだろう。

なぜならば、新しいテクノロジーが出現したときには、ほとんどの場合、失うべきものを多く持つ従来の企業が抵抗することがめずらしくないからだ。そうした企業は、損失を防ぐために無駄な努力を重ね、手遅れになるまで現実を直視しようとしないものだ。保険料五〇〇〇ドル（約六〇万円）で免責額ゼロの生命保険を販売し、一件あたり一〇〇〇ドル（約一二万円）の手数料をもらっている保険代理業者の中には、保険料二〇〇〇ドル（約二四万円）のＨＤＨＰに顧客が切り換えて、手数料が四〇〇ドル（約四万八〇〇〇円）しか自分に入らなくなるのを阻止しようとする者も少なくないだろう。だが、かつて誤った方向に導かれた顧客たちは、最終的には、健康保険、生命保険、自動車保険、住宅所有者保険などすべての保険をよそへ切り換えてしまい、目先の利益をおいかけた代理業者はその代償を支払うことになるはずだ。

「ＨＤＨＰに加入して、あとは投資にまわす」ことから生まれるビジネス・チャンスをものにするのは、保険業界の外にいる、ウェルネス製品を扱う企業かもしれない。しかし、保険の取り扱い手数料を受け取れるのは認可を受けた保険代理業者だけなので、保険そのものからは収益を得られないだろう。

だが、ウェルネス分野のディストリビューターは、顧客にウェルネス保険について教えるだけで利益が得られる。なぜならば、ＨＤＨＰに切り換えた顧客は、年間に最高三〇〇〇ドル（約三六万円）の可処分所得を余計に手にすることになるので、それらの資金で他のウェルネス製品やサービスを購入するからだ。

■自分のニーズが満たされていない分野のビジネスをはじめる

読者は、これまで取り上げてきたウェルネス関連の起業家の経歴に、一つのパターンがあることに気付いたかもしれない。人生の歯車がよい方向にまわりはじめてウェルネス関連の仕事をはじめるまでは、一人ひとりの学歴、職歴、人との出会いなどは、それぞれ異なっている。しかし、重要なのは、つぎの点だ。

ウェルネス分野の起業家のほとんどは、最初、ウェルネス分野の顧客だったが、自分のニーズが満たされていないことに気付いて、ビジネスをスタートしたのである。

スティーブ・デモスは、おいしい植物性タンパク質製品が見つからなかったので、豆腐の製造やベジタリアン向け食料品店の経営をはじめた。その結果、同じ原料からシルク豆乳をつくって富を築いた。ポール・ウェナーのベジタリアン・レストランは失敗したが、以前のレストランの顧客がベジタリアン・バーガーを手に入れたがっているのを知り、ガーデン・バーガーを創業した。トッド・クーパマン医師は、消費者のために保健プランを評価する会社をはじめたのがきっかけとなった。そして、コンシューマー・ラブ・ドット・コムを創設し、栄養補給サプリメントを評価するようになった。フランク・ヤノウィッツ医師は、自身の健康状態が思わしくないことに気付き、やがてフィットネス研究所の仕事に専念するようになった。一流のスポーツ選手だったジル・キニーは、フィットネス・クラブに自分が求めるものを意識した上で、公共のフィットネス・クラブの開設にたずさわった。その後、ふとしたことから、より大勢の従業員を抱える民間のフィットネス・クラブをいくつも経営するようになって、富を手にした。

コンピュータ・ソフトウェア業界では、過去二〇年、もともと自社用の業務システムをコンピュータ化した実業家が、その業務システムを競合他社に販売するほうが本業よりも利益になることを発見した結果、富を築いた例が少なくない。同様にウェルネス業界でも、そもそも顧客であった人々が自分のニーズが市場で満たされないことを知り、会社を興す。そして、同じ問題をかかえる人々のニーズに応えることによって、富を築くことが多くなるはずだ。

重要なことは、ウェルネス産業のあらゆる分野において、いますぐスタートを切り、自分の過去の経験と知識を活用することである。

ウェルネス・ビジネスのチャンスは、ほぼすべての専門職の分野に行き渡っている。その点から見れば、あなたはこれまでの経験に基づいて、すでに人より先にスタートを切っている。そういった意味では、意外なほど、容易にことが運ぶ可能性もある。

あらゆる専門職がウェルネス革命との接点を持っている。

・会計士や銀行家は、顧客がHDHPやウェルネス保険に切り換える機会をとらえて、それをウェルネス分野の流通ビジネスに結びつけることができる。
・調理師は、人気料理のヘルシー・バージョンをつくる方法を身につけ、それからウェルネス・レストランをオープンすることができる。また、ウェルネス料理の仕出し屋をはじめたり、ウェルネス食品のメーカーになったりすることができる。
・歯科医は、本来の仕事の中でより多くのウェルネス関連のサービスを提供することにより、ビジネス・チャンスを得られる。歯科医はすでに予防に多くの力を注いでおり、その点で医学界のウェルネス分野において一歩先んじている。
・経済学者は、私のように、ウェルネス産業という新興の一兆ドル（約一二〇兆円）業界の動向を見極めることに焦点を当て、そこから得た知識を他のウェルネス専門家に販売することができるだろう。
・農業従事者、あるいは自家菜園をつくっている人々も、第四章で述べたとおり、枝豆のような健康によい作物を栽培したり、そうした食物の利用法を顧客に教えたりしはじめるべきである。
・美容師や理容師は、ふだんの仕事の中でより健康によい製品を使いはじめよう。さらにウェルネス関連のディストリビューター・ビジネスもはじめて、それらの製品を顧客に販売することができるだろう。

・ジャーナリストは、ウェルネス製品やウェルネス企業について集中的に調べれば、一般の人々が今後一〇年にわたってもっとも関心をいだくウェルネス産業の専門家として知られるようになれるだろう。

・保険代理業者は、アート・ウィリアムズの例にならって、顧客をウェルネス保険に導けば、顧客の信頼を勝ちとることができる。その上で、ほかのもっと収益のあがる保険商品（自動車保険、住宅保険、生命保険など）を販売することができる。

・弁護士は、ウェルネス業界に関する数百にのぼる分野のどれか一つに絞って専門知識をたくわえることで、新しいクライアントを獲得できるはずだ。

・マッサージ師は、顧客にウェルネスについて教え、ウェルネス製品を流通させていく上で、理想的な境遇にいる。

・看護婦と看護士は、病気の症状に対処することから病気予防へと仕事の方向性を転換しよう。そうすることにより、ウェルネス分野の流通ビジネスやコンサルティング・ビジネスにつなげることができる。

・眼鏡販売業者も同じく、高齢化と視力減退の影響に事前に対処することに焦点を当てよう。

そうすることにより、新規顧客を獲得したり関連のウェルネス分野の流通ビジネスをはじめたりすることができるだろう。

・医師は、明らかに素晴らしい立場にいる。自己変革すれば、ウェルネス産業のほとんどすべての分野に適合できるのだ。まずは、健康な人々を積極的に探して、どうすれば患者にならずにすむかを教えるとよいだろう。

・セールスにたずさわる人々は、自分自身でウェルネス製品の流通に取り組むこともできるし、顧客がもっとも関心を寄せるであろう最新のウェルネス関連テクノロジーに精通してもよい。どの分野でも販売で成功するには、顧客からの信頼を確立することが第一の仕事である。

・教師も、学生にとってもっとも重要なことは何かを知る必要がある。第八章で説明したように、最近の流通は物的流通から知的流通へ重要性が移っているから、教師という職業は、ウェルネス関連の流通ビジネスにとくに適しているかもしれない。

・獣医は、診療対象のペットのウェルネスを促進すると同時に、人間のウェルネスについても顧客に説くことのできる、ユニークな立場にいる。実際、獣医は、栄養と栄養補給について、一般の医師よりも詳しいことがしばしばある。医学部と違い、獣医学部では栄養の重要性についてつねに教えてきた。今日私たちが利用しているヒト用のサプリメント（グルコサミンや主要なミネラルなど）の多くについても、いくつもの獣医学部が先駆的な研究を行っている。

■ウェルネス分野の投資家になる

ウェルネス分野の投資家になるには、まず、投資対象として検討している会社の顧客になることである。

ある企業の長期的な潜在能力を評価する上で、あなた自身がその企業の製品を実際に使ってみることほど重要なことはない。そして、製品について気に入った会社に投資したならば、競合他社の製品についても定期的によく調べるべきである。テクノロジーの変化は急激だから、今日のウォルマートが明日にはW・T・グラントになっていることも珍しくない。★1

もしあなたが医師か、ウェルネス分野のディストリビューターか、保険代理業者あるいはウェルネス産業のなんらかの分野にかかわっているなら、あなたがか

★1　1960年代、サム・ウォルトン（ウォルマート創業者）は、自分がいかにW・T・グラントを高く評価しているかをよく語った。当時、W・T・グラントはアメリカ最大のデパート・チェーンであり、効率と成長のお手本だった。だが、1975年、W・T・グラントは破産を申請。1073店舗が閉鎖、8万人が失業し、債権者は3億3400万ドル（約400億8000万円）を回収不能の不良債権として帳簿から抹消せざるを得なかった。この大型倒産は、その後何年にもわたり、世界中の地域社会や中小企業に影響をおよぼした。

かわる分野の各社の製品を継続的に手に入れ、評価をくだすべきである。特定のウェルネス産業の中で自分自身が実際に行っていることに基づいて判断をくだしていれば、ある会社が苦境に陥りそうな時期や、ある会社が重要な新製品を発表しそうな時期などを、真っ先に知ることもできるだろう。

あなたが、レーザー光線による近視手術を行う眼科医だとしよう。その場合、あなたは、患者のためによりよいレーザーを求めてつねに市場に目を配るだけでは不十分だ。現在製造されているすべてのレーザーのリストを手元に置き、製品の品質、販売の業績、サービスなどの点から、各レーザー・メーカーについて最新の評価をくだしておくべきである。そうしていれば、あなたの専門分野にかかわるどの会社が成長しそうか、あるいは、ずさんな経営や新たな競争によってどの会社が倒産しそうかを、真っ先に知ることができるだろう。自分自身でそれらの会社を評価できないなら、製品を使う顧客としてのあなたの直接体験を活かして各社の株式価値を評価できる、投資の専門家の協力をあおげばよい。ある製品を気に入っているからといって、それだけでは、そのメーカー企業に投資する理由として不十分であることは、肝に銘じておいてほしい。あなたが気に入っている製品は、その会社の売り上げの中でわずかな割合しか占めておらず、会社全体の業績にほとんど影響をあたえていないかもしれないのだ。

私の趣味の一つは、パソコンのソフトウェアとハードウェアを集めることだ。何台かある自分のコンピュータをいじくり回すのが大好きで、ほとんど毎週のように新しいパソコンや周辺機器を買っている。とりわけ楽しいのは、〝最新かつ最高の〟パソコン周辺機器を調査して、それらをいちばん安く売っている場所を見つけることだ。一九九〇年代、あるベンチャー投資会社が定期的に私をまねき、投資の専門家の前で話をさせたことがある。私はその場で、どんなパソコン関連機器をその月に購入したか、それぞれの製品やブランドを選んだ理由は何か、それらをどこで買ったかなどを話した。投資家たちによると、私が直接体験した製品と購入についての話は、数百人のアナリストによるリサーチよりも価値があるとのことだった。

経済学者として、私がいつも本当に驚くことがある。弁護士、医師、歯科医、エンジニア、科学者など、専門職についている人々は、自分の専門分野では一生懸命に働いて収入を得ている。それにもかかわらず、その収入の少なからぬ部分を、株価が値上がりする銘柄を〝知っている〟と言う〝投資のプロ〟に盲目的にまかせてしまい、損をしているという事実だ。そういう自称プロが本当に買うべき銘柄を知っているなら、なぜその人が自分一人で投資しないのか。せっかくの情報をわざわざあなたと共有して、自分の儲けを少なくするはずがないではないか。

■ウォートン・スクールの秘密

しかしながら、こうした考えを私が昔から持っていたわけではない。一九七三年、私は物理学専攻の大学生だったが、金持ちになるためにビジネスの勉強をしようと決意していた。大学卒業後、ＭＢＡ（経営学修士号）を取得するため、一流の経営学大学院として名高いウォートン・スクール・オブ・ビジネスに入学した。ウォートンに行ってみると、株式市場ならびに短期間で確実に金持ちになる科学的方法を学びたいなら、「投機市場」という科目を履修すべきだと耳にした。その科目はたいへんに人気があり、卒業前の最後の学期まで待って、ようやく履修できた。

「投機市場」の最初の授業で、担当教授は、これからお話しすることを決してよそで誰かに話さないようにと言った。それで、私は二六年間、その秘密を守り通してきたというわけだ。まず教授は、インサイダー取引規制法を犯して刑事罰を受けるようなことを進んでやらない限り、特定銘柄の株を選んでたちまち金持ちになる方法など絶対に存在しないと説明した。けれども、と教授は続けた。金融業界の外部にいるおおぜいの裕福な人々は、ウォートンで学位を取った人間なら、短期間で儲けるにはどの銘柄の株を買えばよいか知っているに違いないと、間違って思い込んでいる。ウォートンを卒業してみればそれがわかるだろう。こうした状況を利用し、金融業界における新進の株式仲買人としてたちまち金持ちになる方法を説明しよう、と教授は言った。

株式仲買人としての第一日、あなたは富裕層一万人のファックス番号が載っている名簿を購入する。まず五〇〇〇人につぎのような内容のファックスを送る。「私は○○と申します。ゼネラル・モーターズ（GM）の株価が明日上がるという情報を入手いたしました。つきましては、これから述べますオプションを一〇〇〇ドル（約一二万円）にて購入することをお奨めいたします」同時に、残りの五〇〇〇人には、反対のことが起きるという内容のファックスを送る。「私は○○と申します。GMの株価が明日下がるという情報を入手いたしました。つきましては、これから述べますオプションを一〇〇〇ドル（約一二万円）にて購入することをお奨めいたします」翌日の終わりには、GMの株価の行方に応じて、誤った助言を受けた五千人の名簿は破棄する。

そうして残った五〇〇〇人のうち二五〇〇人に、つぎのような内容のファックスを送る。「〇〇でございます。ＧＭの株価に関する私の昨日の助言を受け入れてくださいましたなら、投資なさった一〇〇〇ドル（約一二万円）がいまや二〇〇〇ドル（約二四万円）になっているかと存じます。さて、明日はフォード株が上がるという情報を入手しております。つきましては、これから述べますオプションを二〇〇〇ドル（約二四万円）にて購入することをお奨めいたします」そして残りの二五〇〇人には、フォード株が下がるというファックスを送る。さらに翌日には、二五〇〇人のうち、適正な助言を受け取った一二五〇人に、つぎのような内容でファックスを送る。「〇〇でございます。フォード株に関する私の昨日の助言を受け入れてくださいましたなら、投資なさった二〇〇〇ドル（約二四万円）がいまや四〇〇〇ドル（約四八万円）になっているかと存じます。実は、明日はクライスラー株が上がるという情報がございます。つきましては、これから述べますオプションを四〇〇〇ドル（約四八万円）にて購入することをお奨めいたします」残りの一二五〇人はクライスラー株が下がるというファックスを受け取る。こうしたことを繰り返していけば、残りが七八人になる頃には、その人々は、どの銘柄を買うべきかをあなたが〝知っている〟という、反駁《はんばく》しようのない証拠を手にしているというわけだ。そこであなたはおもむろに、いまやあなたの高価な正味財産となったかれらと個別に昼食をとる約束でもしよう。あなたのことを金融業界史上もっとも頭の切れる人物だと思い込んでいる七八人を利用しながら自分がどんなことをやりたいかを見極めればよい。たぶんかれらは、あなたがかれらのために投資すると言えば、どんな条件であっても、喜んで邸宅を抵当に入れたりすべての貯蓄をつぎ込んだりしてくれるだろう。

[表⑩]

作業日数（日）	潜在顧客数（人）	あなたの助言にしたがって投資した1000ドルの価値の増加
1	10000	1000ドル　（約12万円）
2	5000	2000ドル　（約24万円）
3	2500	4000ドル　（約48万円）
4	1250	8000ドル　（約96万円）
5	625	16000ドル　（約192万円）
6	312	32000ドル　（約384万円）
7	156	64000ドル　（約768万円）
8	78	128000ドル　（約1536万円）

この話の教訓は、もしも、たちまち儲かる株の銘柄を知っているという人物が現れて、あなたに実証してみせたとしても、それは単にあなたが、一万人の中から繰り返しふるいにかけられて残った七八人（全体の一パーセント未満）の一人であるにすぎないということだ。これは、担当教授も説明していたことだ。要するに、金融業界で利益を上げるには、ある企業に関して、経営陣や資本構成、そして最重要事項である製品について十分に調査し、長期的な展望の下に投資する以外にないのである。そして、製品について知る最善の方法は、あなたがすでに多くの製品知識をもっている分野、すなわち自分自身の専門分野の中で投資を行うことである。

■信仰する宗教とウェルネス・ビジネスを結びつける

読者の中には、ビジネス界の外側で自分の取り分を確保したいと思っている方もいるかもしれない。すなわち、自分の通っている教会、イスラム教寺院、ユダヤ教の礼

拝堂などを通じて、ウェルネスについて広めていきたいと考えている方がいるかもしれない。そのような読者は、ウェルネスというものが、いくつかの偉大な宗教では、つねにその一部をなしていることを知る必要がある。信者の中にはすでにウェルネスをずっと大切に考えてきた人々がいることを理解しなければならない。つまり、一般の信者も聖職者も教会役員も、ウェルネスと宗教の関係を理解する必要があるのだ。

ウェルネス分野のすべての起業家は、顧客がウェルネス志向のライフスタイルを選択し、それを維持する気にさせるために、ウェルネスと宗教の関係を理解する必要がある。さらにウェルネス分野の起業家の中には、自分の通う教会などを通じてウェルネスを広めることと、ウェルネス・ビジネスで利益を得ることを結びつけたいと望む人々もいることだろう。

世界のいくつかの偉大な宗教が偉大になった理由の一つは、信者の世俗的ニーズに応えたことにある。だが今日、食事と運動についてウェルネスを志向するライフスタイルは、それが重要な世俗的ニーズであるにもかかわらず、ほとんどの宗教と教団に無視されている。なぜならば、古代ギリシアやローマ時代にキリスト教を迫害した人々が肉体の外観と美しさを重視したためだ。このことへの反動として、中世以降、健康的で元気な肉体を持つことによって神に近づくという考え方が支持されなくなったからである。それでも、ほとんどの宗教の創生期の文書には、神がわれわれの健

康を望んでおられる旨が記してある。
すべての宗教にほぼ共通するような話がある。たとえば、旧約聖書に載っている「エデンの園」の物語では、神が「見るからに好ましく、食べるに良いものをもたらすあるゆる木」を生え出でさせたと述べられている。[★1]こうした表現は単に美的な意味合いで記されているわけではない。聖書で描かれているさまざまな食物には、ウェルネスに必要な、すべてのビタミン、ミネラル、タンパク質などが含まれているのだ。
現代の私たちは、記憶力向上に役立つイチョウやうつ病を軽減するセイヨウオトギリソウ（セント・ジョーンズ・ワート）など、古くからある天然の治療薬を、〝新たに〟発見しつづけている。こうした発見は、つぎのようなユダヤ教神秘主義の有名な言葉に光をあてる結果となっている。「神は、病をもたらす前に、治療薬をつくりたもうた」[★2]
一二世紀、ムーア人支配下のスペインにいたモゼス・マイモニデスは、ユダヤ教神学者であり医者でもあった。かれは、現代のユダヤ教徒、キリスト教徒、イスラム教徒によって、古今を通じてもっとも偉大な神学者の一人と見なされ、尊敬されている。マイモニデスは、ギリシア哲学と旧約ならびに新約聖書の内容を融和させた。そして、健康であることは、私たちの責務であると同時に、私たちが創造主について知りはじめる前に第一に果たすべき、宗教的な責務でもあると

★1　『聖書』（欽定訳）創世記2章9節（訳文では新共同訳を参照）
★2　『ゾハール（光耀篇）』196A
★3　「健康で活力に満ちた身体を保つことによって、人は神の道を歩むのであり……病のときは、造物主についての理解や知識を得ることは不可能なのだから……身体に有害なことは何であれ避け、健康と活力のためになる習慣をつちかうことが、人としての務めである」モゼス・マイモニデス（1136年−1204年）、『ミシュナ・トーラ』

結論づけた。★3

宗教団体の中には、食事をいかに管理するかを信者に教えるところもある。今日もっとも成功しているダイエット・プログラムである「ウェイ・ダウン・ダイエット」は、食べ過ぎと暴食癖は罪悪であるという哲学に基づいている。今日、ウェイ・ダウンのワークショップは、アメリカ各地の教会を中心に三万ヵ所近くで開かれており、数百万人の参加者の生活に現実に変化を起こしている。★4

ウェイ・ダウン・ダイエットや類似のプログラムでは、過食のマイナス面や罪悪である面を強調する。これらのプログラムはたしかによい結果をもたらしている。しかし、大部分のアメリカ人のためのウェルネス的な解決法としては、もっと前向きなアプローチがあるだろうと、私は思っている。

私は、宗教上の食物規定を守るユダヤ教徒の家庭で育った。私たちは、ロブスターや小エビや豚肉など、食物規定で禁じられている食物は食べなかった。とはいえ、私は大学に通うために家族と離れて暮らしはじめるとすぐに、そうした決まりを守らなくなったが。家にいたときには知らなかった事柄を理解するようになったのは、後年、イスラエルに滞在してからのことだった。正統ユダヤ教を順守するイスラエルの親類にとって、聖書で定められた食物のみを食べる義務は、なにかを奪われることなどではなく、むしろ神からの贈り物の一つなのである。かれらは毎回の食事の前後に、食物規定について神に感謝の祈りをささげる。か

★4 Mead, Rebecca, "Slim for Him:God Is Watching What You're Eating"「神のための痩身：神はあなたが食べるものを見ておられる」2001年1月15日付「ザ・ニューヨーカー」

れらにとって、宗教上の食物規定で定められた食物を食べることは、人生における最大の善行の一つなのだ。

今日、多くの人々が、ウェルネス志向のライフスタイルでは、楽しみにしているものがつねに否定されてしまう、という誤ったイメージを抱いている。これは、若い頃の私が宗教上の食物規定を守ることの目的を誤解していたのと同様である。しかし現実には、ウェルネス志向の人々は、自分の健康に気をつける方法に関する知識について、神を愛し感謝するようになってきた。日常の食生活において理にかなったささいな規律を守る。このことによって、ウェルネス志向の人々も、正統ユダヤ教徒も、熱心なイスラム教徒も、誰もが以前とは違うすこやかさを感じ、神への親近感を経験している。

宗教的信念は、この世でもっとも強力な原動力になる。ウェルネス分野の起業家は、自分の信じる宗教とウェルネス・ビジネスを結びつけるとよいだろう。そうすれば、信仰を通じて、健康的な食物を摂ったり規則正しく運動したりするといった、ウェルネス志向のライフスタイルを取り入れて維持するよう、顧客に動機付けができるはずだ。

エピローグ ～ウェルネスが生み出す無限の富～

「なんと悲しいことか！」ドリアン・グレイは自分の肖像画をじっと見つめながら、つぶやいた。「なんと悲しいことだ！　私は年老い、ひどい容貌になり、ぞっとするほど見すぼらしくなるのだ。だが、この肖像はいつまでも若いままで変わらない。もし逆であるなら、どれほどよいか！　つねに若いのが私で、年老いてゆくのが肖像のほうであったなら！　それがかなうなら、それさえかなうなら、私は、すべてを差し出そう！　そうだ、この世で私が差し出せぬものなど何もない！　願いがかなえられるなら、私は魂さえも差し出そう！」

オスカー・ワイルド『ドリアン・グレイの肖像』（一八九一年）

■テクノロジーの進化が、ウェルネスの需要を高める

私たちの体の個々の細胞は、つねに死と再生を繰り返し、新しい細胞にとって代わられている。[★1]生化学的観点で見ると、健全な細胞が行う活動の大部分は、個々の細胞が、細胞を最適に再構成するのに必要な原材料を、確実に受け取るようにするためのものだ。原材料とは、タンパク質、ビタミン、ミネラルなどである。

★1　私たちの身体は毎日2000億個の赤血球をつくっており、120日ごとに体内の血液はすべて入れ替わっている。皮膚は1ヵ月から3ヵ月ごとに入れ替わる。90日で、古い骨は分解し、新しい骨に入れ替わる。

しかし、人間の生涯のある時点で、〝なにか〟が身体器官の各細胞に命令をくだし、再生を止めさせる。こうして、通常の老化、病気、そして最終的には死が引き起こされる。あるいは、細胞や身体器官に生化学的な欠陥がないときでも、〝なにか〟がある器官の異常細胞に命令し、制御不能なほど異常細胞を増殖させて、その器官の機能を損なわせることもある（たとえば、ガンなど）。その〝なにか〟とは、ＤＮＡ（デオキシリボ核酸）と一般に呼ばれる、生命に関する遺伝暗号の中に含まれた、大量かつ複雑な命令の一つだ。ＤＮＡはすべての細胞に存在する有機化合物であり、その中には遺伝形質と複製のための遺伝暗号が書き込まれている。

私たちの遺伝暗号は、わずか四文字（A、T、C、G）の組み合わせによって字間や句読点なしにつづられている。この暗号は、全部で三〇億字以上からなり、いわば、人間をつくるための〝教科書〟である。ＤＮＡと現在呼ばれているものの存在は一八六九年に発見されていた。しかし、遺伝における役割が明らかになりだしたのは二〇世紀後半になってからであった。さらに、ヒト・ゲノム[★1]の完全な遺伝地図が完成したのは、今世紀はじめのことだった。[★2]

ウェルネス目的の製品とサービスに対する需要は、遺伝暗号の中にある一つの機能の影響によって引き起こされる。その機能とは、私たちの皮膚に

★1　一個の生物をつくるのに必要な最低限の遺伝子セットを「ゲノム」という。

★2　ワトソンとクリックは、DNAの発見により、1953年にノーベル賞を受賞した。また、シレラ・コーポレーションのJ・クレイグ・ヴェンター博士は、ヒト・ゲノムの遺伝地図作成を完成したと、2000年4月6日に発表した。

現れる皺《しわ》から身体器官の最終的な機能不全にいたるまで、さまざまな老化を起こす機能である。

長い目でみると、遺伝暗号が解明され、最終的にはそれらの情報を操作できるようになれば、ウェルネス産業の前途はこの上なく有望なものになる。人間のDNAは、ごく小さな掻きだし棒のような器具によって口から採取できる。これを検査することにより、ある人が特定の病気にかかりやすいかどうかを予測することはすでに可能になっている。

最近完成したヒト・ゲノムの遺伝地図に基づけば、外部要因（食事や運動など）以外によって引き起こされる、あらゆる病気や体の状態を予測することも、ほどなく可能になるだろう。

科学者たちは、このような遺伝子検査が二〇一〇年までには普及することを期待している。[★3] 今からわずか数年後には、ある状態が体に引き起こされる可能性を予測する情報を利用できるようになる。そうなれば、ウェルネス分野のディストリビューターは、ビタミンやサプリメントを使う療法を提案することが可能になるだろう。

★3　Robert Bazell,「ヒト染色体の地図をつくる科学者たち」1999年12月1日、NBCナイトリー・ニュース

たとえば、ある人が、遺伝子の傾向から見て、骨粗しょう症を発症しそうであれば、若いうちからカルシウム・サプリメントを摂るよう勧めることができる。また、前立腺に問題が起きそうであれば、早い時期からノコギリパルメットを摂ればよいだろう。

こうしたDNAに関するテクノロジーを真っ先に取り入れるウェルネス分野の起業家は、新しい顧客が増えて、ビジネスが飛躍的に発展するはずだ。とりわけ食品や栄養補給サプリメントの分野の起業家にチャンスがある。

このようにして使われるビタミンやサプリメントは、テクノロジーが進歩すれば、おそらく最終的には、遺伝子干渉にとって代わられるだろう。遺伝子干渉とは、特定の病気を引き起こす傾向を持つ遺伝子自体を改善あるいは修正する治療のことである。とはいえ、科学者たちは、そうした遺伝子干渉が、遺伝子で決定される病気の全領域の治療において効果を発揮するまでには、まだ五、六〇年かかると見ている。★1

今後数十年間は、遺伝暗号とそれによって引き起こされる老化が、今日あるようなウェルネス分野の製品とサービスに対する需要を引き続き喚起していくだろう。そして、遺伝子研究に基づいて老化を遅らせる飛躍的な発明がなされ、ウェ

★1　Robert Bazell,「ヒト染色体の地図をつくる科学者たち」1999年12月1日、NBCナイトリー・ニュース

★2　2000年において、アメリカの約500万世帯が100万ドル（約1億2000万円）を超える純資産を持っている。この世帯数が2005年までには約50パーセント増加すると予測されている。

ルネス分野で新しい製品やサービスが出るたびに、ウェルネスに対する需要はますます高まる。それまで満足していた顧客もさらに健康的な外観と体調を求め、現在の顧客もいっそう長生きするようになって、ウェルネス関連の製品とサービスはもっと利用されるようになるだろう。

■ウェルネス分野の発展は、社会を豊かにする

スティーブ・デモスやジル・キニーのような、ウェルネス分野の数人の企業家は、新しい世紀における桁はずれの億万長者としてメディアをにぎわすだろう。そして、さらに数十万人のウェルネス分野の起業家が大金持ちになるはずだ。アメリカでは今後五年間に、資産一〇〇万ドル（約一億二〇〇〇万円）以上の大金持ちがおよそ二五〇万人新たに出現すると予想されている。[★2]そのうちの多くの人々がウェルネス分野で富を築くことになるだろう。

本書は、そのようなウェルネス分野の起業家の何人かが金持ちになるために使ったいくつかの戦略と、読者がどうすればかれらの成功を再現できるかに、焦点を当ててきた。しかし、あなたが金持ちになれば、あなたの銀行口座のみならず、私たちの社会にとってより重要なことが改善されるのだ。

経済学的には、ウェルネスが不足していることの計測は、金額と人口によって行われる。アメリカでは毎年、疾病に対して一兆五〇〇〇億ドル（約一八〇兆円）が費やされるが、これはアメリカ国民の総所得の七分の一にあたる。アメリカの人口の二七パーセントにあたる、約七七〇〇万のアメリカ人が病的な肥満である。そして人口の六一パーセントにあたる、一億八四〇〇万人が過体重で不健康だ。こうした数字は過去数十年間で二倍になってきたが、ここ五年間だけで一〇パーセント増加している。

実は、ウェルネス不足の本当のコストは、数兆ドルあるいは数百万人といった単位で計測できるものではない。

病的な肥満である七七〇〇万人の多くが、自分たちの人生を空費している。これらの人々は、生活や仕事や家族との時間を十分に楽しむだけの活力がない。かれらは自分の時間の大部分を費やして、医療をめぐる回転木馬に乗っている。持病の症状に対しては、なんとか仕事を続けるのに必要な最小限の治療を受けながら、健康によくない食品をさらに食べる。そして、医療関係の製品とサービスをいっそう利用するようになっているのだ。

病的な肥満ではないが、過体重の一億七〇〇万人のアメリカ人は、栄養不良のせいで、疲労、いらいら、頭痛、意識障害、筋力低下を起こしている。助けを求めて医療機関に行っても、そうした状態は通常の老化現象だと言われてしまう。

けれども、もちろん、こうした恵まれない人々が、あなたやあなたのかかわるウェルネス・ビジネスと出会えば、事態は一変する。

あなたは、毎日、ウェルネスの製品やサービスを販売に出かけるとき、売ろうとする製品やサービスそのものよりも重要なメッセージをたずさえている。ウェルネスの各製品の宣伝文句の底流には、「あなたは自分自身の人生をコントロールして、ウェルネスへの道を歩きはじめられます」という顧客に向けたメッセージがあるのだ。

たいていの場合、消費者は新製品を購入したり新しいサービスを試したりする前に二回は、それらを買おうと決心しながら忘れてしまっている。つまり、最終的な購入にいたるまでには三回決心するわけだが、その三回の決心をするまでには、製品に関するメッセージに何度も接しているのがふつうである。こういうことがあるので、新製品を発売するクライアントに対して広告代理店は、消費者が何度も宣伝メッセージに接するまでは実際の売り上げを期待しないでほしいと話すわけだ。

ウェルネスに関するあなたのメッセージが潜在顧客に届くたびに、その人は自分自身のウェルネスについて何かはじめようとする三回の決心の一回をする方向に、一歩近づいている。その顧客がたとえあなたの扱う個々の製品やサービスに好ましい反応を示さなくても同様である。この点から

考えれば、ウェルネス関係のすべての起業家は仕事仲間である。というのは、あなたは失敗したように思えても、実は、ウェルネス分野の潜在顧客の一人を、自分自身の人生を変えるかもしれない決断に向けて、一歩近づかせることには成功しているからだ。

第二章で見たとおり、消費者にウェルネス製品を試してもらい、ウェルネスについてプラスの経験をさせることに成功すれば、その人々は熱心な消費者になる。そして、ウェルネス分野の製品やサービスをさらにいろいろ利用するようになる。そうして利用されるようになる製品やサービスは、あなたが生産したり流通させたりするものの場合もあるだろうし、競争相手によるものもあるだろう。

消費者候補としては、たとえば、つぎのような人々がいる。

・一五キロ減量し、さらなる活力を求めてフィットネス・クラブに入りたくなるシングル・マザー。
・新しいビタミン療法で元気になったのをきっかけに、よりよい栄養について学んで、食生活を変えようとする少年。
・磁気治療で痛みが消え、こんどはより良質なビタミンについて学ぼうとする父親。

・娘の一人がエキナシアを飲んで風邪を治したので、他の子供たちにも役に立つものを知ろうとする両親。
・グルコサミンを飲んで再び自転車に乗れるようになり、こんどは記憶力を向上させるものが欲しいと思っている元スポーツ選手。
・ノコギリパルメットを飲んで前立腺の不調を治したので、自然療法による治癒体験を人々に伝えたいと思うようになった元患者。

■二、三回の出来事に振り回される必要はない

あなたが特定のウェルネス・ビジネスを今すぐはじめて、このすばらしい産業の中でリーダーの一人になってもらいたいと、私は希望している。早くはじめれば、それだけ潜在的な報酬も大きくなる。しかし、早くはじめた場合、思うように早く成功できずに失望してしまう可能性もそれだけ高くなる。ほとんどの消費者は、ウェルネスについてのはじめてのプラスの経験、つまり、その後さらに多くのウェルネス分野の製品やサービスを利用する消費者になるような経験を、まだしていない。ウェルネス分野の消費者の宇宙は、ようやく膨張をはじめたばかりなのだ。そのことを知らないと、せっかく成功につながる製品やサービスを開発しても、たくさんの消費者がすぐに利用しはじめてくれないという理由で、あきらめてしまうかもしれない。

ウェルネス分野の製品またはサービスによってあなたが初期段階で成功しても、それはゴールではない。その後、ビジネスの実績について価値ある客観的な分析を行えるほど数多くのデータが蓄積されるまで、さらに多くの潜在顧客に対して、その製品またはサービスを売り込みつづける勇気と忍耐と財源を持つことが重要だ。

〝度数〟という数学的概念は、なかなか理解されないことがあるし、新進の起業家にとってはとりわけ、わかりづらいことだろう。度数とは、個々の出来事はある一定のパターンにしたがって起こるのではなく、数多くの出来事が時間の経過にしたがい集積されて、ある一定のパターンを示すようになるということである。度数についてよく理解するため、あるいは、度数の考え方を仕事仲間に教えるために、つぎのような実験をしてみよう。

硬貨を一〇回投げて、表が出たか裏が出たかを毎回記録する。五〇パーセントの確率だろうという予想に反して、表（あるいは裏）の出た回数が全体の八〇パーセントないし九〇パーセントになり、驚くかもしれない。それから、こんどは同じ硬貨を一〇〇回投げてみると、表と裏の出る回数はたぶんいつでも四七対五三などに近いものになるだろう。こういうわけだから、二、三回の出来事の結果だけで、決してがっかりしてはならないのだ。数多くの出来事を分析すること、すなわち度数によるほうが、つねによりよい予測ができるのである。

あなたの扱うウェルネス分野の製品やサービスについて、最終的な成功の確率が五〇パーセントになる販売戦略を立てたとしよう。それにもかかわらず、最初の見込み客一〇人のうち、八人ないし九人に断られることもあるだろう。それとは逆に、最初の二、三人がみんな買ってくれたために、販売拡大を急ぎすぎ、戦略改善の必要性に気付くのが遅れてしまうこともあるかもしれない。

仕事仲間の一人があきらめかけているとき、度数についてその人にうまく説明できなくても、がっかりする必要はない。アルバート・アインシュタインのような天才でも、この概念を理解するには同じように苦労したのだから。

■計画を遂行するだけの信念を持つ

私の父は信仰心の篤《あつ》い人間だった。父は、厳正で公平な神があらゆる物事に理由をあたえていると、かたく信じていた。ガンで死に瀕《ひん》していたときでさえ、自分自身の病状と社会の経済状態はどちらも、神があたえたもうた道具を私たちが上手につかえなかった結果なのだという、父の信念は決してゆるがなかった。アルバート・アインシュタインの言葉を借りれば、「神は宇宙でさいころを振りたまわず」ということをかたく信じていたのだ。

父はこの言葉を好んで引用したが、実はアインシュタインはその言葉を口にしたとき、大きな誤りを犯していた。★1・2 当時アインシュタインは、やがて「統一場理論」として知られるようになる事柄について研究していた。その理論は、最小の電子から最大の惑星にいたるまで、宇宙に存在するすべての事物の運動を説明するものだった。この研究を行うにあたり、アインシュタインは、個々の原子の粒子がサイコロのように不規則な動きを見せることを受け入れられなかった。そして、十分な度数をもって観察すれば、粒子の運動は一定の確率の法則にしたがっているはずだと結論付けた。

今日では、素粒子のそうした確率的行動に基づいた科学である量子力学が、核エネルギーからパソコンにいたるまで、すべての事象を説明するようになっている。アインシュタインが考慮しそこなったことは、神がサイコロを発明し、その上で神は私たちに度数の概念を与えた。そして、私たちがサイコロの動き方を理解して、その結果に基づいて決定をくだすようにさせたということである。★3（次次頁）

私は、企業経営者、教師、親、あるいは俗人のユダヤ律法学者という立場で、若い人々からたびたび、努力をしたけれど、期待した結果が得られないのは〝なぜ〟質問される。私はかれらを慰めようとしつつ、私もまた、神が決まりごとと秩序をもって世界をつくりたもうたのに、それらの決まりごとが絶対ではない（たとえば、度数などのある）世界にしたのも神であることに、不満を覚える。だが、

★1　若き日にこの誤りを犯したことで、「かれは残りの生涯を実りなき探求についやす」ことになった。（『エンサイクロペディア・ブリタニカ』（2000年版）「アルバート・アインシュタイン」の項より）

★2　これ以降、物理学者としてのアインシュタインによるいくつかの発見は実りなきものだったかもしれないが、後年のアインシュタインは、世界平和の擁護者、政治家としておおいに貢献した。専門分野におけるアインシュタインは、量子力学の確率的法則を受け

神がそのようにしたのは、私たちの信念をつねに試し、その結果、信念をいっそう強めるような世界をつくろうとされたからだと、私は信じている。この世界では、すべてが毎回うまく行くとは限らないが、長い目で見れば、すべてがうまく行くようになっている。とりわけ、聖書で描かれたヨブのように、どのような困難を経験しようとも自分の計画を遂行するだけの信念をもった私たちにとって、世界はそのようになっているのだ。

「主《しゅ》はその後のヨブを以前にも増して祝福された。ヨブは、羊一万四〇〇〇匹、らくだ六〇〇〇頭、牛一〇〇〇くびき、雌ろば一〇〇〇頭を持つことになった。……ヨブはその後一四〇年生き、子、孫、四代の先まで見ることができた。ヨブは長寿を保ち、老いて死んだ。★4（次次頁）」

■ウェルネスの背後にある〝見えざる手〟

一九九六年に本書のための調査研究をはじめたとき、私はウェルネスを望む私たちのニーズに応える解決策が見つかるかどうか、悲観的だった。それまでの生涯で、共産主義の事実上の崩壊や、世界的な飢餓と人種差別に対する戦いが大きく前進したことは目にしてきた。とはいえ、健康に対する〝疾病〟側からの反動

入れることを拒絶したため、他の指導的な物理学者たちはかれを仲間はずれにした。とはいえ、かれらはその後、第二次世界大戦中にアインシュタインの名声と政治的な人間関係をたくみに利用した。アインシュタインはかれらに求められて、アメリカのルーズベルト大統領に働きかけ、原子爆弾を製造するマンハッタン計画を支持させた。しかし、その後の計画の進展については、実際に原爆が広島に投下され爆発するまで、アインシュタインにはいっさい知らされなかった。

的な動きがある中で、私たちが身動きのとれなくなっている状態を打開することはできないだろうと感じていた。

私が悲観的だった理由は、アメリカ人の不健康な状態を引き起こしたのが、私たちの社会でもっとも強大な力、すなわち経済力だったことにあった。

ジョン・メイナード・ケインズはかつてこう述べている。

「経済学者の思想は……一般に理解されているよりも強力である。実際、それ以外に世界を支配しているものは、ほとんどない。いかなる人からも知的影響を受けていないと信じ込んでいる実務家も、たいていは、すでに故人となった経済学者の奴隷なのである。★5」

肥満や過体重で不健康なアメリカ国民は、一兆ドル（約一二〇兆円）の食品産業と一兆五〇〇〇億ドル（約一八〇兆円）の疾病産業が共同で生み出している経済的利益の奴隷になっているのだ。

★3　著者の友人であり同僚のノーマン・バイルは、アインシュタインがこの点について間違っていたということに関し、著者と別の意見を持っている。バイルは、私たちが統計を利用するのは、正しい答えがわからずに決定をくだす場合だけに限るべきだと主張する。たとえば、雨が降るか降らないかは、2つに1つの結果しか出ないにもかかわらず、気象学では統計データを用いて、“降水確率は28パーセント”などと言ったりするが、そういう場合は構わないというわけだ。バイルによれば、アインシュタインが言いたかったのは、「私たちは統一場理論の探求をあきらめるべきでも統計にたよるべきでもない。むしろ探求

しかし、二〇〇一年、アメリカのウェルネス産業がすでに二〇〇〇億ドル（約二四億円）規模に達し、二〇一〇年までに一兆ドル（約一二〇兆円）産業になろうとしていることを私は知り、ウェルネス産業こそが、経済力によってつくり出された疾病の問題に対する、経済的解決策であると理解できるようになった。

一七七六年、アダム・スミスは『国富論』の中で、個々人が束縛を受けずに私利を追求することが、いかにして社会全体の福祉向上に直接つながるかを述べた。スミスは、経済の仕組みを深く研究すればするほど、社会全体の富の増加につながるべく個々人の行動を導く〝見えざる手〟に、魅了されていった。スミスは世俗的な啓蒙時代の進歩的科学者だったから、〝神〟という言葉を使うことは避けた。しかし、原著を読めば、その見えざる手が誰の手であるとアダム・スミスが考えたかは、すぐに明らかになる。

今日、新興のウェルネス産業、ならびに、いま起こりつつあるウェルネス革命の背後にある強力な経済力ほど、神の見えざる手が働いている好例はないのである。

をつづけていって、いよいよ正しい答えを見つける望みがまったくなくなった時に限り、統計にたよるべきだ」ということだったのだろうと言う。

★4　『聖書』（欽定訳）ヨブ記42章12節117節（訳文では新共同訳を参照）

★5　Keynes, John Maynard, The General Theory of Employment, Interest, and Money (SanDiego: Harcourt Brace Jovanovich, 1964), p.383ケインズの偉大な著書『雇用・利子および貨幣の一般理論』初版は、1936年、イギリスで出版された。

付録A：アメリカの医療改革がウェルネス産業にあたえる影響

一部の読者、とりわけ以前から慢性的な健康問題をかかえている家族のいる、アメリカの人口の二二パーセントにあたる人々は、第六章で取り上げたいくつかの構想を読んで、動揺されたかもしれない。この問題についての私の率直な説明が、冷淡だと受け取られたかもしれない。もしあなたがそうした読者の一人なら、なにとぞご寛恕を願いたい。私は、好ましくないニュースを単にお伝えしているだけであり、それらを支持しているわけではない。この付録Aでは、アメリカ政府が、人口の二二パーセントにあたる人々、すなわち、子供であれ成人であれ、慢性的な健康問題をかかえている人々について、どのようなケアをしなければならず、また今後するようになるかについて、私の信ずるところをお話ししたい。

■子供のウェルネスのために政府が出資する

今日、アメリカ人として生活する上でもっともよい点の一つは、〝メディケア制度〟、すなわち、六五歳以上の四〇〇〇万人のアメリカ国民にかかる医療費の大部分を連邦政府が支払う制度があることだ。一九六五年の施行開始以来、メディケアは、高齢者とその家族に多大な社会的恩恵をあたえてきた。メディケアと社会保障制度が発足する以前は、引退すれば、貧窮状態に陥ることもめずらしくなかった。

今日、アメリカ人として生活する上でもっとも悪い点の一つは、一八歳未満の七〇〇〇万人のアメリカ国民にかかる医療費の大部分を連邦政府が支払う制度がないことである。

私たちの社会が高齢者の医療費に数千億ドルを支払いながら、大部分の未成年の医療費にはほとんど一ドルも費やさないというのは、経済学的見地からいえば、信じがたいことだ。★1

一人の高齢者に医療費がかかるたびに、その高齢者の寿命は延び、政府は将来さらに多くの医療費をまかなうことになる。★2 他方、未成年の病気予防や治療に費用がかかったとしても、将来かれらによる生産性が向上すれば、私たちの社会は、負担した医療費の何倍もの見返りを得ることになる。

このことは、アメリカの場合、とくにあてはまる。というのは、小児医学は、アメリカの医学の中で、病気予防とウェルネスに関する成果をあげてきた分野の一つだからである。わずかな出費によって子供の予防注射や病気の早期発見を行うことは、将来の医療費を何百ドルも節約することにつながる。その上、患者だった子供が成人して生産的な納税者になることを考えれば、潜在的には私たちの経済や政府の財源に何千ドルものプラスになるのだ。

★1　アメリカにおいて非常に貧しい暮らしをしている人々は“メディケイド”を受けている。総額2000億ドル（約24兆円）のこの制度では、法定貧困レベル未満の生活を送る65歳未満のアメリカ国民を対象に、医療費のほぼ全額をまかなっている。

★2　いま高齢の人々が、かれらの医療費を現在まかなえるだけの偉大な経済力をつくりあげてきたのだから、高齢者はこうした特典を受けるに値するという考えは正当なものだといえるだろう。

連邦議会はほどなくこうした事実を認識するだろう。そして、一八歳未満のすべてのアメリカ国民の医療ならびに最終的にはウェルネスの費用をまかなう、メディケア型の制度が施行されることになるだろう。

そのような制度は、未成年が成人して、より生産的な納税者になるのを助けることになるから、一〇年ないし二〇年で元が取れるだろう。ヘッド・スタート・プロジェクト★1や、連邦政府が費用を負担する学校朝食制度など、〝いま種まきをして、あとで収穫する〟たぐいの未成年育成制度がすでにいくつも成功している。つぎに、未成年のウェルネス制度が施行されるのは自然な成り行きなのである。

最終的に、子供のウェルネスに出資することの財政的な利点を連邦政府が認めれば、小児医学と連携した総合的な子供向けウェルネス産業が出現するだろう。そうなれば、その方面のウェルネスに絞った製品やサービスを提供する起業家にとっては、信じられないようなビジネス・チャンスが生まれることになる。

■アメリカの医療制度が労働力の供給をゆがめている

★1　就学前の子供に対するアメリカ政府の教育事業。恵まれない地域の子供が、初等教育のスタートにあたって不利にならないようにと考え出された。

★2　アメリカ国勢調査局は、2000年、48の州における4人家族の“法定貧困レベル”を年収1万7050ドル（約204万6000円）と定義し〔アラスカ州では2万1320ドル（約225万8400円）、ハワイ州では1万9610ドル（約235万3200円）〕、家族の人数の1人増減に対して先述の金額が2900ドル（約34万8000円）増減するとした。（"The

平均的なアメリカの家庭では、一世帯あたりの税引き後の年収が約四万ドル（約四八〇万円）である。そのうちの約七分の一、つまり、五五〇〇ドル（約六六万円）を、直接、または雇用主を通じて間接的に医療費に費やしている。気の毒なことに、年収一万七〇五〇ドル（約二〇四万六〇〇〇円）の家庭でも、医療費には同じく五五〇〇ドル（約六六万円）を費やしている。ただし、一世帯の年収が法定貧困レベル、現在は、四人家族で年収約一万七〇五〇ドル★2（約二〇四万六〇〇〇円）を下まわっている場合は、医療費の全額が政府の〝メディケイド制度★3〟によって支払われる。

高齢者と法定貧困レベルをわずかに上まわる世帯の人々は、自分たちよりも貧しい人々が受ける健康保険上の恩典、とりわけメディケイドによる処方薬費用の全額政府負担について、しばしば憤慨する。メディケアの恩恵を受けている高齢者でさえ、処方薬の費用は自己負担しなければならず、その費用が、引退した夫婦の家計における最大の支出項目になることもめずらしくないからだ。

医師が書いた処方箋の約二二パーセントについては、費用支払いが障害となって、処方された薬の販売が実際には行われていない。数百万の人々（大部分が高齢者）は、食料を買うか薬を買うかの選択を、日々行わなければならない状態にあるのだ。

2000 HHS Poverty Guidelines「2000年・保健福祉省による貧困に関する指針」アメリカ保健福祉省）

★3　低所得者と身障者を対象にした、アメリカの医療扶助制度。連邦、州および地方の財源でまかなわれる。

この問題の解決策は、メディケイドの対象を削減するのではなく、高齢者ならびに年間世帯所得が全国平均の四〇〇〇〇ドル（約四八万円）を下まわる中産階級のアメリカ人にまで拡大し、一般的な処方薬の費用もカバーすることだ。

現状では、慢性病をわずらう家族のいる人々の中には、あえて失業状態を続けることを余儀なくされている人々もいる。メディケイド健康保険の資格を維持でき、処方薬の費用を政府に負担してもらえるからだ。慢性的な健康問題をかかえた家族を持ちながら企業に勤めている人々の中にも、保険の問題があるために、現在の雇用主の下にとどまらざるを得ない人々がいる。そういう人々が、もっと給料がよく、自分の能力をさらに発揮できる職につけば、本来はすべての人が恩恵をこうむるはずなのだ。

職場におけるこうしたさまざまな効率の悪さが、アメリカにおける労働力の供給に混乱をもたらしている。そして、一〇兆ドル（約一二〇〇兆円）のアメリカ経済の中で、一兆五〇〇〇億ドル（約一八〇兆円）にのぼる税金が医療費に費やされる状態を生み出しているのである。

■全国民加入の基本疾病保険がウェルネスを拡大する

最終的に連邦政府は、個人の雇用状態に関係なく、疾病、入院、処方薬について保障する基本保険制度を施行し、まず高齢者、つぎに未成年、そしてすべてのアメリカ国民がその保険に加入することになるだろうと、私は考えている。

この国民疾病保険制度が適切に施行されれば、アメリカの納税者にとって実質的にお金の節約になり、新興のウェルネス産業に一大ブームがもたらされる可能性がある。

政府が全国民の医療費のすべてをまかなうことはできない。医療費というものは、抑制を加えなければ、無制限に増大する。今日、ほとんどすべての未熟児や末期患者は、その生存の質を問わないならば、テクノロジーによって生き長らえさせることが可能だ。費用の心配がなければ、健康な人々でさえ、性的不能を治すバイアグラから育毛のためのロゲインにいたるまで、新しい治療方法を無制限に利用するかもしれない。

そうならないようにするため、国民疾病保険制度では、未成年の医療費およびウェルネス費の全額を政府がまかなう一方、成人については特定の医療費だけを保障するのである。もちろん、未成年に対する保障については、それ以前に成立する、未成年対象のウェルネス関連の法律によって保障されていなければの話である。さらに、成人の治療については、今日のメディケアや民間保険制度が〝通常の慣例的な〟レベルの支払い保障を行っているのと同様、一定額を保険でまかなうようにする。また、この基本保険制度では、特定の処置については、患者の年齢に応じて制限を設ける。

たとえば、年齢九〇歳以上の高齢者が受ける心臓手術の費用は保障しない、などである。

このような全国民加入の基本疾病保険がアメリカ経済全体にあたえる影響は、経済学的見地から見れば、中立的であるはずだ。すでに今日、健康保険に加入していないアメリカ人も、基本的な疾病給付は受けられるようになっている。ただし、給付を受けるために、多くの人々は生活保護を受けたり、会社を休んだりしなければならず、病院でも緊急治療室で不十分な治療を受けざるを得ない状態にある。新制度の導入で、それらが改善されるだろう。一方、健康保険に加入しているアメリカ人にとっては、新しい制度の導入により、基本疾病保険の責任が雇用主から政府に移ることになり、費用負担もやがて政府へ移行することになる。医療の提供面では、全国民加入の基本疾病保険の導入によって、非常に効率的な医療提供者が市場に続々と参入してくるだろう。たとえば、ウォルマートやマクドナルドなどの、効率を誇る企業が、便利な立地を確保しつつ、専門的な医療を提供するようになるのだ。

こうした動きは、慢性的な健康問題をかかえた家族がいて、不幸にも従業員全体の二二パーセントに属している人々を助けることになる。最終的には、医療保障制度を維持する責任を不当に押しつけられてきた雇用主たちをも救済することになるのだ。


しかし、大部分のアメリカ人にとって真の恩恵となるのは、民間部門からつぎつぎに出てくるであろう、基本保険を補足する特約疾病・ウェルネス保険である。

アメリカの勤労者の大部分は、政府の基本疾病保険制度によって、それぞれの疾病治療に対する費用保障が頭割りで制限されることに、満足しないだろう。そして、入院時に個室に入ることから、よりよい病院での診断学的検査にいたるまで、疾病産業の提供する上級サービスの費用をまかなえるよう、補足的な保険に加入するだろう。さらに、重要な点は、そのような特約補足保険がウェルネス産業の製品やサービスの費用をもまかなうようになることである。

その結果、健康保険業界が改革され、保険業者と被保険者の関係は、現在のような対立的なものから、相互に利益をもたらす関係に変わるだろう。

保険会社は、莫大な医療費や慢性的な健康問題にかかわる費用を無制限にまかなう重荷から解放され、積極的にウェルネス分野にエネルギーを振り向けることができるようになる。なぜならば、補足的な疾病保険を提供している保険会社としては、顧客が効果的なウェルネスを選べば、その恩恵を自分たちも受けられるからである。ウェルネス保険を提供する保険会社は、保険加入者がウェルネス分野のテクノロジーやサービスに関して最新の動向をつかめるよう、積極的な役割を演じることになるだろう。ちょうど損害保険会社が、保険に加入している会社の工場を定期的に視察し、安全の向上について提案をするのと同様である。

今日、おおかたの雇用主は、賃上げの条件として、従業員への健康保険給付金の支払いをやめられるようになることを望んでいる。政府が全国民を対象にした基本疾病保険制度を導入すれば、雇用主たちは医療事業から抜け出すことができる。そして、自分たちがもっとも得意とするところ、すなわち自らの企業経営に専念できるようになるだろう。

付録B：ウェルネス保険の要約

※この付録Bは、ビジネス・パートナーにウェルネス保険を説明するさいの参考になるよう書かれている。

ウェルネス保険は、年間免責額を超える多額の医療費をまかなうと同時に、病気予防のための費用もまかなう、新しい健康保険プログラムである。病気予防には、たとえば、ウェイト・コントロール、ビタミン、サプリメント、運動などが含まれる。従来の健康保険、すなわち〝疾病〟保険は、あなたが病気になったときに、その医療費だけを支払うものであり、通常は、病気予防ではなく、むしろ病気の症状に対処する費用をまかなう。今日、個人でウェルネス保険的なものを手に入れるには、高額免責健康保険（HDHP）と、医療費貯蓄口座（MSA）やウェルネス貯蓄口座（WSA）のような、ウェルネスのための投資資金を貯める貯蓄口座を組み合わせればよい。以下、保険加入資格のある健康な個人なら、誰もがウェルネス保険に切り換えるべき理由を簡単にまとめてみよう。

①費用の節約

典型的な家族向けの、免責額がゼロまたは低額の健康保険は、年あたりの保険料が約五〇〇〇ドル（約六〇万円）である。年間免責額が二五〇〇ドル（約三〇万円）の家族向けHDHPは、年あたりの保険料が二〇〇〇ドル（約二四万円）だから、年間で三〇〇〇ドル（約三六円）の節約になる。もしも被保険者が大病をして、医療費として二五〇〇ドル（約三〇万円）を自己負担しなければならなかったとしても、HDHPに切り換えてあれば、依然として五〇〇ドル（約六万円）の節約になる。

②ウェルネスのための投資

HDHPに加入できる人々は健康であるから、HDHPに切り換えた家族は、通常、最高で年に三〇〇〇ドル（約三六万円）、つまり、月に二五〇ドル（約三万円）節約できることになる。そのおかげで、ウェルネス（ビタミン、サプリメント、運動など）に費やせる資金が増える。今日、民間の健康保険に加入しているアメリカ人の七八パーセントは、HDHPに加入できる健康状態にある。

③終身保障が保証される

団体保険ではなく、個人HDHPにいったん加入すれば、被保険者本人または扶養家族がどのような病気になっても、あるいはどのような身体の状態になって

★1　いくつかの州においては、保険料の見直しが毎年行われ、一段階高い料率に引き上げられることがあるが、引上げ幅は一定の割合（10パーセント、15パーセントなど）に制限されている。

も、それを理由に保険契約が打ち切られたり、保険料が引き上げられたりすることはない。★1（前頁）そのため、HDHPの被保険者は、（個人HDHPに最初に加入した後に）慢性的な健康問題のある家族をかかえることになっても、そのことに制限されずに、転職したり独立開業したりすることが可能である。

④HDHPに関する、所得税の優遇措置

二〇〇二年より、自営業の個人は、健康保険料の七〇パーセントを課税所得から控除できるようになる。この控除率は、二〇〇三年以降、一〇〇パーセントに引き上げられる。

⑤MSAに関する、所得税の優遇措置

MSAを持つ六五歳以下の個人の場合、MSAに預け入れる資金については、年間三八〇〇ドル（約四五万六〇〇〇円）まで課税控除が認められる。控除額は、インフレにスライドして、年に五〇ドル（約六〇〇〇円）単位で増額する。さらに、MSAに預け入れた資金に対する利息は非課税である。MSAに預け入れた資金を医療費として使う場合はつねに非課税であり、六五歳以降は、個人退職年金の場合と同様、いかなる目的で使っても税金がかからない。連邦議会は今のところ、MSA開設の期限を二〇〇三年までしか延長していないが、期限前までに開設した人であれば誰でも、MSAの恩典を享受できる。仮に連邦議会がこの制度を二〇〇三年いっぱいで打ち切ったとしても、すでにMSAを開設した人々は、六五歳になるまで毎年資金を預け入れた場合の恩典も含めて、この制度のすべての恩典を受けることができる。

⑥超優良顧客

ウェルネス関連の製品やサービスを提供する業者は、つぎのようにして、超優[illegible]ことができる。まず、医師の処方箋がある場合にのみ利用できる特別バージョンの製[illegible]確保するを用意する。それと同時に、ウェルネス保険の中にウェルネス貯蓄口座を設ける。そして顧[illegible]その口座に預け入れた資金を特別バージョンのウェルネスのために投資してもらいながら、顧[illegible]税制上の優遇措置も受けられる形をつくればよい。

⑦扶養家族への保障

今日、雇用主負担の団体健康保険を受けている従業員の大部分は、扶養家族に対する保障を受ける場合、その保険料については別に雇用主に払い戻している。しかし、個人HDHPに切り換えて、そちらで扶養家族の保障をまかなうようにすれば、通常、扶養家族の保険料が最高六〇パーセント節約できる。しかも、生涯にわたって、自身の雇用状態や扶養家族の将来の健康状態にかかわりなく、家族の医療保険をまかなえることになる。

付録C：ウェルネス保険についての、よくある質問

※この付録Cは、ウェルネス保険の潜在顧客向けに書かれている。

①ウェルネス保険とは何ですか？

ウェルネス保険[★1]は、年間免責額を超える多額の医療費をまかなうと同時に、病気の予防（たとえば、ウェイト・コントロール、ビタミン、サプリメント、運動など）のための費用もまかなう健康保険です。従来の健康保険、すなわち〝疾病〟保険は、あなたが病気になったときに、その医療費だけを支払うものであり、通常は、病気予防ではなく、むしろ病気の症状に対処する費用をまかなう保険になっています。

②ウェルネス保険にはどうすれば加入できますか？

雇用主や健康保険会社は、数年後にはウェルネス保険を提供しはじめるでしょう。しかし、個人で加入するＨＤＨＰと、ＷＳＡを組み合わせれば、すぐにでもウェルネス保険的な仕組みを手に入れることができます。ＷＳＡというのは、のちほどさらに説明しますが、ウェルネスのために投資する資金を貯める口座です。ＷＳＡは、ウェルネス分野の製品やサービスの提供企業、あるいは第三者の金融機関において開設できるようになります。

★1　「ウ[illegible]ス保険（Wellness Insurance）」は、ウェルネス・サービスィズ社の登録商標である[illegible]製。

③高額免責健康保険（ＨＤＨＰ）とは何ですか？

ＨＤＨＰは、従来の健康保険ですが、年間の免責額が通常より高くなっています。具体的には、通常、医療費の年間累積額が二〇〇〇ドル（約二四万円）ないし四五〇〇ドル（約五四万円）を超えた場合にのみ、医療費の払い戻しが受けられる保険です。しかし、年間健康保険料が大幅に安くなりますから、一般的には、先にあげた金額もしくはそれ以上の金額が節約できることになります。

④ＨＤＨＰに加入したほうがよい理由は何ですか？

ＨＤＨＰに加入すれば、家族の医療費について数千ドル程度までは、誰かの許可を得たり払い戻し金のことでのちほど交渉したりする必要なしに、自分で使い方を決められます。自分の選択により、健康医療団体（ＨＭＯ）や優先医療給付機構（ＰＰＯ）に加入することもできます。もっとも、ＨＤＨＰを提供するほとんどの保険会社は、ＰＰＯの会員権を無料でＨＤＨＰに付けていますが。割引薬局プラン、眼鏡プラン、ビタミンおよびサプリメント・プラン、フィットネス・クラブ会員権、その他の特別注文であつらえるウェルネス関連もしくは医療関連のサービスを、自分で自由に選べるのです。あなたが今、健康であるなら、継続的なウェルネスのために投資できる数千ドルを貯蓄にまわすこともできます。

⑤ＨＤＨＰに加入すると、どれくらい節約できるのですか？

ＨＤＨＰに加入することにより節約できる年間保険料の金額は、通常、年間免責額と同額またはそれを若干下まわるぐらいです。たとえば、典型的な家族向け健康保険で、免責額がゼロまたは低額の場合、年間保険料は五〇〇〇ドル（約六〇万円）程度かもしれません。しかし、一人あたりの年間免責額を二五〇〇ドル（約三〇万円）にすると、同じ保険会社の提供する同じ保障対象の保険で、年間保険料がわずか二〇〇〇ドル（約二四万円）になる場合もあります。年間保険料でくらべれば、三〇〇〇ドル（約三六万円）の節約です。このようなＨＤＨＰに加入した場合、家族の誰かが大病をして、二五〇〇ドル（約二四万円）までの医療費を自己負担しなければならなかったとしても、依然として年に五〇〇ドル（約六万円）は節約できます。家族全員が健康であれば、最高で年に三〇〇〇ドル（約三六万円）が節約でき、その資金を継続的なウェルネスのために投資することもできれば、将来の医療費として貯蓄しておくこともできるわけです。

⑥前述のＨＤＨＰの場合、なぜ保険料が最高三〇〇〇ドル（約三六万円）も安くなるのですか？

理由が二つあります。

a．年間に家族の医療費としてかかる費用が二五〇〇ドル（約三〇万円）だとして、通常、それは一回一〇〇ドル（約一万二〇〇〇円）の診療を二五回受けるというような形で発生します。その費用に対して保険会社が保険金を支払う場合、一回の事務処理費として三〇ドル（約三六〇〇円）ないしそれ以上の費用が保険会社にかかるのです。つまり、医療費二五〇〇ドル（約三〇万円）＋事務処理費七五〇ドル（約九万円）＝三二五〇ドル（約三九万円）となります。

b．ＨＤＨＰに加入できるのは、慢性的な健康問題のない健康な人々だけです。一般的に保険会社は、ＨＤＨＰへの加入申込者の約二二パーセントの人々に対して、本人または家族の誰かに慢性的な健康問題があるという理由で、加入を断っています。

⑦いままでＨＤＨＰについて聞いたことがなかったのですが、どうしてでしょう?

理由が三つあります。

a．あなたが雇用主負担の団体健康保険に加入している場合、あなたの年間保険料五〇〇〇ドル（約六〇万円）は、あまり健康でない加入者の医療費をまかなうために使われています。そのため、雇用主としてはあなたに団体保険をやめてほしくないわけです。

b．保険代理業者は個人向けＨＤＨＰを積極的に勧めません。ＨＤＨＰの場合、代理業者に入る取り扱い手数料が、非ＨＤＨＰの保険にくらべて、およそ三分の一ないし五分の二になってしまうからです。

c．保険会社がＨＤＨＰの宣伝広告を積極的に行うと、大半の申し込みが不健康な人々からのものになってしまい、それらの申し込みを処理する費用がかさみます。それと同時に、おおぜいの人の加入を断ることになるので、保険会社に対する規制問題が起きるおそれがあるのです。

⑧家族の一人が慢性病をわずらったような場合、どうなるのでしょう?

そこが、ＨＤＨＰのもっともよい点です。いったんＨＤＨＰに加入してしまえば、本人または扶養家族がどのような病気になり、身体がいかなる状態になっても、そのことを理由に、保険会社が保険契約を打ち切ったり保険料を引き上げたりすることは禁じられています。[★1]したがって、（雇用主負担の団体健康保険に加入している場合と違って）ＨＤＨＰの被保険者は、本人または扶養家族が慢性的な健康問題にわずらわされる状態になっても、そのことで制限されずに、転職したり独立開業したりすることが可能になります。

⑨雇用主全額負担の健康保険を受けている場合は、どうですか？

雇用主全額負担の健康保険を受けている場合でも、扶養家族のため、そしてたぶんあなた自身のためにも、ＨＤＨＰへの加入を検討するほうがよいでしょう。大部分の民間企業の雇用主は、会社の団体保険に加入している扶養家族の保険料については、従業員に負担を求めています。したがって、あなたの家族が健康ならば、家族で個人ＨＤＨＰに加入したほうがずっと安上がりです。そうしておけば、たとえ家族の誰かが慢性的な病気になったり、あなたが転職したり、会社の健康保険が打ち切られたりしても、家族の保険は終身確保されます。その上で、あなたの職業上の身分の変更を、雇用主に依頼してもよいでしょう。たとえば、個人の請負業者扱いにしてもらい、会社の団体保険を抜けるとともに、報酬を引き上げてもらうなどの方法があります。

★1　いくつかの州においては、保険料の見直しが毎年行われ、一段階高い料率に引き上げられることがあるが、引上げ幅は一定の割合（10パーセント、15パーセントなど）に制限されている。

★2　「ウェルネス貯蓄口座（Wellness Savings Account, WSA）」は、ウェルネス・サービスィズ社の登録商標である。不許複製。

⑩健康保険料を自己負担した場合、税金はどうなるのでしょうか？

近年、連邦議会で法律が成立したおかげで、自営業の個人の場合、二〇〇一年からは健康保険料の六〇パーセントが課税控除になり、その後、控除率は二〇〇二年には七〇パーセント、二〇〇三年以降は一〇〇パーセントに引き上げられます。この法律が施行される以前は、個人で健康保険に加入すると有利でないことがしばしばありました。というのは、かつては、所得税納付後に保険料を自己負担しなければならない個人健康保険よりも、雇用主負担の健康保険のほうが税金面で優遇されており、二倍も有利だったのです。

⑪ウェルネス貯蓄口座（ＷＳＡ）**とは何ですか？**

ＷＳＡ[★2]は、ウェルネス分野の製品やサービスの提供企業あるいは第三者の金融機関において開設できる貯蓄口座で、ＨＤＨＰへの加入によって節約した資金を預け入れるための口座です。そこに貯蓄した資金は、現在のウェルネスのための費用、あるいは病気になったときに、ＨＤＨＰの免責額を下まわる医療費を支払うために使います。ＨＤＨＰに加入している方は誰でも、本人や家族が重病にかかったときにそなえて、最低でもＨＤＨＰの年間免責額、たとえば、二五〇〇ドル（約三〇万円）と同等の資金をすぐに使えるようにしておくべきです。

⑫医療費貯蓄口座（ＭＳＡ）**とは何ですか？**

ＭＳＡは、連邦議会が実験的に二〇〇三年まで新規開設を認めている、特別なＷＳＡです。この口座は、つぎのような点で個人退職年金（ＩＲＡ）に似ています。すなわち、ＭＳＡに毎年新たに預け入れる資金のうち、最高三八〇〇ドル（約四五万六〇〇〇円）までは所得税の課税控除が受けられること、貯蓄額に対する利息や配当は非課税であること、そして、六五歳以降は、医療費以外の目的でも、いっさいの罰則なしに資金を引き出せることなどです。しかも、ＩＲＡよりさらに有利なことに、六五歳以前でも以降でも、医療費の支払い用として引き出す資金は、つねに非課税になります。

⑬ＭＳＡを開設する資格はどうすれば得られますか？

ＭＳＡを開設するためには、まず、ＭＳＡ制度によって認められた特別なタイプのＨＤＨＰに加入しなければなりません。このＨＤＨＰの年間累積免責額は、一世帯あたり三〇五〇ドル（約三六万六〇〇〇円）ないし四六〇〇ドル（約五五万二〇〇〇円）です。そのようなＨＤＨＰに加入すれば、毎年、最高で免責額の七五パーセントの金額、二三〇〇ドル（約二七万六〇〇〇円）ないし三八〇〇ドル（約四五万六〇〇〇円）の資金をご自分のＭＳＡに預け入れることが認められます。これらの金額は、毎年インフレにスライドして五〇ドル（約六〇〇〇円）単位で引き上げられます。（同居家族のいない）独身の個人の場合、これらの金額のおよそ半分で、ＭＳＡの開設が認められます。なお、ＭＳＡ開設の資格を得るならば、主要な医

★1　この規定は、以下の項目を対象とする医療プランには適用されない。偶発事故、身体障害、歯科治療、視覚治療、長期治療、労災補償法・不法行為賠償責任・不動産所有または不動産利用に関する恩典、特定の疾患、入院中の一日（あるいはその他の期間）あたりの定額給付。

★2　「スーパーMSA」は、ウェルネス・サービスィズ社の登録商標である。不許複製。

療プランの対象者になることは認められません。[★1]

⑭開設したMSAは、二〇〇三年以降、どうなりますか？

連邦議会は、二〇〇三年までに七五万人だけがMSAを開設することを認めており、法律が更新されない限り、現行のプログラムは二〇〇三年に期限切れとなります。とはいえ、たとえ現行のプログラムが期限切れとなっても、二〇〇二年一二月三一日までにMSAを開設した方は、生涯にわたって、先に述べたような恩典を受けることができます。すなわち、六五歳まで毎年、年に三八〇〇ドル（約四五万六〇〇〇円）以上の預け入れをする権利などを確保できるのです。現在、おおかたの政治アナリストは、二〇〇三年になる前に、MSAプログラムが延長され、対象者も拡大されるだろうと予想しています。

⑮スーパーMSAとは何ですか？

スーパーMSA[★2]は、年間世帯所得が七万五〇〇〇ドル（約九〇〇万円）を超える納税者用に設けられたMSAです。たとえば、毎年、認められている最高額をMSAに預け入れ、緊急のさいを除いて、年間に渡り資金を引き出す計画がないものとしましょう。その場合、スーパーMSAに預け入れたあなたの資金は、最高の長期的収益をもたらす投資に振り向けられたことになります。しかも、生じる利息や配当は非課税なのです。現在、MSAに預け入れた資金については、（医療費の支払いで引き出さない限り）所得税に関するすべての課税控除を受けられるようになります。ですから、H

DHPの免責額に満たない医療費をまかなう資金を別に確保しておけば、引退前にMSAの資金を引き出す経済的誘因は存在しないはずです。MSAに預け入れた資金には非課税の利息がついて累積していきますし、MSAにはIRAと同等以上の有利な恩典があります。したがって、税金を納めている世帯が貯蓄口座として真っ先に開設すべき口座は、スーパーMSAなのです。

⑯雇用主が従業員にMSAとHDHPを提供することはできますか?

できます。従業員数五〇人以下の雇用主は、従業員にHDHPの付いたMSAを提供することが認められています。従業員数が五〇人を超えた場合でも、一九九六年以降の平均従業員数が二〇〇人未満なら、全従業員にひきつづきMSAを提供することが認められます。雇用主は、全従業員を対象に団体HDHPに加入し、均等な金額を各従業員のMSAに預け入れます。その資金は、雇用主にとっては課税控除の対象となり、従業員にとっては非課税です。雇用主としては、雇用主負担のMSAプログラムを提供することによって、団体健康保険の場合よりも資金の節約になります。それと同時に、健康な従業員に対しては、実質的に税引き後の金額で三八〇〇ドル（約四五万六〇〇〇円）のボーナス（七六〇〇ドル（約九一万二〇〇〇円）の税引き前賃金と同価値）を支給することになります。従業員はその資金を、現在のウェルネスのために使うこともできるし、将来の医療費として貯めることもできるのです。

謝辞

リチャード・ニクソン元大統領は、八三歳で亡くなる直前、生涯でもっとも重要な出来事は何だったかと質問された。かれはこう答える。「例の一八分半について、ビーブが決して私に尋ねなかったことだ」一八分半というのは、ニクソンを辞任に追い込んだウォーターゲート事件で問題となった録音テープの不明部分のことである。かれは、親友のビーブ・レボゾが、その解明されざるニクソン時代の歴史的謎について決して尋ねなかったことを言ったのだ。

過去二〇年間に私が上梓した本の謝辞にあらためて目を通すと、私の生涯で重要な出来事がいくつも見えてくる。そして、順調なときも不調なときも私を支えてくれた友人たちの名前が思い出される。そのうちの何人かの名前をここに挙げる。エド・エイムズ、マイケル・アシュキン、ノーマンならびにキャロル・バイル、リード・ビルブレー、ジェリー・コフィー、ジュリーならびにランディ・フィールズ、デボラならびにミッチ・ゲイロード、ジョン・グリロス、ケニー・グリズウォルド、リチャードならびにキンバリー・ジャフィ、スティーブン・ジャーチョウ、ジョンおよびメグ・ハウギー、ドンならびにジャン・ヘルド、アン・マザー、アントニー・マイヤー、スタンリー・パール博士、トニー・ロビンズ、ポーラ・セプルヴェイド、キャロライン・ゼメル。

とりわけジョン・ハウギーは、私にとても大事なことを教えてくれた最初の人物として、特筆しておきたい。かれが教えてくれたのは、こういうことだ――私たちにとって本当に価値あるもの、それは、私たちが大切に思っている人々である。

新しい本を出す喜びの一つは、新しい人間関係がはぐくまれると同時に、古くからの友人と、またいっしょに仕事ができる機会が生まれることにある。

カレン・リッチとリチャード・ポーは、最初の提案書をまとめるのを手伝ってくれた。著名な大学教授であるマイケル・べーエは、私が学生時代に身につけておくべきだった生物学を理解するのを助けてくれた。偶然ながら、かれは今、私の母校、リーハイ大学で教鞭をとっている。先見の明があるスチュワート・ジョンソンは、今回の調査研究が持つ潜在的な利点をいち早く理解してくれた。

私が相談をした人々は数百人にのぼる。そのうちのほんの一部ではあるが、以下に名前を挙げる。デービッド・バーグマン博士、ブランドン・ベンソン、リチャード・ビザロ、ケンドール・チョー、ブレア・フォイルマー、リタならびにスタンリー・キャプラン、マイケル・クラインマン、デービッド・コレン、ケン・メイブリー、アレックス・マストローニ、メアリー・パーソンズ博士、ジム・スミス、ブライス・ウィリアムズ、ドン・ウィルソン、グレッグ・ワースター、カレン・ウィン、デクスター・イエーガー、ドイル・イエーガー、スティーブ・イエーガー。

専任リサーチャーを務めてくれたジョーイ・ダレンザンドロは、今や私の親友になった。かつて専任リサーチャーを務めたブランドン・ウィリアムズは、私の仕事の中に神学に関する種子をまいてくれた。その種子はつぎつぎに発芽を続けている。

ビジネス・パートナーであるアントニー・マイヤー、ならびに、私の会社の最高経営責任者（CEO）を務めるリード・ビルブレーは、二人とも一九八〇年代以来、私心なく、自分たちの業績を通じて私を盛り立ててくれた。

ロサンゼルスを拠点にするトレーナーで、私のトレーニングを受け持っているライザ・ゴールデンソールは、彼女のクライアントである有名人たちの間では〝彫刻家〟としても知られている。ユタを拠点にするトレーナーのキャット・ジョンソンは、ライザが中断したところを引き継いでトレーニングをしてくれる。

マウンテン・バイクのパートナー、メル・ラビットは、六五歳ながら、健康そのものだ。かれは、私をはるか後方に引き離して上り坂を登ってしまうが、「僕がまだきみぐらいの歳の頃には、自転車に乗るなんて思いもよらなかったんだから、心配することはない」と言ってくれる。

担当編集者であるエアリエ・デキジエフは、本書が食品業界と医療関連業界の内幕を単に暴露するだけでなく、もっとずっと価値のあるものであることを認めてくれた最初の人物だ。エアリエにとくに感謝するのは、スポーツ・ジムのトレーナーであるライザとキャットがそうであるように、彼女もまた、私が考えていたレベルよりさらに高いレベルへ、仕事を押し上げつづけてくれた点である。

私の旧著を担当してくれた編集者の、アラン・メイヤー（『S&Lの崩壊』）、ジム・ウェイド（『無限の富』）、ボブ・アサヒナ（『神はあなたが金持ちになることを望まれている』）はいずれも、私にたくさんのことを教えてくれた。

出版エージェント、ジャン・ミラー女史については、以前に何度も言ったことをここでも繰り返すしかない。すなわち、彼女は、多くの著者にとって〝ドリームメーカー（夢をつくってくれる人）〟

であると、一般には知られている。だが、それだけでなく、ものを書こうとする人間がいたら、真っ先に思い切ってかれらに賭けてみる人物が彼女なのである。私にとってジャンは、当初、信頼のおけるエージェントに過ぎなかった。しかし、二〇年間いっしょに仕事をしているうちに、エージェントの役割は表立たないものとなり、今や彼女は大切な友人になっている。ジャンのアシスタント、マイケル・ブルーサードにも、特別な謝意をささげたい。私を編集者のエイリエに紹介してくれたのは、かれなのだから。

私は、ニューヨーク大学で学部生を相手に二〇年間続けて教鞭をとったあと、現在は地元の日曜学校でティーンエイジャーに教えている。ニューヨーク大学時代を振り返り、その間に出会った数千人の学生諸君には、私の人生の一番の目的を見つける手助けとなってくれたことに感謝している。その目的とは、教えるということだ。また、教育を通じてはぐくまれた、ジョージ・ストーンやモリス・サットンのようなすばらしい同僚との親密な友人関係にも、同じく感謝している。

前著『神はあなたが金持ちになることを望まれている』(サイモン&シュスター、一九九五年/一九九七年)を、私は、もっとも大切な師匠、チャールズ・ジェイ・ピルツァーにささげた。その後、私は、チャールズ叔父の金婚式を司宰する栄誉にめぐまれたが、その式での本当のスターは叔父の妻、ジェラルディーン(ジェリー)だった。叔父が以前の私の仕事に多くの手助けをしてくれたのと同様、健康のお手本のように元気なジェリー叔母は、今回のプロジェクトに多大な貢献をしてくれた。

そしていつものように、私の兄弟、スティーブンとリー、それにかれらの妻、ドナとメイリン、そして義理の兄弟、ブライアン・ダン、義父母のリンダならびにキエウ・ダンにも感謝している。

義父のキエウによる医薬と国際分野での経験は、私の調査研究にとって大きな財産だった。そして、もちろん、私の母、ミリアムと、私の父、イライアスには、どれほどの賞賛をしてもしたりない。

しかし、これらすべての人々に対する謝意をはるかに上まわる感謝をささげたい相手がいる。かつて生化学者だった妻のライザは、幾晩も夜通しで私の原稿をまとめてくれた。私たちの娘ミリアムと、本書（原著）が出る頃には生まれているはずの二番目の子供にも、感謝している。過去を静かに振り返りながら、私がこの三人に贈る言葉があるとすれば、それは、ジョン・レノンがかつて書いた、つぎのような不滅の言葉である。

「ぼくの人生で、誰よりも大切なのはきみだよ」

参考文献

Alternative Medicine: The Definitive Guide. Puyallup, WA: Future Medicine Publishing, Inc., 1993.

Anders, George. *Health Against Wealth: HMOs and the Breakdown of Medical Trust.* New York: Houghton Mifflin Company, 1996.

Andrews, Charles. *Profit Fever: The Drive to Corporatize Healthcare and How to Stop It.* Monroe, ME: Common Courage Press, 1995.

Andrews, Sam S., M.D., Luis A. Balart, M.D., Morrison C. Bethea, M.D., and H. Leighton Steward. *Sugar Busters!: Cut Sugar to Trim Fat.* New York: Ballantine Books, 1998.

Bailey, Covert. *The New Fit or Fat.* Boston: Houghton Mifflin Company, 1991.

Balch, James F., M.D., and Phyllis A. Balch, C.N.C. *Prescription for Nutritional Healing.* Garden City Park, NY: Avery Publishing Group Inc., 1990.

Behe, Michael J. *Darwin's Black Box: The Biochemical Challenge to Evolution.* New York: Simon & Schuster, 1998.

Berman, Louis A. *Vegetarianism and the Jewish Tradition.* New York: Ktav Publishing House, Inc., 1982.

Binzel, Phillip E., Jr., M.D. *Alive and Well: One Doctor's Experience with Nutrition in the Treatment of Cancer Patients.* Westlake Village, CA: American Media, 1994.

Brown, Montague, Everett A. Johnson, Richard L. Johnson. *The Economic Era of Healthcare: A Revolution in Organized Delivery Systems.* San Francisco: Jossey-Bass, Inc., 1996.

Castro, Janice. *The American Way of Health: How Medicine is Changing and What It Means to You.* New York: Little Brown and Company, 1994.

Dauner, C. Duane, with Michael Bowker. *The Healthcare Solution:Understanding the Crisis and the Cure.* Sacramento, CA: Vision Publishing, 1994.

Diamond, Harvey and Marilyn. *Fit for Life.* New York: Warner Books,Inc., 1985.

——. *Fit for Life II: Living Health.* New York:Warner Books, 1989.

Eddy, Mary Baker. *Science and Health with Key to the Scriptures.* Washington,D.C.: Office of the Librarian of Congress, 1934.

Follard, Sherman, Allen C. Goodman, and Miron Stano. *The Economics of Health and Healthcare.* Upper Saddle River, NJ: Prentice-Hall, Inc., 1997.

Fraser, Laura. *Losing It: America's Obsession with Weight and the Industry That Feeds on It.* New York: Penguin Books USA Inc., 1997.

Frech, H.E., III. *Competition and Monopoly in Healthcare.* La Vergne,TN: American Enterprise Press, 1996.

Gaesser, Glenn A. *Big Fat Lies: The Truth About Your Weight and Your Health.* New York: Fawcett Columbine, 1996.

Herzlinger, Regina. *Market Driven Healthcare: Who Wins, Who Loses in the Transformation of America 's Largest Service Industry.* Reading, MA: Addison- Wesley Publishing Company, 1997.

Kalechofsky, Roberta, Ph.D. *Vegetarian Judaism: A Guide for Everyone.* Marblehead, MA: Micah Publications, Inc., 1998.

Katahn, Martin, Ph.D. *The T-Factor Diet: Lose Weight Safely and Quickly Without Cutting Calories—or Even Counting Them!* New York: W. W. Norton & Company, Inc., 1989.

Kunnes, Richard M.D. *Your Money or Your Life: ℞ for the Medical Market Place.* New York: The Cornwall Press, Inc., 1971.

Millenson, Michael L. *Demanding Medical Excellence: Doctors and Accountability in the Information Age.* Chicago: The University of Chicago Press, 1997.

Morreim, E. Haavi. *Balancing Act: The New Medical Ethics of Medicine's New Economics.* Washington, D.C.: Georgetown University Press, 1995.

Muller, H.G., and G. Tobin. *Nutrition and Food Processing.* Westport, CT: The Avi Publishing Company, Inc., 1980.

Ornish, Dean. *Dr. Dean Ornish's Program for Reversing Heart Disease.* New York: Random House, Inc., 1990.

Osmani, S.R. *Nutrition and Poverty.* New York: Oxford University Press, Inc., 1992.

The PDR Family Guide to Prescription Drugs. New York: Crown Trade Paperbacks, 1996.

Pilzer, Paul Zane. *God Wants You to Be Rich: The Theology of Economics.* New York: Simon & Schuster/Fireside, 1995/1997.

———. *The Next Trillion: Why the Wellness Industry Will Exceed the $1 Trillion Health Care (Sickness) Industry in the Next Ten Years.* Dallas,VideoPlus, Inc., 2001.

———. *Unlimited Wealth: The Theory and Practice of Economic Alchemy.* New York: Crown Publishers, 1990/1994.

Pilzer, Paul Zane, with Robert Dietz. *Other People's Money: The Inside Story of the S&L Crisis.* New York: Simon & Schuster, 1989.

Porter, Roy. *The Greatest Benefit to Mankind: A Medical History of Humanity.* New York: W. W. Norton & Company, Inc., 1997.

Powter, Susan. *Stop the Insanity: Change the Way You Look and Feel—Forever.* New York: Simon & Schuster, 1993.

Reid, Daniel P. *The Tao of Health, Sex, and Longevity: A Modern Practical Guide to the Ancient Way.* New York: Fireside, 1989.

Roberts, Marc. J., with Alexandra T. Clyde. *Your Money or Your Life: The Healthcare Crisis Explained.* New York: Doubleday,

1993.

Rodwin, Marc A. *Medicine, Money and Morals: Physicians' Conflicts of Interest.* New York: Oxford University Press, 1993.

Schlosser, Eric. *Fast Food Nation: The Dark Side of the All-American Meal.* New York: Houghton-Mifflin, 2001.

Shaouli, Rabbi Moshe Cohen, and Rabbi Yaakov Fisher. *Nature's Wealth:Health and Healing Plants Recommended by Professors of Science and Medicine.* English edition edited by Ruth Steinberg. Copyright Rabbi Jacob Fisher, 1999.

Simon, Julian L. *The State of Humanity.* Cambridge, MA: Blackwell Publishers, Inc., 1995.

Skidelsky, Robert. *John Maynard Keynes: Hopes Betrayed, 1883—1920.* Harmondsworth, Middlesex, England: Penguin Books, 1986.

——.*John Maynard Keynes: The Economist as Savior, 1920—1937.* Harmondsworth, Middlesex, England: Penguin Books, 1994.

Starr, Paul. *The Social Transformation of American Medicine: The Rise of a Sovereign Profession and the Making of a Vast Industry.* Basic Books, 1982.

Tips, Jack, N.D., Ph.D. *The Pro Vita! Plan: Your Foundation for Optimal Nutrition.* Austin, TX: Apple-A-Day Press, 1993.

Weil, Andrew, M.D. *Eating Well for Optimum Health: The Essential Guide to Food, Diet, and Nutrition.* New York: Alfred A. Knopf, 2000.

Weiss, Lawrence D. *Private Medicine and Public Health: Profit, Politics, and Prejudice in the American Healthcare Enterprise.* Boulder, CO:Westview Press, 1997.

Wyke, Alexandra. *21st-Century Miracle Medicine: RoboSurgery, Wonder Cures, and the Quest for Immortality.* New York: Plenum Press, 1997.

■著者紹介

ポール・ゼイン・ピルツァー (PAUL ZANE PILZER)

世界的に著名な経済学者。ソフトウェア業界の起業家として億万長者にもなり、俗人ながらユダヤ律法学者でもある。さらに、非常勤の大学教授もつとめ、3冊のベストセラーも著している。

大学を3年間で卒業後、ウォートン・スクール・オブ・ビジネスに入り、1年3ヵ月後に22歳でMBA（経営学修士号）を取得。24歳でニューヨーク大学の非常勤の教授に任命され、同大学において20年連続で教鞭をとった。その間、22歳でシティバンクの最年少役員、25歳で最年少の副社長に就任する一方、いくつかのビジネスを起業し、26歳前に100万ドル、30歳前に1000万ドルの収入を得るようになる。過去20年間に、ソフトウェア、教育、財務サービスの分野で5つの企業の創業や上場にかかわってきた。また、これまで二度、アメリカ大統領により政府の経済顧問に任命され、アメリカ政府関係者が本気で耳を傾けるようになる何年も前に、2000億ドル規模の貯蓄貸付組合（S&L）の経営危機が迫っていることを警告した。

著書の1つ『無限の富』（Unlimited Wealth, Crown Publishers, 1990）では、急速に進歩するテクノロジーのおかげで、人々が無限の物質的資源にめぐまれた世界で生活するようになったことを明らかにしている。ウォルマートの創業者、故サム・ウォルトンは、『無限の富』を読了後、「ピルツァーのビジネス能力と一般の人々にわかりやすく説明する能力に驚嘆した」と述べた。別の著書『神はあなたが金持ちになることを望まれている』（God Wants You to Be Rich, Simon & Schuster, 1995/1997）は、ニューヨーク・タイムズのベストセラー・リスト入りし、これまでに、18の言語に翻訳されている。

http://www.thewellnessrevolution.info.

■訳者紹介

白幡憲之（しらはた・のりゆき）

1959年横浜生まれ。慶應義塾大学卒業。訳書に、H・W・ブランズ『アメリカン・ドリームの軌跡』（英治出版）、デビッド・H・フリードマン『アメリカ海兵隊式経営』（ダイヤモンド社）、キャロリン・ブラックマン『中国ビジネス交渉術』（朝日新聞社）、ジョゼフ・E・パーシコ『ニュルンベルク軍事裁判』（原書房）などがある。

● 英治出版からのお知らせ

本書に関するご意見・ご感想を E-mail（editor@eijipress.co.jp）で受け付けています。
また、英治出版ではメールマガジン、ブログ、ツイッターなどで新刊情報やイベント情報を配信しております。ぜひ一度、アクセスしてみてください。

メールマガジン：会員登録はホームページにて
ブログ　　　　：www.eijipress.co.jp/blog/
ツイッター ID　：@eijipress
フェイスブック：www.facebook.com/eijipress

※本書は、2003 年にあなたには夢があるより発行された同名書籍を英治出版より再発行したものです。
※本文中のドル表示に関しては、1 ドル =120 円で換算しています。

健康ビジネスで成功を手にする方法

発行日　2017 年 3 月 31 日　第 1 版　第 1 刷

著者　ポール・ゼイン・ピルツァー
訳者　白幡憲之（しらはた・のりゆき）
発行人　原田英治
発行　英治出版株式会社
〒 150-0022 東京都渋谷区恵比寿南 1-9-12 ピトレスクビル 4F
電話　03-5773-0193　FAX　03-5773-0194
http://www.eijipress.co.jp/
スタッフ　原田涼子　高野達成　藤竹賢一郎　山下智也　鈴木美穂
下田理　田中三枝　山見玲加　安村侑希子　平野貴裕
上村悠也　山本有子　渡邉吏佐子　中西さおり　瀬頭絵真
印刷・製本　中央精版印刷株式会社
装丁　NUTS GRAPHIC DESIGN

ISBN978-4-901234-26-9　C0034　Printed in Japan